争当生力军 实现中国梦

主　编：王　成 赵建军

编委会（按照姓氏拼音排序）：

郝　栋 胡春丽 刘艳梅 卢艳玲 梦　杨

王　成 王海霞 王曼倩 谢光磊 杨发庭

杨　洋 赵建军 张雅静 朱国豪

人民出版社

责任编辑:张文勇　郭　倩　于　璐
封面设计:肖　辉

图书在版编目(CIP)数据

争当生力军　实现中国梦/王成　赵建军 主编.
-北京:人民出版社,2013.5
ISBN 978-7-01-011912-0

Ⅰ.①争…　Ⅱ.①王…②赵…　Ⅲ.①民工-问题-研究-中国
Ⅳ.①D422.64

中国版本图书馆 CIP 数据核字(2013)第 059672 号

争当生力军　实现中国梦
ZHENGDANG SHENGLIJUN SHIXIAN ZHONGGUOMENG

王　成　赵建军　主编

人民出版社 出版发行
(100706　北京市东城区隆福寺街 99 号)

北京新魏印刷厂印刷　新华书店经销

2013 年 5 月第 1 版　2013 年 5 月北京第 1 次印刷
开本:880 毫米×1230 毫米 1/32　印张:12
字数:296 千字　印数:0,001-5,000 册

ISBN 978-7-01-011912-0　定价:29.00 元

邮购地址 100706　北京市东城区隆福寺街 99 号
人民东方图书销售中心　电话 (010)65250042　65289539

目　录

学　习　篇

实　践　篇

学　习　篇

找到了
找到了
我心中的新期盼
在二零一二年十一月八日中午
在人民大会堂的讲台上
在胡锦涛主席铿锵有力的声音里
在人民大会堂回荡着三十八次雷鸣般的掌声中
在六十四页的十八大报告中
我终于找到了
找到了我心中的新期盼

这首题为《找到新期盼》的平实感人的诗歌，是来自中国中铁电气化局一公司的农民工代表巨晓林在听完十八大报告后即兴写的。巨晓林说，这首诗是自己有感而发，看到报告中针对教育、农民、农村等的扶持政策，“觉得心里很敞亮，很欣喜”。

党的十八大报告让许许多多像巨晓林一样的普通老百姓看到了希望，受到了极大的鼓舞。党的十八大以来，新一届领导集体不断释放新政理念：“人民对美好生活的向往，就是我们的奋斗目标”、“腐败问题越演越烈，最终必然会亡党亡国”。短短数月，反腐的力度和广度让老百姓看到了中国健康发展的信心。

2012 年 11 月 29 日，新一届中央领导集体走进国家博物馆，参观大型展览《复兴之路》。参观过程中，习近平总书记提出了引发广泛共鸣的“中国梦”话题，表达了新一届中央领导集体对于建设富强民主文明和谐的社会主义现代化国家的目标和信心。

2013 年的全国“两会”再一次让老百姓感觉到幸福生活就在眼前。顺应十八大改进作风的要求，“两会”严控会议经费、简化会场布置、合理管理交通，简单实在；“两会”首次实行城乡按相同人口比例选举全国人大代表，选举产生的 2987 名代表，与上届相比，来自一线的建筑工人、环卫工人、农民代表增加了 155 人，基层一线代表比上届提高了 5.18%，基层话语权被进一步放大。

“两会”还对民生问题给予了前所未有的关注，提出了很多激动人心的目标：如“加快推进户籍制度、社会管理体制和相关制度改革，有序推进农业转移人口市民化，逐步实现城镇基本公共服务覆盖常住人口，为人们自由迁徙、安居乐业创造公平的制度环境”、“要加大统筹城乡发展力度，增强农村发展活力，逐步缩小城乡差距，促进城乡共同繁荣”、“加大强农惠农富农政策力度，让广大农民平等参与现代化进程、共同分享现代化成果”、“积极推动农民工子女平等接受教育，让每个孩子都能成为有用之才”、“大力加强社会公德、职业道德、家庭美德、个人品德教育”、“推动诚信体系建设，以政务诚信带动商务诚信和社会诚信，形成良好的社会风尚”、“坚持改进工作作风、密切联系群众，提倡艰苦奋斗，厉行勤俭节约，反对铺张浪费，克服形式主义、官僚主义”、“坚持民主监督、法律监督、舆论监督，健全权力运行制约和监督体系，让人民监督权力，让权力在阳光下运行”等，这些铿锵字句，让广大的农民工、农民、职工都心潮澎湃。

“把群众利益放在第一位置，把群众呼声作为第一信号，把群众满意作为第一追求。”这是今年“两会”的一大亮点，也是吸引普通老百姓看“两会”的重要原因。那么，党的十八大报告和全国“两会”政府工作报告，主要内容到底有哪些？与普通老百姓相关的具体内容有哪些？与广大农民工朋友切实相关的内容又有哪些呢？

为了回答以上问题，此读本理论篇从宏观上对十八大报告和“两会”政府工作报告的主要内容以及涉及职工、农民工、农民的内容进行了通俗易懂的解读。期望本读本能够帮助广大职工、农民工、农民等更好地理解十八大报告和2013年“两会”政府工作报告，同时也期望读本对政府相关部门在实际工作中落实十八大精神和“两会”精神有所启示。

我们相信：在党的正确领导下，在全体人民的共同努力下，迎接我们的必将是更加美好的明天！

新起点，新期盼，美丽中国不是梦！

1　关系党和国家工作全局的四个重大问题——十八大主题

2012年11月8日至14日，中国共产党第十八次全国代表大会在北京召开，胡锦涛代表第十七届中央委员会向大会作了题为《坚定不移沿着中国特色社会主义道路前进　为全面建成小康社会而奋斗》的报告。党的十八大报告在一开始就明确地提出了大会的主题：高举中国特色社会主义伟大旗帜，以邓小平理论、“三个代表”重要思想、科学发展观为指导，解放思想，改革开放，凝聚力量，攻坚克难，坚定不移沿着中国特色社会主义道路前进，为全面建成小康社会而奋斗。

党的十八大主题，简明而又鲜明地向党内外、国内外宣示了我们党将举什么旗、走什么路、以什么样的精神状态、朝着什么样的目标继续前进这4个关系党和国家工作全局的重大问题。提出和确定这样的主题，对我们党团结带领全国各族人民在新的历史征程上继往开来、与时俱进十分紧要。深刻领会、准确把握这个主题，对学习贯彻党的十八大精神至关重要。

党的十八大主题，是在全面把握当前世情、国情、党情，全面把握我国发展新要求和人民新期待的基础上提出来的，是同中国特色社会主义事业五位一体总体布局紧密相连的。深刻理解党的十八大主题，必须准确把握确定这一主题的时代背景，清醒认识我们既面临前所未有的机遇、又面临前所未有的挑战，关键取决于我们能否牢牢把握机遇、沉着应对挑战。我们要继续高举中国特色社会主义伟大旗帜，始终保持解放思想、改革开放、凝聚力量、攻坚克难的精神状态,全面推进经济建设、政治建设、文化建设、社会建设、生态文明建设和党的建设,坚定不移沿着中国特色社会主义道路前进,团结一心为全面建成小康社会而顽强奋斗、艰苦奋斗、不懈奋斗。

中国是一个社会主义国家,中国的社会主义是在中国共产党的领导下,紧紧地依靠广大人民,经过28年的浴血奋斗,牺牲了2000多万革命先辈才换来的。1949年,中华人民共和国成立,中国人民从此站起来了,中国实现了民族独立和人民解放,这是自1840年鸦片战争以后中国沦为半殖民地半封建社会后最伟大的一件事。

新中国成立后,我们党确立了社会主义基本制度,国家经济迅速发展,人民生活水平得到提高。但是,由于国内外各种不利因素的影响,中国的发展遭受到许多困难,特别是“文化大革命”的十年间,中国经济遭到了极大的破坏,经济发展速度缓慢,人民生活水平不升反降。党的十一届三中全会,中国共产党总结了世界社会主义国家和我国社会主义建设的正反两个方面的经验和教训,开始了改革开放的新征程。1982年在党的十二大上,我们党第一次明确提出了“建设有中国特色的社会主义”。改革开放30多年来,我们不仅在经济建设上创造了令世界赞叹的“中国奇迹”,而且在政治建设、文化建设、社会建设、生态文明建设上也取得了巨大进步,中国的综合国力显著增强,国际地位不断提高,中国比历史上任何时期都更快地朝着中华民族伟大复兴的目标迈进。

党的十八大主题明确我们继续高举中国特色社会主义伟大旗帜,坚持走中国特色社会主义道路。20世纪90年代,随着苏联和东欧一些社会主义国家解体,社会主义运动在全球陷入低潮。原来的一些社会主义国家纷纷走上了资本主义道路,他们期望资本主义能够挽救国家经济和人民生活水平,但是实际情况并不乐观,有很多国家出现了社会动荡，经济至今还没有走出低谷。事实证明，资本主义并不是所有国家的救命稻草，不是所有国家都适合走资本主义道路，亚洲、拉美和东欧的一些国家和地区并没有从此走上富强的道路，在国际金融危机面前他们甚至更加艰难，老百姓生活更加困苦。而与此同时，在全球金融危机面前，中国经济虽然也出现了一些困难，但是却正在逐渐摆脱国际金融危机的影响，率先走上复苏。这说明了中国特色社会主义制度的优越性，证明了我们走在正确的道路上，我们应该加倍珍惜这来之不易的制度和道路，并且要始终坚持这条道路，不断发展这条道路，使它越来越宽阔，越来越平坦。

党的十八大主题要求我们要始终保持解放思想、改革开放、凝聚力量、攻坚克难的精神状态。从世界的情况看，我们面临的世界还很不安定，一些国家一直在鼓吹“中国威胁论”，企图阻挡中国的发展。周边的日本、菲律宾、越南、印度等国家还经常与我们发生领土争端，企图占领本来属于中国的领土。许多敌视我国的国家、势力不愿意看到中国的迅速崛起，所以，他们想方设法为我们制造人为的障碍，从经济、政治、国防等方面打击中国。从国内情况看，中国经济总量虽然居世界第二位，但是由于人口众多，人均收入还比较低，各地区之间的差距还很大，贫富差距也很大，我们仍然是最大的发展中国家。中国的民主法制还不健全，社会上还存在许多不公平现象，祖国还未统一，人民的医疗、住房、退休等保障制度还不完善，环境污染还比较严重。从党自身的情况看，我们党面临着执政考验，还面临能力不足的危险、脱离群众的危险、贪污腐败的危险。面对这些风险和挑战，党的十八大作出了正确的判断，要通过不断地解放思想，勇于改革开放，善于凝聚力量，敢于攻坚克难，团结全国各族人民艰苦奋斗、脚踏实地地实现我们的目标。

党的十八大主题为我们明确了全面建成小康社会的奋斗目标。小康社会如果仅仅从经济的角度看，就是指人们的生活水平介于温饱和富裕之间的一个发展阶段。如果从社会发展的角度看,它包括经济发展、政治民主、文化繁荣、社会和谐、环境优美、人民安居乐业、综合国力强盛等很多方面。经过了改革开放30多年的实践,我们已经为全面建成小康社会打下了坚实的基础。党的十八大提出要在2020年全面建成小康社会,这就有了明确的时间要求,表明了我们党有信心带领人民完成这个宏伟的目标。在距离2020年不到十年的时间里,我们相信国家的实力和人民的生活一定会产生重大的变化,一定能实现中华民族的伟大复兴。我们从党的十八大的主题中感受到了信心、力量和勇气,让我们期待着这个伟大的时刻马上到来,让我们共同见证着一个辉煌的新时代的诞生。

2 硕果累累的五年——十七大以来取得的成绩

胡锦涛同志在党的十八大报告中指出:十七大以来的五年,是我们在中国特色社会主义道路上奋勇前进的五年,是我们经受住各种困难和风险考验、夺取全面建设小康社会新胜利的五年。五年来,各方面工作都取得新的重大成就,经济平稳较快发展,改革开放取得重大进展,人民生活水平显著提高,民主法制建设迈出新步伐,文化建设迈上新台阶,社会建设取得新进步,国防和军队建设开创新局面,港澳台工作进一步加强,外交工作取得新成就,党的建设全面加强。

党的十七大以来的五年,是我国经济持续增长,人民特别是农民生活不断改善的五年。大马村是山东聊城的一个普通村庄,前两年的大马村,不到 4 米宽的路边到处可见杂草丛生、麦秸秆乱堆的现象,新修的公路显得狭窄、脏乱。而现在走进村里,就好像是走进了一个公园,路边花香扑鼻、柳树枝繁叶茂。村民马月强结婚时,大家只见到一辆车开进了家门,车上只有几床被子,大家都很纳闷。马月强的父亲忍不住笑着说:“现在不是党和国家推行新农村建设嘛,我们村又在规划中,指不定哪天要搬到楼上住,现在盖房不划算,买了东西也怕到时用不上,两个孩子又在外边打工,所以我们把东西都折成了钱,一共 6 万块,以后孩子想买楼还是买家具用着也方便。”①在中国,同样的事情每天

① 马秀丽、岳阳:《农民的幸福生活》,《聊城日报》A2 版,2010 年 5 月 6 日。

都在发生，农民的日子一天天好起来了，他们过上了更加幸福的生活。

为了解决农民的基本医疗卫生问题，国家实行了新型农村合作医疗，本着自愿参加的原则，新型农村合作医疗覆盖面不断提高。新农合的补助标准也在不断提高，从 2012 年起，各级财政对新农合的补助标准从每人每年 200 元提高到每人每年 240 元，并且将住院费用报销比例提高到 75%左右，扩大大病保障范围，对于一些重特大疾病患者采用多种保障措施加以解决。同时，加强对农村药品的监督，严厉打击非法药品危害农民身体健康，保证农民用药安全、有效、经济。经过近年来的努力，农村医疗卫生事业有了极大发展，有效地解决了农民看病难、看病贵的问题。目前，中国基本医疗保障覆盖人群已经超过 95%，成为世界上最大的医保网。

为了保证农村与全国同步进入小康社会，国家加强对涉农收费的监管，稳定农村物价水平，促进农民减负增收。在农村推行义务教育的“一费制”和“两免一补”政策。控制学校乱收费，从教育方面减轻农民子女的“上学难”、“上学贵”问题。规范农民建房收费，免除农民改建生产、生活设施的各种费用，简化农村住房审批手续，加大对砂石、砖、水泥、钢筋等建材的价格监管，降低农民建房成本。全面铺开有线电视网络建设，在初装费和收视费方面，向农村倾斜，实行农村优惠政策。在通讯实施建设方面，实行优惠政策，降低成本，减轻农民负担，从而丰富农民群众文化生活，方便农民与外界的信息沟通。

为了从根本上解决“三农”问题，必须要解决农村的集体经济问题。只有把农村经济搞上去，农民生活富裕了，农民才能更愿留在自己的家乡，而不愿外出打工。洛桑次仁是拉萨市堆龙德庆县岗德林蔬菜种植农民专业合作社副理事长。该合作社自 2004 年成立以来，根据市场需求变化种植蔬菜和花卉，近年来，除了种植蔬菜，还大力推广花卉种植，并从 2008 年年底开始，将花卉远销尼泊尔。洛桑介绍，如今的岗德林蔬菜种植农民专业合作社已是拉萨地区最大的蔬菜花卉生产基地，该合作社占地1500亩，拥有高效日光温室920栋（其中包括鲜花温室大棚100栋），合作社种植的蔬菜花卉销售地覆盖整个拉萨地区。如今的合作社，已有358户当地村民参与经营，相较于之前一亩地仅800元左右年收入，现在每栋（约8分地）温室1.25万元的获利，让合作社成为当地一个名副其实的“香饽饽”。随着入社人数的骤增，合作社的温室开始供不应求。① 现在中国有很多富裕的乡镇，他们的生活条件一点也不比城里差，甚至有很多大学生选择到这些乡镇工作。

国家逐年加大对“三农”的财政投入，2011年中央财政“三农”支出超过1万亿元，2012年用于“三农”的投入达到12287亿元，比2011年又增加了1868亿万。为了推动农业和粮食的稳定发展，财政支持农业生产的支出也逐年增加。从2008年的2260亿元增加到2012年的4724亿元，其中包括对农民的粮食直补、农资综合补贴、良种补贴、农机购置补贴。国家继续提高粮食最低收购价，2012年，小麦、稻谷最低收购价平均每50公斤分别提高7.4元和16元，调动了农民的积极性，增加了农民的收入。农民的生活一天天好起来了，很多农村变得与城市一样漂亮，有的农民说：“城里有的，我们一样也不缺，甚至比城里的还要好。”农民的生活更幸福了，农业年年粮食增收，农村一派文明祥和的景象。

① 石岩：《西藏60年：“花卉经济”在西藏高原风生水起》，2012年12月27日，见http://www.chinanews.com/gn/2011/07-22/3202529.shtml。

3 辉煌的业绩——十年历史性成就

2002年党的十六大以来的10年,中国在经济、政治、文化、社会等各个领域都发生了巨大的变化,取得了一些标志性成就和进步,所以,这十年是辉煌的十年,是发展速度最快的十年,是人民生活最好的十年。

十年来,我们取得一系列新的历史性成就,为全面建成小康社会打下了坚实基础。中国的国民经济持续发展,总量跃居世界第二位,综合国力大幅度提升。中国经济连续10年保持了10%以上的年平均增长速度,在世界经济剧烈动荡中创造了中国奇迹。国内生产总值在2002年突破10万亿元人民币,2005年超过英国和法国,2008年超过德国,到了2010年以40.1万亿元水平超过日本跃居世界第二。世界500强企业排行榜中,2002年上榜的中国企业只有13家,其中中国大陆企业11家;而2012年达到79家,其中中国大陆企业69家,总数超过日本,仅次于美国的132家。其中中石化、中石油分列第五名和第六名。2011年中国进出口总额位居世界第二,其中出口额连续三年位居世界第一。中国在吸引外资的同时,还实施"走出去"的战略,2011年中国对外直接投资达到601亿美元,比2003年增长了19.7倍,年均增长46.4%。中国积极发展与世界各国的双边经贸合作,加快实施自由贸易区战略,目前已累计建立了一百六十多个双边经贸合作机制,签订了一百五十多个双边投资协定,与美、欧、日、英、俄等建立了经济高层对话。与28个国家和地区建立了15个自贸区,已签署10个自贸协定。

这十年，是中国经济快速发展的十年，是中国经济融入世界经济最快的十年，中国紧紧抓住加入世界贸易组织的机遇，坚持扩大内需与稳定外需相结合，积极应对国际金融危机带来的冲击和挑战。在科学发展观的指引下，中国经济实现了又好又快地发展，人民生活显著改善，国际经济影响显著提高。

十年来，中国政治体制改革有了深入发展，民主法治持续进步，人民依法享有的权利和自由越来越广泛，这是党和国家政治生活中最富有活力的时期。2004 年 3 月，国务院提出经过十年左右的努力，基本实现建设法治政府的目标。同一年，行政许可法开始实施，也开始了行政审批制度的改革，这被认为是“政府自身的革命”，公务活动被置于法律和公众的监督之下，从而使人民有了监督行政权力的各种渠道。2006 年，浙江省温州市 82 位池塘养殖户因承包的 5500 亩池塘突发特大污染事故而起诉国家环保总局，请求法院撤销国家环保总局不受理复议申请决定，限期受理原告的复议申请。2006 年 6 月 15 日上午，82 位养殖户松了一口气，他们状告国家环保总局一案，由宁波市中级人民法院作出了审判，责令被告国家环保总局受理复议申请，于判决生效后 60 日内对原告孔祥仁等 82 人提出的复议申请重新作出决定。① 这是“民告官”判决的一次胜利，表明了我们国家在推进依法治国的道路中，真正能够依照法律来调节社会生活的各个方面，保障公民的合法权益不受侵犯。

十年来，中国的文化改革全面推进，人民享有越来越丰富的精神生活，社会主义文化空前繁荣。京郊怀柔的文化发展就是一个缩影。现在到京郊怀柔，不仅能欣赏到优美的自然山水，还能看到群众文化生活的欣欣向荣。怀柔喇叭沟门满族乡，素有“中国民间文化艺术之乡”之

---

①　曾祥生、黄淼君：《养殖户告赢国家环保总局》，《今日早报》2006 年 6 月 15 日。

称。近几年来，在发展山区经济建设的同时，也不断挖掘满族文化，先后建成并开放了满族文化陈列馆、千总府等满族风格建筑参观场所，并陆续发掘出满族体育竞技项目如蹴球、插鸡尾翎等三十多项，恢复了二魁摔跤、霸王鞭、团扇秧歌、宫廷舞等满族民间文艺表演项目十余种。同时，他们还积极培养一批本地文艺表演人员，如今，全乡15个村都有自发组织的文化表演队，人员近五百人，并且这支队伍还在不断发展壮大。2011年仅十一黄金周期间民俗旅游收入就达到40万元。① 国家通过"文化下乡"、农村电影放映工程、乡镇综合文化站建设工程等形式推动了农村文化生活的发展，吸引了广大群众积极参加到丰富多彩的文化娱乐活动之中。

十年来，中国的社会建设取得巨大成就。国家以解决民生问题为重点，促进了社会各项事业的全面发展。在改善民生方面，实施了就业优先战略和积极的就业政策，城镇新增就业连续五年超过千万人。2005年以来全国财政教育支出增长了近十倍，城乡全面实现了九年制免费义务教育。医疗卫生体制改革取得突破性进展，全民基本医保制度基本形成，最低生活保障和医疗救助制度已经覆盖城乡。国家通过政策严格控制住房价格，建立住房保障制度，大力实施保障性安居工程。连续8年提高企业退休人员基本养老金，60%以上的农民参加了新型农村社会养老保险试点。全体人民学有所教、劳有所得、病有所医、老有所养、住有所居，我国已经建成世界上覆盖人口最多的社会保障网络，我国进入中等偏上收入国家行列。

十年来，我们成功举办了一些大事、要事，从容应对了一些急事、难事，经受住了一次又一次的重大考验。我们成功应对了国际金融危机

---

① 怀柔区文明办:《满族文化支撑怀柔区喇叭沟门乡旅游不断升温》2012年12月27日，http://www.bjwmb.gov.cn/xxgk/xcjy/t20111222_420891.htm。

的冲击，我们夺取了抗击特大自然灾害的重大胜利，我们举办了北京奥运会、上海世博会，“神舟”飞天、“嫦娥”揽月、“天宫”对接、“蛟龙”探海、超级计算机实现重大突破。三峡工程、青藏铁路、南水北调等重大工程捷报频传，一次又一次让世界惊叹、让中国骄傲，展现了改革开放的伟大力量。

4 当代中国马克思主义发展新境界——科学发展观

中国需要发展，但是应该“怎样发展”却是个大问题。怎样发展才能更适合中国的国情，怎样发展才能为老百姓造福，怎样发展才能推动各项事业更快更好进步。科学发展观就是对这些问题的回答，就是指导中国发展实践的强大思想武器。科学发展观的具体内涵就是：坚持以人为本，树立全面、协调、可持续的发展观，促进经济社会和人的全面发展。第一要义是推动经济社会发展，核心立场就是以人为本，基本要求是全面协调可持续发展，根本方法就是统筹兼顾。

科学发展观之所以是科学的，是因为它把经济社会发展作为第一要务。中国的发展必须要以经济建设为中心，必须要通过科学的发展方式和发展机制不断解放和发展生产力，这样才能为坚持和发展中国特色社会主义打下牢固基础。“中国经济快速发展，成为世界经济的引擎。中国正加快转变经济发展方式，更加重视产业升级和‘绿色增长’，为包括西门子在内的跨国公司带来更多机会。”德国西门子股份公司总裁罗旭德 20 世纪 80 年代曾在香港读书，对中国经济的巨大变化深有感触。十年前的中国，经济正处于克服了亚洲金融危机冲击、初步建立了社会主义市场经济体系阶段。“最近十年来，中国经济增速大大超出预期，为民族复兴奠定坚实基础。而且增速比较平稳，这是此前经济周期所不具备的。”北京大学国民经济核算研究中心研究员蔡志洲说，2010 年国内生产总值翻一番的目标，已在2007年提前实现。[①] 只有经济发展了，人民才能摆脱贫困、达到温饱、奔向小康，国家才能强大，中华民族才能实现伟大复兴。只有经济发展了，才能为政治建设、社会建设、文化建设和生态建设提供强大的物质基础。

科学发展观之所以是科学的，是因为它把以人为本作为核心立场。人才是一切的根本，缺少人，任何事业都不会获得成功。坚持以人为本就是要坚持发展为了人民、发展依靠人民、发展成果由人民共享，发展成效让人民检验。人们在解决温饱问题之后，更期盼的就是能够健康长寿。要达到让人民群众健康长寿的目的，就必须要有一个好的、适宜人居的生活环境，使天更蓝、水更清、山更绿，让人民群众能够喝上干净的水、呼吸到新鲜的空气、看得到优美的花草树木。杭州是全国第一个把老百姓人均预期寿命写入到国民经济和社会发展"十一五"的城市。市委、市政府提出："十一五"期间，要让杭州人均预期寿命达到80岁。[②] 中国共产党是以"全心全意为人民服务"为根本宗旨的政党，它之所以能够得到广大人民群众的拥护就是因为它代表了最广大人民群众的根本利益。立党为公、执政为民是党的先锋队性质、党的最高理想和党的根本宗旨的集中概括。只有坚持以人为本，才能赢得民心，才能积聚力量，才能巩固党的阶级基础，巩固党的执政地位，从而实现党解放全人类的崇高理想。

科学发展观之所以是科学的，是因为它把全面协调可持续作为基本要求。科学发展观是全面的，它以经济建设为中心，但又不仅仅强调经济，它是经济建设、政治建设、文化建设、社会建设、生态文明建设五

① 刘铮、韩洁、王攀：《中国经济平稳较快发展　总量跃居世界第二》，《人民日报》2012年6月4日。

② 林福平：《践行科学发展观案例分析》，2012年12月27日，见 http://www.hzls.gov.cn/Html/201005/17/103677.html。

位一体的发展。经济只是基础,还需要其他方面的配合。如果不重视其他方面的配合,就会出现增长失调,从而最终制约发展。发展还必须是协调的,我国城乡、区域、经济社会发展、人与自然等方面还有许多不协调的地方,缩小城乡差距、区域差距是解决发展中不协调问题的关键。社会生活的各个方面、各个环节的发展必须相互适应、相互促进。发展必须是可持续的,是既要满足当代人的需要,又不对后人满足其需要的能力构成危害的发展。目前我国的土地、淡水、能源、矿产资源和环境状况已经对经济发展构成了严重的制约。世界也面临着人口猛增、粮食短缺、能源紧张、资源破坏和环境污染等严重问题。过去的那种以牺牲环境和大量消耗资源为代价的发展已经不可能维持下去,必须走可持续发展的道路,实现人与自然和谐相处的发展成为全世界的共同愿望。

科学发展观之所以是科学的,是因为它把统筹兼顾作为根本方法。对于中国的社会主义事业,必须做到统筹城乡发展、统筹区域发展、统筹经济社会发展、统筹人与自然和谐发展、统筹国内发展和对外开放,只有这样,才能使各方面的发展相适应,使各个发展环节相协调。例如,2008 年以来,杭州以统筹兼顾为依据,大力实施“城市国际化”、“工业兴市”、“服务业优先”、“软实力提升”、“环境立市”、“民主民生”六大战略,全市经济、政治、文化、社会、生态文明等方面取得了新成就,杭州荣登“最值得向世界介绍的中国名城”、“中国十佳和谐发展城市”、“中国十佳宜居城市”榜首。在中国 10 个“科学发展优秀城市”中位居第二位。① 这就是人们常说的“十个手指弹钢琴”、“两条腿走路”的工作方法,而不是“眉毛胡子一把抓”。正是因为科学发展观本身具有的科学性,所以它才能不断地指导着中国的发展,成为党必须长期坚持的重要指导思想。

① 辛薇:《以“三个坚持”统筹经济社会发展》,《杭州日报》2009 年 3 月 19 日。

5 解放思想、实事求是、与时俱进、求真务实——科学发展观最鲜明的精神实质

党的十八大报告指出:解放思想、实事求是、与时俱进、求真务实是科学发展观最鲜明的精神实质。学习科学发展观,就必须深刻地领会这个精神实质,只有把握住这个精神实质,就把握了科学发展观最本质的东西。

中国古代把实事求是当作是治学的一种基本方法。后来,毛泽东在总结中国共产党的历史经验教训时,借用中国古典中的这个词,提出了“实事求是”的口号,强调“实事”就是一切要从实际出发,“是”就是事物发展的内部规律,“求”就是要探究,也就是说,要从中国的实际出发,把马克思列宁主义的理论和中国革命的实际情况结合起来,在马克思列宁主义的指导下去研究中国革命和建设的实际。实事求是是毛泽东思想的精髓。

在新的历史时期,邓小平在总结建国以来我们党的成败得失时,曾强调说:“搞社会主义一定要遵循马克思主义的辩证唯物主义和历史唯物主义,也就是毛泽东概括的实事求是,或者说一切从实际出发。”邓小平对解放思想、实事求是两者的辩证关系进行了充分的论述,并把解放思想与实事求是一起纳入到党的思想路线之中,从而使党的思想路线更加完整准确,焕发出新的活力。邓小平说:“解放思想,就是在马克思主义指导下打破习惯势力和主观偏见的束缚,研究新情况,解决

新问题。就是使思想和实际相符合，使主观和客观相符合，就是实事求是。”所以，实事求是与解放思想是统一的，解放思想是实事求是的前提，实事求是是解放思想的结果。用解放思想、实事求是来概括党的思想路线是邓小平的伟大贡献。正是因为有了邓小平的解放思想和实事求是，才有了中国的改革开放，才有了中国的全面进步与发展。

以江泽民同志为核心的党的第三代领导集体，立足于国内外形势的新变化，顺应时代发展的新潮流，高瞻远瞩、深谋远虑，提出了“三个代表”的重要思想理论。“三个代表”重要思想指明了新时期加强和改进党的建设的基本要求，解决了党在执政和改革开放条件下保持先进性、巩固党的阶级基础和扩大党的群众基础，以及坚持党的最高纲领和党在社会主义初级阶段基本纲领的统一等一系列重大问题。坚持与时俱进是“三个代表”重要思想的关键。什么是“与时俱进”？“与”就是跟随的意思，“时”指的就是时代，“俱”就是全面，“进”就是前进，与时俱进就是跟着时代发展而全面前进。具体地说，就是要求我们党的理论、路线、纲领、方针、政策和各项工作，都要紧跟时代脚步，准确而又科学地把我们的工作向前推进。

2004年胡锦涛同志在中央纪律检查委员会第三次全体会议上发表《大力弘扬求真务实精神　大兴求真务实之风》的重要讲话。他强调，要把握住重要战略机遇期，推动经济社会协调发展，不断开创中国特色社会主义事业新局面，实现全面建设小康社会的宏伟目标，很重要的一条就是要始终坚持求真务实，全面科学地判断形势，抓住机遇，迎接挑战，克服困难，把加快发展的立足点放到真抓实干上。胡锦涛同志指出：“求真务实，是辩证唯物主义和历史唯物主义一以贯之的科学精神，是我们党的思想路线的核心内容，也是党的优良传统和共产党人应该具备的政治品格。”求真，就是要坚持一切从实际出发，制定决策、推动工作要符合客观实际，讲真话，报真情，反对弄虚作假、虚报浮夸。务实,就是要谋实招、办实事、求实效,真正把科学发展观和正确的思想路线贯穿于工作中,落实在行动上,创造出经得起实践、群众和历史检验的成绩。

党的十八大之后,中央政治局召开会议,审议并通过了关于改进工作作风、密切联系群众的八项规定。这些规定就是求真务实的真正体现,无论是关于基层调研的规定,还是精简会议、精简文件,规范出访,厉行勤俭节约等都表明了中央的从严治党的决心。八条规定里面并没有过高的要求,也没有过大的要求,更没有空的要求,都是那么具体实际。“天下大事必作于细”,这些看似小的问题解决好了,就能够凝聚党的战斗力和号召力。[①] 这些规定都是具体的、真实的,不是虚假的、形式的。过去强调“不拿群众一针一线”,现在要继续保持共产党人的本色,这是党的建设的要求,也是人民群众对党的要求。习近平总书记最近也多次强调空谈误国,实干兴邦,这个口号是邓小平同志在 1992 年视察南方途中提出来的,实际上与党的思想路线是一致的。

---

① 石心:《八条规定:人民的要求》,2012 年 12 月 27 日,见 http://blog.ifeng.com/article/21669533.html。

6 十年实践基础上的理论创新——科学发展观回答了什么

总结十年的经验是为了未来更好地发展,我们将更有信心、更有毅力、更有明确的目标去努力实现人民的幸福生活、国家的繁荣富强、民族的伟大复兴。胡锦涛同志在党的十八大报告中指出:总结十年奋斗历程,最重要的就是我们坚持以马克思列宁主义、毛泽东思想、邓小平理论、"三个代表"重要思想为指导,勇于推进实践基础上的理论创新,围绕坚持和发展中国特色社会主义提出一系列紧密相连、相互贯通的新思想、新观点、新论断,形成和贯彻了科学发展观。科学发展观是马克思主义同当代中国实际和时代特征相结合的产物,是马克思主义关于发展的世界观和方法论的集中体现,对新形势下实现什么样的发展、怎样发展等重大问题作出了新的科学回答,把我们对中国特色社会主义规律的认识提高到新的水平,开辟了当代中国马克思主义发展新境界。

科学发展观回答了"为谁发展"的问题。中国的发展是为了谁?当然是为了老百姓,所以,科学发展观提出了"以人为本",就是要把人民利益作为一切工作的出发点和落脚点,不断满足人民多方面的需求,促进人的全面发展。江西省广丰县是典型的山区丘陵内陆县,20 世纪 90 年代,全县财政收入只有二千多万元,农民人均纯收入不到 600 元,"单衣度严冬、吃粮靠回供、出行路不通、花钱靠打零工"便是过去广丰的真实写照。① 经过十多年的发展，广丰走出了一条科学发展之路，他们不是单纯地追求经济发展，更重要的是促进人的全面发展。2008年，全县生产总值达到112.24亿元，农民人均纯收入达到5411元，②提高了人民群众的生活质量。过去各地在发展中没有把老百姓放在第一位，而是把GDP放在第一位，所以才有了虽然GDP在逐年增加，但是居民的收入却增加的很少、很慢，而且不同群体的收入差距在越来越大。从广丰的例子中，我们可以看到全体广丰人都得到了实惠，一些先富裕起来的人将致富经验一传十、十传百，慢慢带动了整个县的经济发展，走上了共同富裕的道路。

科学发展观回答了“要不要发展”的问题。发展是科学发展观的主题和中心内容，离开了发展，就不会有发展观。邓小平说：“发展才是硬道理”。发展是自然界和人类社会的一种规律，世界上一切事物、一切活动总是在不断前进的。对中国来说，我们要通过发展才能增强社会主义社会的凝聚力和说服力，才能增强综合国力，才能改善人民的生活水平。只有通过发展我们才能解决国内存在的各种经济社会问题，才能保持社会政治稳定，才能保持国家的长治久安。只有通过发展，我们才能提高全社会的文明程度，才能美化我们城乡的环境。只有通过发展，我们才能坚持“一国两制”的方针，实现祖国和平统一大业。只有通过发展，才能顶住西方霸权主义、强权政治的压力，才能维护国家的主权和独立。改革开放三十多年来，我们国家之所以能够经得起国际国内各种风浪的考验，各项社会事业之所以能够取得巨大进步，归根到底是由于我们经济持续快速发展。今后，我们要在2020年建成小

① 郭海、陈佳丽：《跨越之路——看广丰县如何从国定贫困县发展成为江西经济强县》，《中国经济时报》2008年9月9日。

② 上饶市统计局：《广丰县：六十年风雨兼程 六十年辉煌成就》，2012年12月27日，见 http://xxgk.jiangxi.gov.cn/bmgkxx/stjj/gzdt/tjfx/200911/t20091125_177787.htm。

康社会,在2050年建成社会主义现代化国家,都必须靠发展。

科学发展观回答了“发展什么”的问题。中国的发展是包括经济、政治、文化、社会和生态各个领域的发展,而且是全面的、协调的统一发展。经济发展是指在生产力发展的基础上,提高人民的物质生活水平,改善城乡人民的生活条件。政治发展则意味着广大人民群众参与政治生活的广度和深度的不断增加,政治机构越来越合理,政治系统既高效又能充分发挥其功能。文化发展则指文化体制改革,文化事业繁荣,文化产业健康,人民能够享受更多的精神文化生活,人民的基本文化权益得到保障。社会发展既包括实现政治民主、社会正义、司法公正、市场公平等,也包括教育、科学、文化、卫生、体育和人的全面发展。生态发展则是指人与自然的和谐发展,注重保护人类的生存环境。未来的发展,不是单一目标的发展,而是一个多层次综合目标体系的发展。

科学发展观回答了“怎样发展”的问题。最根本的就是要坚持“五个统筹”协调发展。统筹城乡协调发展,就是从国民经济和社会的全面发展出发,以解决“三农”问题为重点,逐步缩小城乡差别,实现城乡良性互动。统筹区域协调发展,就是要使各地区的比较优势和特殊功能充分发挥作用,使各地区间的人流、物流、资金流、信息流更畅通便利,使各地区间居民的收入、享受的公共产品和服务保持在合理的范围内。统筹经济社会协调发展,就是把社会全面进步作为经济发展的最终目标和重要条件,着重解决社会发展落后于经济发展而形成的主要矛盾,不以牺牲社会发展为代价求得暂时的经济繁荣,实现经济发展和社会发展的良性互动。统筹人与自然的和谐发展,就是要使人的生产和生活方式尊重自然规律,顺应自然过程,形成有利于人类可持续发展的自然环境。统筹国内发展和对外开放协调发展,就是要在经济全球化的大背景下,充分利用国际国内两个市场和两种资源,不断壮大我国经济实力,实现国内发展与对外开放协调互动。

7 党和人民取得的根本成就——中国特色社会主义

党的十八大报告指出：中国特色社会主义道路，中国特色社会主义理论体系，中国特色社会主义制度，是党和人民九十多年奋斗、创造、积累的根本成就，必须倍加珍惜、始终坚持、不断发展。

中国特色社会主义就是一面永不落的红旗，它把中国特色社会主义道路、理论体系和制度三者统一于中国特色社会主义伟大实践中，为中国实现国家富强、人民富裕、民族团结、社会兴旺指明了前进的道路。

建党九十多年来，中国共产党领导全国人民艰苦奋斗、前赴后继、克服艰难险阻，推翻了压在人民头上的"三座大山"，取得了"抗日战争"和"解放战争"的伟大胜利，建立了"中华人民共和国"，实现了民族独立、人民解放，结束了一百多年来受尽屈辱的历史，中国人民从此站起来了。新中国成立后，在国内百废待兴、国外围堵封锁的极端恶劣的环境里，是党领导全国各族人民团结一心，把马克思列宁主义与中国的实际相结合，不断与时俱进，开拓创新，从一个胜利走向另一个新的胜利。党的十一届三中全会是党的历史上具有深远意义的伟大转折。这是一次拨乱反正的会议，重新确立了实事求是的思想路线，抛弃了"以阶级斗争为纲"这个不适用于社会主义建设的口号，揭开了中国改革开放的序幕，中国人民进入了改革开放和社会主义现代化建设的新时期。中国逐步走上了一条具有中国特色的社会主义道路，从而深刻地改变了中国人民的面貌、社会主义中国的面貌、中国共产党的面貌。中国既不走僵化封闭的老路,也不走改旗易帜的邪路。实践证明中国特色社会主义道路是发展中国的唯一正确的道路,正是在这条道路上,我国的综合国力大幅上升,我们的经济总量位居世界第二位,我们在应对世界经济危机和抵御特大自然灾害方面表现出非凡的能力和水平,我们创造了令世界瞩目的"中国奇迹",国际地位不断提高,在国际事务中发挥越来越重要的作用,社会主义中国以前所未有的雄姿屹立在世界东方。所以,中国特色社会主义道路就是一面指引中国走向辉煌、胜利的伟大旗帜。

中国特色社会主义理论体系,就是包括邓小平理论、"三个代表"重要思想以及科学发展观等重大战略思想在内的科学理论体系。它凝结了几代中国共产党人带领人民不懈探索实践的智慧和心血,是马克思主义中国化的最新成果,是党最可宝贵的政治财富和精神财富,是全国各族人民团结奋斗的共同思想基础。中国特色社会主义理论体系,不但创造性地回答了什么是社会主义、怎样建设社会主义的问题,而且创造性地回答了建设什么样的党、怎样建设党,实现什么样的发展、怎样发展的问题;不但创造性探索和总结了社会主义建设的一般规律,而且创造性地探索和总结了中国特色社会主义发展的特殊规律,从而实现了马克思列宁主义普遍原理与中国实际相结合的历史性飞跃,开辟了马克思主义中国化的新境界。以邓小平为核心的党的第二代中央领导集体和以江泽民为核心的党的第三代中央领导集体,对中国特色社会主义理论体系的创立和发展作出了历史性的伟大贡献。党的十六大以来,党中央提出了科学发展观、构建社会主义和谐社会等一系列重大战略思想,进一步丰富和发展了这个理论体系,使中国特色社会主义理论体系更加成熟、更加完善。所以,中国特色社会主义理论体系,就是一面面向未来、引领发展的旗帜,就是一面鼓舞全党全国各族人民团结奋斗的旗帜。

中国特色社会主义制度,是当代中国发展进步的根本制度保障,集中体现了中国特色社会主义的特点和优势。对于国际社会而言,中国的发展就像个"谜"。中国作为一个拥有13亿人口的大国,自然资源地区差异很大,经济基础落后而且各地区发展极不平衡,却实现了长期、快速、持续的发展,这绝不是一时、一地的偶然现象,或者是靠一些临时性的政策,这必然有更深层次的原因。这个原因就是中国特色社会主义制度的优越性。正如新加坡《联合早报》上的一篇文章指出:"制度的成功决定了中国再度复兴",认为正是"制度的成功,才创造了中国的复兴这一人类历史上唯一一个文明衰落后再度复兴的奇迹。"①当西方发达国家还在金融危机面前苦苦挣扎时,中国已经率先实现了经济的回升和向好,在较短时间内扭转了经济增速下滑的趋势。因此,时任中国驻英国大使傅莹说:"金融危机进一步改变了外界对中国的认识,世界各国对中国的兴趣不断上升,对中国在全球发挥更重要作用也充满期待。"②社会主义制度是我们必须坚持的一面伟大旗帜,是我们应对前进道路上各种风险挑战,不断开拓创新的光辉指导。

中国特色社会主义道路是实现途径,中国特色社会主义理论体系是行动指南,中国特色社会主义制度是根本保障,三者统一于中国特色社会主义伟大实践,这是党领导人民在建设社会主义长期实践中形成的最鲜明特色。

---

①　谭刚:《中国特色社会主义道路、理论体系与制度的现实样本》,《特区实践与理论》2012年第1期,第6页。

②　王涛:《中国驻英国大使傅莹:金融危机让世界对中国充满期待》,2012年12月27日,见http://intl.ce.cn/specials/zxgjzh/200903/31/t20090331_18671572.shtml。

8 实现中华民族伟大复兴的道路——中国特色社会主义道路

党的十八大报告指出:回首近代以来中国波澜壮阔的历史,展望中华民族充满希望的未来,我们得出一个坚定的结论——全面建成小康社会,加快推进社会主义现代化,实现中华民族伟大复兴,必须坚定不移走中国特色社会主义道路。

道路关乎党的命脉,关乎国家前途、民族命运、人民幸福。在中国这样一个经济文化十分落后的国家探索民族复兴道路,是极为艰巨的任务。建党九十多年来,我们党紧紧依靠人民,把马克思主义基本原理同中国实际和时代特征结合起来,独立自主走自己的路,历经千辛万苦,付出各种代价,取得革命建设改革伟大胜利,开创和发展了中国特色社会主义,从根本上改变了中国人民和中华民族的前途命运。

中国特色社会主义道路,就是在中国共产党领导下,立足基本国情,以经济建设为中心,坚持四项基本原则,坚持改革开放,解放和发展社会生产力,建设社会主义市场经济、社会主义民主政治、社会主义先进文化、社会主义和谐社会、社会主义生态文明,促进人的全面发展,逐步实现全体人民共同富裕,建设富强民主文明和谐的社会主义现代化国家。

中国共产党在成立之初,就选择了社会主义方向,确立了中国发展社会主义的前途。为了达成这个目标和前途,党经历了艰辛的探索历程。如何走社会主义是党面临的第一个重大历史课题。党内“二次革命”论者主张先建立资本主义社会,再进入社会主义。盲动主义者和教条主义者则主张直接在半殖民地半封建社会基础上通过武装斗争夺取政权直接建立社会主义。这两种主张先后失败而被否定。而毛泽东等提出农村包围城市的革命道路,探索出先建立和发展新民主主义,然后再过渡到社会主义的道路。实践证明,这条道路既不同于马克思主义经典作家根据欧洲资本主义国家国情提出的社会主义革命道路,也不同于列宁开创的中心城市革命道路,而是一条基于中国的半殖民地半封建社会国情的中国特色革命道路。

新中国成立后,如何建设社会主义是党面临的第二个重大历史课题。如何将新民主主义社会经济形态转变成社会主义社会经济形态,是党在夺取政权以后的新任务。这个任务的核心是如何对个体农业、手工业和资本主义工商业进行社会主义改造,使它们成为社会主义经济的重要组成部分。1953 年开始,中国共产党探索了一条有中国特色的社会主义改造道路,到 1956 年,中国完成了新民主主义向社会主义的转变,确立了社会主义基本制度,进入了社会主义初级阶段。

如何发展社会主义是党面临的第三个重大历史课题。1956 年之后,党就开始探索发展社会主义的道路。探索进程一度陷入到"左"的错误,陷入到"以阶级斗争为纲"的错误中,造成了我们的社会主义建设出现严重挫折和失误。① 1978 年,党的十一届三中全会召开,以邓小平同志为核心的党的第二代中央领导集体带领全党全国各族人民深刻总结我国社会主义建设正反两方面经验教训,借鉴世界社会主义历史经验,作出把党和国家工作中心转移到经济建设上来、实行改革开放的历史性决策,深刻揭示社会主义本质,确立社会主义初级阶段基本路线,明确提出走自己的路、建设中国特色社会主义,科学回答了建设中国特色社会主义的一系列基本问题,成功开创了中国特色社会主义。

---

① 赵凌云:《如何认识中国特色社会主义道路》,《湖北日报》2011 年 7 月 6 日。

以江泽民同志为核心的党的第三代中央领导集体带领全党全国各族人民坚持党的基本理论、基本路线，在国内外形势十分复杂、世界社会主义出现严重曲折的严峻考验面前捍卫了中国特色社会主义，依据新的实践确立了党的基本纲领、基本经验，确立了社会主义市场经济体制的改革目标和基本框架，确立了社会主义初级阶段的基本经济制度和分配制度，开创全面改革开放新局面，推进党的建设新的伟大工程，成功把中国特色社会主义推向21世纪。

新世纪新阶段，以胡锦涛同志为总书记的党中央抓住重要战略机遇期，在全面建设小康社会进程中推进实践创新、理论创新、制度创新，强调坚持以人为本、全面协调可持续发展，提出构建社会主义和谐社会、加快生态文明建设，形成中国特色社会主义事业总体布局，着力保障和改善民生，促进社会公平正义，推动建设和谐世界，推进党的执政能力建设和先进性建设，成功地在新的历史起点上坚持和发展了中国特色社会主义。

实践证明，中国特色社会主义道路是一条实现国家富强、民族振兴、人民幸福的唯一正确的道路，是历史的选择、人民的选择和时代的选择。中国只有走出一条与西方迥然不同的现代化道路，才能实现中国的和平崛起，才能通向民主、文明、富裕、和谐的未来大道。

中国特色社会主义道路形成于实践，必将在实践中进一步延伸，进一步拓展。我们的前路依然充满着机遇与挑战，仍然有许多未完成的事业在等着我们去完成，仍然还有许多高远的目标需要我们去追寻。党的十八大报告为我们的未来描绘了新的蓝图，只要我们能满怀信心，扎扎实实，坚定地走中国特色社会主义道路，不走封闭僵化的老路，也不走改旗易帜的邪路，那么，我们就一定能在中国共产党成立一百年时全面建成小康社会，就一定能在新中国成立一百年时建成富强民主文明和谐的社会主义现代化国家。

9　马克思主义中国化的第二次历史性飞跃——中国特色社会主义理论体系

中国特色社会主义理论体系，就是包括邓小平理论、“三个代表”重要思想、科学发展观在内的科学理论体系，是对马克思列宁主义、毛泽东思想的坚持和发展。

中国特色社会主义理论体系，在新的时代条件下系统回答了什么是社会主义、怎样建设社会主义，建设什么样的党、怎样建设党，实现什么样的发展、怎样发展等重大理论实际问题，科学地阐明了中国特色社会主义的思想路线、发展道路、发展阶段、根本任务、发展动力、发展战略、依靠力量、国际战略、领导力量等重大问题，是贯通马克思主义哲学、政治经济学、科学社会主义等领域，覆盖经济、政治、文化、社会、国防、外交、统一战线、祖国统一、党的建设等方面的系统的科学理论体系。这个理论体系，创造性地提出了一系列新的重大理论观点和战略思想，从而在毛泽东思想之后实现了马克思主义中国化的第二次历史性飞跃。

邓小平理论包含有一系列具有开创性的思想，其中最基本的问题就是在深刻总结历史经验的基础上，紧紧抓住“什么是社会主义、怎样建设社会主义”的问题，解释了社会主义的本质是解放生产力，发展生产力，消灭剥削，消除两极分化，最终达到共同富裕，从而把对社会主义的认识提高到新的科学水平。邓小平理论提出了判断改革得失成败的

“三个有利于”标准，即：主要看是否有利于发展社会主义社会的生产力，是否有利于增强社会主义国家的综合国力，是否有利于提高人民的生活水平。邓小平指出：“搞社会主义，中心任务是发展社会主义生产力，一切有利于发展生产力的方法，包括利用外资和引进先进技术，我们都采用。”邓小平还提出社会主义也可以搞市场经济，从根本上破除了把计划和市场看做是社会基本制度的思想束缚，为社会主义市场经济理论的形成奠定了坚实的基础。

以江泽民同志为核心的党的第三代中央领导集体以“三个代表”重要思想继承、发展了中国特色社会主义，并成功地把它推向21世纪。江泽民同志提出“中国共产党必须始终代表中国先进生产力的发展要求，代表先进文化的前进方向，代表最广大人民的根本利益”的“三个代表”重要思想。世纪之交的世情、国情、党情的新的发展变化对党和国家的工作提出了新的要求，只有用“三个代表”重要思想为指导，才能正确解决发展事业中的各种利益冲突和矛盾，才能提高党的领导水平和执政水平，才能提高拒腐防变和抵御风险的能力，才能加快中国的生产力发展，提高中国的综合国力。

在新的世纪，中国面对着许多挑战，如：高投入、高消耗、高排放、低效率、低产出为特征的粗放经济增长方式与能源、资源、环境的矛盾日益尖锐；在发展过程中贫富差距不断拉大；等等。以胡锦涛同志为总书记的党中央从党和国家事业发展的全局出发，总结我国发展实践，借鉴国外发展经验，适应新的发展要求，提出了科学发展观，进一步回答了什么是发展、为什么发展和怎样发展等重大问题，赋予马克思主义关于发展的理论以新的时代内涵和时代特色，进一步丰富和发展了中国特色社会主义理论体系。

兰州军区某高炮旅九连坚持不懈地用中国特色社会主义理论体系建设连队、教育官兵，从而取得了成绩。九连的每一个官兵都有自己的学理论博客，点开他们的博客，里面有许多耐人寻味的话，如“一天不学习，心里不踏实”、“点亮官兵心头灯，争做理论明白人”等。在学习贯彻邓小平理论热潮中，九连积极参加驻地兵马俑博物馆建设，被中宣部和总政治部联合表彰为“军民共建社会主义精神文明先进单位”；在学习贯彻“三个代表”重要思想热潮中，九连创造的经验受到军委领导的关注；科学发展观这一党的创新理论产生后，九连官兵真学真信真用，兰州军区推广了他们的经验。“改变你的思想，就能改变你的命运。”这是九连干部对青年官兵讲理论时说得最多的一句话。近年来，九连先后有45人考上军校或直接提干，近200人转业退伍后成为地方党政机关、企事业单位、乡村干部。①

中国特色社会主义理论体系是既一脉相承又与时俱进的理论体系，它们围绕着“怎样建设社会主义、怎样建党、怎么样发展”等问题形成了各自相对独立的理论，但三个科学理论之间也紧密联系，相互融合，共同构成了中国特色社会主义理论体系，共同指导我们走中国特色社会主义道路。

① 欧世金、马三成：《科学发展好九连》，《解放军报》2008年10月27日。

10　治大国若烹小鲜——中国特色社会主义制度

老子《道德经》第六十章中云:“治大国,若烹小鲜”。老子作为东周的史官借用典故,用“治大国若烹小鲜”这句话来谈治国。想必大家都知道“治国如同做菜”这个传说,这个故事是这样的。伊尹见汤是个贤德的君主,便向他提出自己的治国主张。一次,伊尹借汤询问饭菜的事,说:“做菜既不能太咸,也不能太淡,要调好作料才行;治国如同做菜,既不能操之过急,也不能松弛懈怠,只有恰到好处,才能把事情办好。”商汤听了,很受启发,便产生重用伊尹之意。商汤和伊尹相谈后,顿觉相见恨晚,当即命伊尹为“阿衡”(宰相),在商汤和伊尹的经营下,商汤的力量开始壮大。老子借用这故事说明“治理大国就像伊尹做菜那样,不能带有自己的要求才能完全根据客观的需要去做”。本句话指出了治国的关键。当前摆在我们面前的一个难题是:如何将世界上最大的社会主义国家做成一道美味的佳肴呢?这需要因地制宜,开创中国特色社会主义制度。

2011 年 7 月 1 日,胡锦涛在庆祝中国共产党成立 90 周年大会上指出,经过 90 年的奋斗、创造、积累,党和人民必须倍加珍惜、长期坚持、不断发展的成就是:开辟了中国特色社会主义道路,形成了中国特色社会主义理论体系,确立了中国特色社会主义制度。

中国特色社会主义制度,是当代中国发展进步的根本制度保障,集中体现了中国特色社会主义的特点和优势。我们推进社会主义制度自我完善和发展,在经济、政治、文化、社会等各个领域形成一整套相互衔接、相互联系的制度体系。人民代表大会制度这一根本政治制度,中国共产党领导的多党合作和政治协商制度、民族区域自治制度以及基层群众自治制度等构成的基本政治制度,中国特色社会主义法律体系,公有制为主体、多种所有制经济共同发展的基本经济制度,以及建立在根本政治制度、基本政治制度、基本经济制度基础上的经济体制、政治体制、文化体制、社会体制等各项具体制度,符合我国国情,顺应时代潮流,有利于保持党和国家活力、调动广大人民群众和社会各方面的积极性、主动性、创造性,有利于解放和发展社会生产力、推动经济社会全面发展,有利于维护和促进社会公平正义、实现全体人民共同富裕,有利于集中力量办大事、有效应对前进道路上的各种风险挑战,有利于维护民族团结、社会稳定、国家统一。

面对风云变幻的国际形势,面对艰巨繁重的国内改革发展稳定任务,中国共产党要团结带领人民继续前进,开创工作新局面,赢得事业新胜利,最根本的就是要高举中国特色社会主义伟大旗帜,坚持和拓展中国特色社会主义道路,坚持和丰富中国特色社会主义理论体系,坚持和完善中国特色社会主义制度。实践发展永无止境,认识真理永无止境,理论创新永无止境。党和人民的实践是不断前进的,指导这种实践的理论也要不断前进。中国特色社会主义道路必将在党和人民的创造性实践中不断拓展,中国特色社会主义制度必将在深化改革、扩大开放中不断完善。这一过程必将为理论创新开辟广阔前景。

11 登高望远——中国特色社会主义的总依据、总布局、总任务

王之涣的《登鹳雀楼》云:“白日依山尽,黄河入海流。欲穷千里目,更上一层楼。”道出了“站得高、望得远”的道理。中国的改革开放建设已经三十多年,中华文明复兴之路也站在新的路口,登高望远,更需要我们把握中国特色社会主义的总依据、总布局和总任务。

建设中国特色社会主义,总依据是社会主义初级阶段,总布局是五位一体,总任务是实现社会主义现代化和中华民族伟大复兴。中国特色社会主义,既坚持了科学社会主义基本原则,又根据时代条件赋予其鲜明的中国特色,以全新的视野深化了对共产党执政规律、社会主义建设规律、人类社会发展规律的认识,从理论和实践结合上系统回答了在中国这样人口多底子薄的东方大国建设什么样的社会主义、怎样建设社会主义这个根本问题,使我们国家快速发展起来,使我国人民生活水平快速提高起来。实践充分证明,中国特色社会主义是当代中国发展进步的根本方向,只有中国特色社会主义才能发展中国。

社会主义初级阶段的理论是邓小平理论的重要组成部分,是邓小平理论的重要基石之一。社会主义初级阶段不是泛指任何国家进入社会主义都会经历的起始阶段,而是特指我国生产力落后、商品经济不发达条件下建设社会主义必然要经历的特定阶段。即从1956年社会主义改造基本完成到21世纪中叶社会主义现代化基本实现的整个历史

阶段。社会主义初级阶段的论断包括两层涵义:一是我国已经进入社会主义社会,我们必须坚持而不能离开社会主义;二是我国的社会主义社会正处于并将长期处于初级阶段,我们必须正视而不能超越这个初级阶段。社会主义初级阶段的基本特征有:摆脱不发达状态,基本实现社会主义现代化的历史阶段;由农业人口占很大比重,转变为非农业人口占多数;由自然经济、半自然经济占很大比重,转变为经济市场化程度较高的历史阶段;由文盲半文盲人口占很大比重,转变为科技教育文化比较发达的历史阶段;由贫困人口占很大比重,转变为全国人民比较富裕的历史阶段;由地区经济文化很不平衡,通过有先有后的发展,逐步缩小差距的历史阶段;通过改革和探索,建立和完善比较成熟的充满活力的社会主义市场经济体制,社会主义民主政治体制和其他方面体制的历史阶段;广大人民牢固树立中国特色社会主义的共同理想,自强不息,锐意进取,艰苦奋斗,勤俭建国,在建设物质文明的同时努力建设精神文明的历史阶段;逐步缩小同世界先进水平的差距,在社会主义基础上实现中华民族伟大复兴的历史阶段。

党的十八大报告指出,建设中国特色社会主义,总布局是经济建设、政治建设、文化建设、社会建设、生态文明建设五位一体。报告对全面协调推进五位一体建设作出了重大部署。学习贯彻党的十八大精神,必须牢牢把握五位一体的总布局,认真落实相关部署,为中国特色社会主义伟大事业开辟更加广阔的发展前景。

五位一体总布局标志着我国社会主义现代化建设进入新的历史阶段,体现了我们党对于中国特色社会主义的认识达到了新境界。五位一体总布局与社会主义初级阶段总依据、实现社会主义现代化和中华民族伟大复兴总任务有机统一,对进一步明确中国特色社会主义发展方向,夺取中国特色社会主义新胜利意义重大。

五位一体总布局代表了人民群众的根本利益和共同愿望。改革开放三十多年来，我国经济社会发展取得了举世瞩目的辉煌成就，综合国力与国际地位显著提升，人民生活水平不断提高，全面建设小康社会取得重大进展。亿万人民在物质生活得到基本保障后，不仅对物质生活水平和质量提出了新的更高的要求，而且在充分行使当家作主的民主权利、享有丰富的精神文化生活、维护社会公平正义、拥有健康美好的生活环境等方面都有了新的期待。党的十八大提出五位一体建设总布局，纳入生态文明建设，提出要从源头扭转生态环境恶化趋势，为人民创造良好生产生活环境，努力建设美丽中国，实现中华民族永续发展，是我国社会主义现代化发展到一定阶段的必然选择，体现了科学发展观的基本要求。牢牢把握五位一体总布局，就一定能推动当代中国全面发展进步，使中国特色社会主义更加生机勃勃。把握五位一体总布局，必须深刻理解五大建设的丰富内涵。五位一体总布局是一个有机整体，其中经济建设是根本，政治建设是保证，文化建设是灵魂，社会建设是条件，生态文明建设是基础。只有坚持五位一体建设全面推进、协调发展，才能形成经济富裕、政治民主、文化繁荣、社会公平、生态良好的发展格局，把我国建设成为富强民主文明和谐的社会主义现代化国家。十八大报告对下一阶段工作提出要实现经济持续健康发展、人民民主不断扩大、文化软实力显著增强、人民生活水平全面提高、资源节约型和环境友好型社会建设取得重大进展。这是党中央根据我国经济社会发展实际，对全面推进五位一体建设提出的新要求。

12　黑猫白猫与好猫——必须坚持推进改革开放

邓小平同志有句名扬海内外的富有哲理的话“不管黑猫白猫，抓住耗子就是好猫”。（以下简称“猫论”。）据说这句话是邓小平的老朋友刘伯承在打仗时最爱说的一句话。其道理即在打仗时不应拘于教条，应因地制宜，灵活多变地安排战略战术，一切视情况而定，以打胜仗为最终目的。这句话由于言简意赅，生动形象，颇具说服力，因此深受一二九师和二野指战员的喜爱。邓小平对刘帅常说的这句家乡话也备感亲切，十分理解，非常赞同，有时为了分析问题和解决问题，他就引用“猫论”来表达自己的想法。

十一届三中全会后，“猫论”成为中国将社会工作重心转移到经济发展上的一个理论标志。邓小平认为，搞理论争论，就会贻误时机，错过发展机遇。空洞的争论无济于事，真理只有在实践中才能得到检验，应该大胆地实践，大胆地试，先不要下结论，干了再说。“不管黑猫白猫，捉到老鼠就是好猫”。“猫论”改变了过去凡事都要先以意识形态考量、凡事都要先从政治着眼、凡事都要先问问教条的思维习惯。小平同志在南方谈话时，深情地说：“不坚持社会主义，不改革开放，不发展经济，不改善人民生活，只能是死路一条”。

改革是社会主义发展的强大动力，三十多年改革开放所取得的辉煌成就证明了这一点。三十多年来，从农村到城市、从经济领域到其他各个领域，我们锐意推进各方面体制改革，使我国成功实现了从高度集中的计划经济体制到充满活力的社会主义市场经济体制的伟大历史转折。三十多年来,从沿海到沿江沿边,从东部到中西部,我们不断扩大对外开放,使我国成功实现了从封闭半封闭到全方位开放的伟大历史转折。三十多年来,中国的经济实力、综合国力和国际影响力空前提升了,人民生活水平和人的全面发展也得到了空前提升,从宏观到微观、从顶层到基层,中国不仅大有活路、大有出路,更走出了一条独具自身特色的路。三十多年来,我们国家初步实现了发达国家上百年才能取得的成就,社会主义市场经济蓬勃发展,创造社会财富的活力竞相迸发,经济实力、军事实力、综合国力、人民生活水平都上了大台阶,中国人民的国际地位、精神面貌、中国共产党的面貌都发生了历史性的变化。

没有改革开放,中国过去三十多年的快速发展就是一种空想。依靠改革开放,中国人在三十多年时间里完成了发达国家几百年走过的发展进程。这种富于中国特色的快速发展,承载了几代中国人矢志追求的现代化梦想和民族复兴梦想,也承载了当代中国人跟着共产党、走中国特色社会主义道路的普遍心声。

党的十八大报告提出:必须坚持推进改革开放。改革开放是坚持和发展中国特色社会主义的必由之路。要始终把改革创新精神贯彻到治国理政各个环节,坚持社会主义市场经济的改革方向,坚持对外开放的基本国策,不断推进理论创新、科技创新、文化创新以及其他各方面创新,不断推进我国社会主义制度自我完善和发展。

改革开放是新时期最鲜明的特点,是当代中国的主旋律。“改革开放这场新的伟大革命,不仅深刻改变了当代中国和中国人的面貌,创造了举世瞩目的‘中国奇迹’,更凝聚了中国共产党和当代中国人对于世界形势和时代趋势、对于国内外历史经验教训、对于如何建设社会主义的科学认识和理性判断。在新形势下,改革开放的环境更复杂,使命更艰巨，任务更繁重，要求也更高。我们只有坚持改革开放不动摇，中国的发展才有出路。”①

当前，国际政治经济秩序正在发生深刻的大调整、大变革，经济全球化、世界多极化趋势更为明显，新一轮科技革命方兴未艾，国家间竞争空前激烈，国际形势更为波诡云谲，改革开放的环境更复杂，使命更艰巨，任务更繁重。改革已步入“深水区”，攻坚克难、啃硬骨头更显紧迫，我们必须进一步解放思想，大力破除各种阻力。作为一个有13亿人口的发展中大国，我们任何时候都必须把独立自主、自力更生作为发展的根本基点，但在今天的世界，任何一个国家都不可能关起门来搞建设，封闭起来自给自足。只有积极融入世界，主动在世界上占据一席之地、领先之地，只有善于利用世界的资源、技术、资金和文明成果来为我服务，中国才可能满足好这么多人口的发展需求，获得更好更快的发展，也才能获得与别人竞争的条件和优势，获得未来发展的主动权。中国的发展离不开世界，世界的发展也离不开中国，中国的前途命运已经日益紧密地同世界的前途命运联系在一起。

进入改革攻坚期，我们面临的主要是一些涉及面宽、触及利益层次深、配套性强、风险比较大的改革，如果在这些事关全局的重点领域和关键环节上墨守成规、畏首畏尾、束手束脚，改革就不可能进一步推进。面对前所未有的机遇和挑战，破解新的难题、化解新的风险、激发新的活力、实现新的发展，需要始终把改革创新精神贯彻到治国理政各个环节。我们必须要用发展的办法、改革的办法来解决问题，要提高改革决策的科学性，增强改革措施的协调性，坚决破除一切妨碍科学发展的思

① 毛晓刚：《中国发展必须坚持改革开放不动摇》，2012年12月10日，见http://news.xinhuanet.com/comments/2012-08/03/c_112615033.htm。

想观念和体制机制弊端，不断推进理论创新、制度创新、科技创新、文化创新以及其他各方面创新，以大无畏的勇气、坚韧不拔的意志，共克时艰，迎难而上，坚定不移地继续深化改革。

13 比太阳还要有光辉——必须坚持维护社会公平正义

温家宝曾在答记者问时说过,“我认为,公平正义比太阳还要有光辉”。这句感言,道出了中国特色社会主义的本质,也道出了人民的心声。人们普遍有种心理:不怕苦不怕穷,但求公平。历史上有一个陈平分肉的典故就说明了这个道理。《史记·陈丞相世家》中是这样记载的:“里中社,平为宰,分肉食甚均。父老曰:‘善,陈孺子之为宰!’平曰:‘嗟乎,使平得宰天下,亦如是肉矣!’”大家都知道:肉好吃,但不好分。且不说亲疏关系,单说肉本身,就有肥瘦之分,肝肺之别,头身之异,怎么好分啊?可是,陈平分肉却能赢得父老们交口称赞,这可不是一件容易事。陈平分肉能够让父老们敬服,是什么原因呢?在这里,不想说他分肉的技术是多么的高明,想说的是他分肉的时候不偏不袒,秉公处理,所以才分得均匀,令大家满意。

公平,这是一个古老而常新的话题。在一个不公平的社会,若想实现社会和谐,无疑是天方夜谭。建立一个公平的社会,任重而道远,需要我们每一个人以陈平分肉之事为榜样,向陈平学习,更需要健全、公平的社会制度。

党的十八大报告提出:必须坚持维护社会公平正义。公平正义是中国特色社会主义的内在要求。要在全体人民共同奋斗、经济社会发展的基础上,加紧建设对保障社会公平正义具有重大作用的制度,逐步建立以权利公平、机会公平、规则公平为主要内容的社会保障体系,努力营造公平的社会环境,保证人民平等参与、平等发展权利。

公平正义,就是社会各方面的利益关系得到妥善协调,人民内部矛盾和其他社会矛盾得到正确处理,社会公平和正义得到切实维护和实现。实现社会公平正义是中国共产党人的一贯主张,是中国共产党性质和宗旨的内在要求。我们党在领导中国革命、改革和建设的历程中,始终以实现社会公平正义为价值目标。

实现公平正义是中国共产党社会建设的重要目的。新中国成立以来特别是改革开放以来我国发展取得的巨大成就,为实现社会公平正义提供了物质基础和有利条件。在中国特色社会主义建设的伟大历程中,中国共产党把公平正义作为社会建设的重要目标,强调社会建设要更加注重社会公平,把社会建设与公平正义直接联系起来,体现了社会建设以公平正义为价值理念的思想。中国共产党积极推进经济体制、政治体制、文化体制和社会体制各方面的改革,其重要目的之一,就是在实现生产力发展的基础上,促进社会的公平正义,使每个人都能够拥有改善自身各方面条件的发展机会。

随着我国社会深刻变革,影响社会公平正义的各种矛盾和问题日益突出,存在收入分配制度不合理,收入差距过大,社会保障制度不健全,公共资源分布不平衡等问题,人民群众对党和政府维护社会公平正义的要求越来越高。同时,由于我国还处于并将长期处于社会主义初级阶段,实现和维护社会公平正义仍然任重道远。只有实现社会公平,才能消除某些社会成员心中的不平和积怨,消除和化解各种社会矛盾,提高全社会的凝聚力和向心力。

在当前我国改革开放和发展社会主义市场经济的条件下,公平正义是我们进行社会建设的重要依据,是协调社会各阶层关系的基本准则,也是增强社会凝聚力、向心力和感召力的重要旗帜。社会建设的成效如何,要看是否实现了社会公平正义。在社会建设的历史进程中,中国共产党将公平正义的原则贯穿始终，把它作为社会建设各项制度安排的重要依据，并取得了重大的成就。正是在对社会建设的不断探索和努力中，我们党不断深化对公平正义重要性的认识，逐步推动着公平正义的实现。

维护公平正义必须通过加紧建设对保障社会公平正义具有重大作用的制度，进一步完善民主权利保障制度，从各层次各领域扩大公民有序政治参与，保证人民当家作主。坚持执法为民、公正司法，加快推进司法体制和工作机制改革，建设公正、高效、权威的社会主义司法制度，发挥司法维护公平正义的职能作用。加快建立覆盖全国城乡的基本公共服务体系，调整财政收支结构，把更多财政资金投向公共服务领域，投入教育、就业、医疗、社会保障、社会治安等领域，不断增强公共产品和公共服务供给能力，提高公共服务质量和水平，解决好人民最关心最直接最现实的利益问题，在学有所教、劳有所得、病有所医、老有所养、住有所居上持续取得新进展，使公共服务成果更好地惠及广大人民群众。

14　蛋糕做大了怎么分——必须坚持走共同富裕道路

“让一部分人先富起来”是改革家邓小平所提,他希望先富带动后富、最终实现共同富裕。如今,这一终极目标却显得渺茫。从城乡看,6亿多城镇人口与6亿多农民的收入差距超过3倍。从区域看,东部人均国内生产总值平均超过8000美元,中西部最低的地方只有1000多美元,差距是巨大的。“共同富裕”在改革开放初期对于打破中国经济发展的桎梏,曾起到了巨大作用,可随着经济快速发展,先富起来的人并未带动其他人实现共同富裕,反而拉大了相互之间的贫富差距。中国社科院经济研究所收入分配课题组公布的调查报告显示,2002年中国居民收入分配差距程度的基尼系数0.454,超过了国际警戒线0.4,对比改革开放前的0.25,上浮80%。① 缩短区域差距和城乡收入差距是一个巨大课题,是中国社会主义建设必须要解决的历史课题。

党的十八大报告提出:必须坚持走共同富裕道路。共同富裕是中国特色社会主义的根本原则。要坚持社会主义基本经济制度和分配制度,调整国民收入分配格局,加大再分配调节力度,着力解决收入分配差距较大问题,使发展成果更多更公平惠及全体人民,朝共同富裕方向稳步前进。

---

① 《中共反思“共同富裕”悖论　先富未带动后富》,2012年12月31日,见大公网。

共同富裕是人类进入文明时代以来就一直拥有的梦想，是社会主义本质的必然要求，是我们建设中国特色社会主义必须始终坚持的基本价值理念。牢牢把握坚持共同富裕这一基本要求，对于逐步解决城乡区域发展差距和居民收入分配差距较大的问题，充分发挥中国特色社会主义优越性，全面建成小康社会具有重大意义。

实现共同富裕是我们党90年来矢志不渝的目标。邓小平同志在1990年就强调指出："共同致富，我们从改革一开始就讲，将来总有一天要成为中心课题。社会主义不是少数人富起来、大多数人穷，不是那个样子。"他在1992年视察南方重要谈话中提出："走社会主义道路，就是要逐步实现共同富裕。"共同富裕是中国特色社会主义的本质特征。共同富裕是生产力和生产关系的结合，离开了生产力发展的富裕是抽象的空洞的富裕；共同富裕是普遍富裕基础上的差别富裕，不是平均主义的富裕；共同富裕是物质生活和精神生活的全面富裕，不是物质生活的单方面富裕；共同富裕是部分到整体的逐步富裕，不是一步到位。

在过去相当长一段时间里，我们把共同富裕当做同步富裕、同等富裕去追求，容不得出现一点先富后富、多富少富的差别。在个人收入分配上，搞平均主义，吃"大锅饭"。其结果，只能是同步贫穷、同等贫穷。改革开放以来，我们打破了平均主义，打破了"大锅饭"，允许一部分人、一部分地区先富起来，从而充分调动了人民群众和各个方面的积极性，解放和发展了社会生产力，引起经济生活、社会生活、工作方式和精神状态的全面而深刻变化。事实证明，一部分人先富起来，一部分地区先富起来，必然产生极大的示范效应，带动其他地区、其他企业和其他人向他们学习，这是一条加速发展、达到共同富裕的捷径。

走共同富裕道路，需要大力解放和发展生产力，需要合理调整收入分配关系，需要强力推进基本公共服务均等化。首先，共同富裕的基础在解放和发展生产力,共同富裕的前景也在解放和发展生产力,解决收入分配差距过大问题的根本出路同样在解放和发展生产力。只有做大蛋糕,才能为分好蛋糕提供强大物质基础。其次,在做大蛋糕的基础上,要正确处理效率与公平的关系,初次分配和再分配都要兼顾效率和公平,再分配更加注重公平。要努力实现居民收入增长和经济发展同步、劳动报酬增长和劳动生产率提高同步,提高居民收入在国民收入分配中的比重,提高劳动报酬在初次分配中的比重。最后,强力推进基本公共服务均等化,可以有效地缩小城乡居民之间、不同地区居民之间,以及不同社会群体之间、不同社会成员之间生活水平的差距,从而缩小当前过大的贫富差距。基本公共服务的均等化,对中低收入者特别是贫困者生活的改善关系极大。

为政之道,在于安民;安民之举,在于富民。缩小收入差距、共享发展成果,是人民群众的热切期盼,也是我们党的庄严承诺。在经济社会不断发展和收入分配制度改革不断深化的过程中,这一目标会逐步成为现实,全体人民必将共沐公平正义阳光,共享幸福美好生活。只要全党全国人民毫不动摇地不懈奋斗,共同富裕的美好未来就一定会实现。

15 谁来当家做主——必须坚持人民主体地位

人民群众是历史的创造者，社会主义这个大家由谁来当家做主，只有人民才能担当起这个历史的重托。中国特色社会主义是亿万人民自己的事业。要发挥人民主人翁精神，坚持依法治国这个党领导人民治理国家的基本方略，最广泛地动员和组织人民依法管理国家事务、管理经济和文化事业、积极投身社会主义现代化建设，更好地保障人民权益，更好地保障人民当家作主。

人民主体地位是社会正义的历史必然。自有人类历史以来，人民始终是创造历史的主体。自《共产党宣言》诞生起，马克思主义理论的阳光普照大地，人类社会进入一个崭新的发展时期。为绝大多数人谋利益，成为共产党生命的根本所在，中国的辉煌历程，凸显了百年世界的巨大变迁。人类正义事业——社会主义运动风起云涌，世界第一个社会主义国家诞生，引领了一大批国家的革命与发展，世界人口最多的国家中国建立了先进的社会主义制度。虽然国情不同，制度不同，手段不同，但是各国人民的力量在决定着各国的发展命运。生产力是推动社会发展的决定性力量，生产力中的人的因素是最活跃最有生命力的因素，人的因素的决定性力量是人民的力量。人民，只有人民，才是创造历史的动力。中国特色社会主义大旗高高飘扬，彰显了中国亿万人民团结在中国共产党的周围，成为改变中国命运的决定性力量，验证了马克思主义科学理论的真理性与实践性。

人民主体地位是当代中国的发展必然。中国革命、建设和改革所取得的胜利,离开了人民就不可能实现。党的领导是领导人民,党如果不代表人民利益,人民就不会跟党走。中国共产党的领导地位是人民的选择,历史的选择。革命时期,中国共产党代表人民、组织人民、为了人民、团结人民、保护人民,历经28年战火硝烟,夺取人民革命的伟大胜利,建立人民政权,建设人民共和国。建设时期,中国共产党继续代表人民,历经29个曲折探索,夺取社会主义建设的伟大成就,建立了社会主义基本经济制度,建成了社会主义国民经济独立体系。改革时期,中国共产党依然代表人民,历经30多年风雨春秋,夺取社会主义现代化建设的辉煌成就,完成了以阶级斗争为纲向以经济建设为中心的转变,建立了社会主义市场经济,开启了全面小康社会的建设,开始走向富民强国,成绩巨大,举世瞩目。

人民主体地位是人民百姓的幸福必然。《报告》告诉我们,中国共产党建党100周之际,中国将全面建成小康社会,中华人民共和国成立100周年之际,中国将实现全面民族伟大复兴。人民幸福的主要体现应当是多方面的,至少包括:国家日益强大不受欺凌,社会安定和谐井然有序,经济繁荣昌盛健康发展,家庭团圆和睦生活美满,人民身心健康生命长寿。1949年,新中国诞生,人民当家作主,财产回归人民,人民生活开始改善;1978年,改革开放,人民政权稳固,物质基础雄厚,人民生活开始提高;2011年,社会主义制度完善,国家经济富强,人民生活开始巨变。2020年,人民民主不断扩大,全面实现小康社会,人民生活水平全面提高。2049年,全面实现振兴中华。

人民主体地位是中国共产党的生命基础。《报告》充满着全心全意为人民利益的宗旨和理念。

第一,必须坚持人民主体地位,这是在新的历史条件下夺取中国特色社会主义新胜利的首要原则。没有人民主体地位,解放和发展社会生产力就是一句空话；没有人民主体地位，推进改革开放就没有决定性力量；没有人民主体地位，维护社会公平正义就没有目标；没有人民主体地位，走共同富裕道路就没有方向；没有人民主体地位，促进社会和谐就没有基础；没有人民主体地位，和平发展就没有力量保障；没有人民主体地位，党的领导就没有群众基础。总之，没有人民主体地位，就没有中国共产党未来。因此，中国共产党清醒地认识到，党的宗旨到任何时候都不能丢，这是党的生命基础。

第二，人民主体地位得到体现。经济领域的人民主体地位，就是坚持改革成果共享、人民生活水平全面提高，不是平均主义，也不是两极分化；政治领域的人民主体地位，就是保证人民行使国家权力、健全社会主义民主制度，自由有度，民主有边，民主决策，依法治国；文化领域的人民主体地位，就是文化为人民大众服务，体现人民大众需求，丰富人民精神文化生活，提高人民道德素质，建立社会主义核心价值体系；社会领域的人民主体地位，就是保障和改善民生为重点，教育令人民满意，实现高质量就业，增加居民收入，推进社会保障，提高人民健康水平。

第三，人民主体地位的党建启迪。一是坚定理想信念，坚守共产党人精神追求；二是坚持以人为本、执政为民，始终保持党同人民群众的血肉联系；三是面对人们的信任和重托，必须增强宗旨意识，相信群众、依靠群众、始终把人民放在心中的最高位置；四是全面提高党的建设科学化水平，全心全意为人民服务，保证党、国家和人民利益的统一。党的建设的核心是思想建设，干部队伍建设的核心也是思想建设，从源头上预防腐败，就是从党员干部思想上预防，增强党的建设科学化、党的决策科学化、党的工作科学化、党的执政科学化意识。一切为了人民，一切依靠人民，与人民同呼吸、共命运。

16　以和为贵——必须坚持促进社会和谐

儒家的创始人孔子在《论语·学而》中说道:“礼之用,和为贵。先王之道,斯为美。小大由之,有所不行。知和而和,不以礼节之,亦不可行也。”和是儒家所特别倡导的伦理、政治和社会原则。《礼记·中庸》里写道:“喜怒哀乐之未发谓之中,发而皆中节谓之和。”杨遇夫《论语疏证》写道:“事之中节者皆谓之和,不独喜怒哀乐之发一事也。和今言适合,言恰当,言恰到好处。”孔门儒家认为,礼的推行和应用要以和谐为贵。“和”是儒家思想的精髓,和谐也同样是我国社会主义建设的科学指导。

社会和谐是中国特色社会主义的本质属性。要把保障和改善民生放在更加突出的位置,加强和创新社会管理,正确处理改革发展稳定关系,团结一切可以团结的力量,最大限度增加和谐因素,增强社会创造活力,确保人民安居乐业、社会安定有序、国家长治久安。

党和政府的全部工作必须以实现人民富裕幸福为根本目标,更好地为各族人民谋福祉。要着力保障和改善民生,建设民生政府。这是坚持以人为本、执政为民理念的必然要求。要把保障和改善民生作为党委、政府工作的基本职责,坚持实施民生工程,突出解决群众最关心、最直接、最现实的利益问题。注重发展民生经济,把保障和改善民生作为公共财政支出的主要投向,加大民生投入。把保障和改善民生作为政绩考核评价的重要取向,完善改善民生的制度安排,让人民群众得到更多实惠。政府是为民生而建，一切为了人民，一切代表人民，一切为人民谋福利。建设民生政府，就是政府要树立“公民权利本位，政府义务本位”、“以人为本，执政为民”思想，从民众最为关心、最直接、最现实的民生问题着手，以提高民生质量为宗旨，以民众是否满意为评价民生工程的唯一标准。建设民生政府，就是要重点关注就业、教育、分配、社会保障等涉及人民群众的基本生存与发展问题。就业是民生之本、固国安民之策，是人民的生活与生存之根本。要实施积极的就业政策，完善就业服务体系，创造更多的就业机会，推动全民创业，实现“人人有活干、有饭吃”。要维护劳动者的权益，推行企业人员工资集体协商，构建和谐劳动关系。教育是民生之基，是强省与富民的基础，也是人民群众的基本权利。提高全省各族人民的基本素质，必须实行教育优先的发展战略，优化教育资源配置，让城乡孩子都能无忧无虑地上学，都能公平享受优质教育资源。分配是民生之源，是人民群众休养生息的源泉。要提高城乡居民收入，深化收入分配制度改革，建立健全工资正常增长机制，逐步提高最低工资标准，实现城乡居民收入增长与经济发展同步、劳动报酬增长与劳动生产率提高同步。社会保障是民生之依，是人民生存与发展的依托。要把老百姓都装进“社会保险箱”，使民众能够“老有所养、病有所医、居有其屋”，过上衣食无忧的生活。健全覆盖城乡居民的社会保障体系，实现人人享有基本社会保障。健全社会救助体系，积极发展社会福利和慈善事业。加快推进住房供应体系和保障性安居工程建设，做好保障性住房的公共产品回归工作，解决低收入群体的居住问题。

社会管理是人类社会必不可少的一项管理活动。在我们这样一个有 13 亿人口、经济社会快速发展的国家，社会管理任务更为艰巨繁重。我们加强和创新社会管理，根本目的是维护社会秩序、促进社会和谐、保障人民安居乐业，为党和国家事业发展营造良好社会环境。社会管理的基本任务包括协调社会关系、规范社会行为、解决社会问题、化解社会矛盾、促进社会公正、应对社会风险、保持社会稳定等方面。做好社会管理工作,促进社会和谐,是全面建设小康社会、坚持和发展中国特色社会主义的基本条件。社会管理,说到底是对人的管理和服务,涉及广大人民群众切身利益,必须始终坚持以人为本、执政为民,切实贯彻党的全心全意为人民服务的根本宗旨,不断实现好、维护好、发展好最广大人民的根本利益。要坚持贯彻党的群众路线,坚持人民主体地位,发挥人民首创精神,紧紧依靠人民群众开创新形势下社会管理新局面。要坚持思想上尊重群众、感情上贴近群众、工作上依靠群众,把群众满意不满意作为加强和创新社会管理的出发点和落脚点。要以人民群众利益为重、以人民群众期盼为念,着力解决好人民最关心最直接最现实的利益问题,始终保持党同人民群众的血肉联系。

正确处理改革、发展与稳定的关系。改革、发展和稳定三者之间相互依存,互为条件。第一,发展是目的,是硬道理。中国解决所有问题的关键要靠自己的发展。第二,改革是动力。改革是经济和社会发展的强大动力,是社会主义制度的自我完善和发展,它的决定性作用不仅在于解决当前经济和社会发展中的一些重大问题,推进社会生产力的解放和发展,还要为我国经济的持续发展和国家的长治久安打下坚实的基础。第三,稳定是前提。无论改革还是发展都需要有一个稳定的社会环境作保证。稳定是改革和发展的前提,改革和发展必须要有稳定的政治和社会环境。没有稳定的政治和社会环境,一切无从谈起。实践表明,改革、发展、稳定三者关系处理得当,就能总揽全局,保证经济社会的顺利发展;处理不当,就会吃苦头,付出代价。

17　与邻为善——必须坚持和平发展

中国有句俗话："远亲不如近邻。"中国从古至今坚持着和平发展的理念来处理与其他国家的关系。在明代历史上，从太武开国到洪武初开始，就采取了一系列超越时代的外交活动，频频向周边、海外的诸多国家以及西域诸国遣史通交，构筑了以明朝为中心的国际关系新秩序。1405 年，明成祖遣派郑和下西洋，期间访问了 30 多个西太平洋和印度洋的国家和地区，加深了中国同东南亚和东非的友好关系。①

从古至今，我国一直坚持友好和平的周边外交政策，在党的十八大会议上，提出了"与邻为善、以邻为伴"，并将其确定为中国周边外交的指导方针。和平发展是中国特色社会主义的必然选择。要坚持开放的发展、合作的发展、共赢的发展，通过争取和平国际环境发展自己，又以自身发展维护和促进世界和平，扩大同各方利益汇合点，推动建设持久和平、共同繁荣的和谐世界。

中国和平发展的道路，是一条统筹国内发展和对外开放的发展道路。中国是一个拥有 13 多亿人口、面临众多难题的最大的发展中国家。中国要发展起来、振兴起来，要实现现代化、实现全体人民的共同富裕，需要很多代人的努力奋斗。在这一历史进程中，我们需要稳定的国内环境，也需要和平的国际环境。为此必须高举和平、发展、合作的

---

① 乔玲玲：《〈明史〉中的"和"文化研究》，《湖南医科大学学报》2009 年第 7 期。

旗帜，坚持独立自主的和平外交政策，坚定不移地走和平发展道路，实施互利共赢的开放战略，维护国家主权、安全、发展利益，积极争取和平稳定的国际环境、睦邻友好的周边环境、平等互利的合作环境、互信协作的安全环境、客观友善的舆论环境。

中国和平发展的道路，是一条勇于参与经济全球化而又坚持广泛合作、互利共赢的发展道路。中国实行对内改革从一开始就是同对外开放联系在一起的。中国勇敢地参与国际经济技术合作和竞争，获得了在闭关锁国条件下不可能获得的资金、先进技术、管理经验和各种人才，从而极大地增强了发展的优势。在实行对外开放的同时，坚持独立自主、自力更生。推进中国的发展，必须依靠自己的观念创新和体制创新，依靠自己的经济结构和产业结构调整，依靠开拓国内市场和增加国内需求，依靠更加广泛和深入地开发人力资源，依靠加快科技进步和创新。中国始终不渝奉行互利共赢的开放战略。以自己的发展促进地区和世界共同发展，扩大同各方利益的汇合点，在实现本国发展的同时兼顾对方特别是发展中国家的正当关切。继续按照通行的国际经贸规则，扩大市场准入，依法保护合作者权益。支持国际社会帮助发展中国家增强自主发展能力、改善民生，缩小南北差距。支持完善国际贸易和金融体制，推进贸易和投资自由化便利化，通过磋商协作妥善处理经贸摩擦。中国决不做损人利己、以邻为壑的事情。

中国必然要坚持走和平发展道路，这是基于中国特色社会主义的的必然选择。中国将长期处于社会主义初级阶段，要达到中等发达国家的经济发展水平，还需要经过很长时期的艰苦奋斗。这一基本国情决定了中国的主要任务就是一心一意谋发展，聚精会神搞建设，发展经济，提高人民生活水平。中国人民最需要、最珍爱和平的国际环境。历史经验表明，中国的发展从根本上要靠中国自己。中国的国家性质和国家利益决定了走和平发展的道路，奉行独立自主的和平外交政策。

中国外交政策的基本目标是促进世界和平与发展。社会主义制度的建立既消除了我国屈从于外国侵略、奴役的社会根源,也消除了我国侵犯别国的社会根源。我国的现代化事业需要一个和平的国际环境。

中国坚持走和平发展道路也基于中国历史文化传统的必然选择。中华文化历来强调和为贵的价值观念。中国人民深刻认识到,只有通过和平方式实现的发展才是持久的牢靠的发展,也才是既有利于中国人民也有利于世界各国人民的发展。新中国成立以来,中国坚持独立自主的和平外交政策,坚持在和平共处五项原则的基础上发展同世界各国的友好合作,始终同世界各国和睦相处,从来都是维护世界和平、促进共同发展的坚定力量。中国文化的核心、儒家文化的精髓之一就是“和为贵”。武术是用来健身自卫而非以强凌弱,武备是用来防敌入侵而非掠夺扩张。中国的发展给世界各国带来了巨大的市场和发展机遇,促进了世界和平力量的增长。

中国坚持走和平发展道路还是基于当今世界发展潮流的必然选择。无论从历史的经验教训、冷战后的国际形势、霸权主义和地区冲突,还是从人类面临的共同问题看,和平与发展都是当今时代的主题。全球发展的最突出问题是南北发展不平衡,发展中国家面临着发展经济的艰巨任务。当前,发展中国家经济发展存在两个严重问题:外债数额急剧膨胀;对外贸易条件恶化。南北差距日益扩大。这种状况如果不根本改变,就难以避免国际社会的动荡,难以促进各国的共同发展和实现世界的普遍繁荣。

18 谁是领路人——必须坚持党的领导

火车跑得快,全凭车头带。中国作为世界上发展速度最快的列车,得益于中国共产党坚强的领导。从1921年中国共产党成立到现在,已经过去了一百多年。在这期间,中国历史上是一个空前的翻天覆地、惊天动地的伟大年代,也将会是子孙后代永远铭记不忘的年代。从一个贫穷落后、受列强残暴掠夺和欺侮的封建半殖民地弱国,经过无数英雄烈士的牺牲和奋斗,经过整体中华民族的艰辛努力以及不屈不挠、坚强卓绝的毅力,转弱为强,崛起于东方;社会主义现代化建设成绩辉煌,震撼全球,全世界瞩目相看,赞誉惊服不已。这是在中国共产党领导之下的伟大成就,是人间奇迹。

党的十八大报告中指出:必须坚持党的领导。中国共产党是中国特色社会主义事业的领导核心。要坚持立党为公、执政为民,加强和改善党的领导,坚持党总揽全局、协调各方的领导核心作用,保持党的先进性和纯洁性,增强党的创造力、凝聚力、战斗力,提高党科学执政、民主执政、依法执政水平。

中国共产党是建设有中国特色社会主义事业的领导核心。党的这种领导地位,是在领导中国人民进行革命、建设、改革的长期实践中形成的,是历史的必然选择。在我们这样一个多民族的发展中的大国,要把13多亿人的力量凝聚起来,向着社会主义现代化的目标前进,必须有中国共产党的领导。否则,就会成为一盘散沙,四分五裂,不仅现代化实现不了，而且必然陷入混乱的深渊。

坚持党的领导，不是一个抽象的概念。最重要的，就是要坚持党对国家大政方针和全局工作的政治领导，坚持党对军队和其他人民民主专政的国家机器的绝对领导，坚持党管干部的原则，坚持党对意识形态领域的领导，坚持共产党领导的多党合作。这些都是坚持党的领导的根本原则，如果动摇了，党的领导就会成为一句空话。

为了坚持党的领导，必须改善党的领导。我们党所处的国内外环境已经发生并将继续发生重大变化；我们在前进的道路上，不可避免地会遇到各种困难和风险的考验；建设有中国特色社会主义事业越是向前发展，我们面临的任务就越艰巨，需要解决的矛盾和问题也越复杂。在新世纪广阔的时代背景下和伟大的历史进程中，要保证我们党始终走在时代前列，始终成为全国人民的主心骨，始终成为坚强的领导核心，必须改善党的领导，不断提高党的领导水平和执政能力。

改善党的领导，必须认真贯彻依法治国的基本方略。党领导人民制定宪法和法律，党必须在宪法和法律的范围内活动。党要善于把党关于国家重大事务的主张，经过法定程序变成国家意志。党的所有组织和党员的活动，都不能同宪法和法律相抵触。要把坚持党的领导同发展人民民主、严格依法办事、尊重客观规律有机地统一起来，特别要不断深化对共产党执政规律、社会主义建设规律和人类社会发展规律的认识，坚决抵制西方那种议会民主和多党制，把党的领导工作提高到一个新水平。

改善党的领导，必须按照总揽全局、协调各方的原则，进一步加强和完善党的领导体制，改进党的领导方式和执政方式，既保证党委的领导核心作用，又充分发挥人大、政府、政协以及人民团体和其他方面的职能作用。党委要把主要精力放在抓方向、议大事、管全局上，通过建立健全科学化、规范化、制度化的机制，加强对人大、政府、政协、人民团体的领导。人大、政府、政协、人民团体的党组以及担任领导职务的党员干部,在依法进行职责范围内的工作时,必须坚决贯彻党的方针政策和党委的决定。

改善党的领导,必须坚决维护党和国家的团结统一。党和国家的指导思想、奋斗目标、大政方针和法律制度,以及重要工作部署等,必须统一。中央决定了的事情,各方都要认真去办。无论分布在全国哪个地区、哪个部门、哪个单位的党组织,无论担任何种领导职务的党员干部,都要自觉贯彻执行中央的路线方针政策和工作部署,坚决维护中央领导的权威性和统一性,绝不能各行其是。这是党和国家的大局,是高于一切的。全党朝气蓬勃,步调一致,我们的事业就能不断取得新的胜利。

改善党的领导,还要求我们不断研究新情况、解决新问题,不断推进理论创新、制度创新、科技创新,不断加强和改进党的建设,不断改进党的领导作风、领导方式和领导方法,等等。

19　破解发展的瓶颈——加快转变经济发展方式

东莞是靠大量代工制造的加工贸易起家的,2008 年国际金融危机让这个外贸依存度高、产品附加值低的城市“中枪受伤”,2009 年 GDP 仅增长 5.3%。东莞咬牙走上了加工贸易转型升级之路,增加加工贸易企业研发设计、品牌、内销总部等要素环节,将“生产车间”转变为“企业总部”。如今,东莞的专利申请和专利授权分别居广东省第二、第三名,连东莞生产的鞋的出口价格都比 2008 年提高了 170%多。东莞人坚信,东莞具备重新崛起的后劲,GDP 迟早会回来的。

有学者认为:“从发展目的看,转方式一样能实现稳增长的初衷。”以人为本是增长的最终目的,如果有好的经济结构,即使速度低一点,也会由于服务业比重较高而能吸纳较多的就业,也会由于消费比重较高而使百姓福利明显增加。转变发展方式是中国继 60 多年前社会制度转型、30 多年前经济体制转轨之后决定现代化命运的又一次重大抉择,关系到我们能否实现民族复兴的“中国梦”。

中国社科院经济所宏观经济研究室主任张晓晶讲过这样一段历史:20 世纪 70 年代,美国经济从战后的快速增长一下滑落至 2%,当时的美国政府出台多种措施鼓励经济实现更高质量、更有效益的增长,结果美国经济自 1983 年起大幅回升。同样在 20 世纪 70 年代初,当时日本经济已高速增长了 20 年,但由于缺乏创新活力,技术多停留在模仿层面,结果在国内外一系列冲击下,经济增速从 9.4%以上猛降至 70、

80 年代年均 4.2%的水平。① 张晓晶认为，这段历史说明两个道理：其一，日本的教训表明，不能因为稳增长而忽视转方式，不转、慢转，速度也会掉下来。其二，美国的经验表明，转方式有利于稳增长。

当前，我国人均 GDP 已近 4000 美元。从国际经验来看，这个阶段既拥有继续发展的有利条件，也处于发展转型的关键时期。环顾全球，成功启动现代化进程的国家不在少数，能够持续推进现代化进程并最终获得成功却不多见。不少国家在迈入现代化进程后，最初的发展势头相当不错，后来却出现停滞甚至发生逆转，关键原因就是没有及时对发展方式作出调整。对于我国而言，要成功应对挑战，保持现代化的连续性，就必须把握全局、抓住机遇，使发展方式的转变，由市场的自发走向改革的自觉。

从“转变经济增长方式”，到“转变经济发展方式”，再到“加快转变经济发展方式”，这是我们党对我国现代化发展阶段的敏锐洞察，是继续推进中国现代化航船的战略抉择。加快转变经济发展方式，关系改革开放和社会主义现代化建设全局。要坚持把经济结构战略性调整作为主攻方向，坚持把科技进步和创新作为重要支撑，坚持把保障和改善民生作为根本出发点和落脚点，坚持把建设资源节约型、环境友好型社会作为重要着力点，坚持把改革开放作为强大动力。这“五个坚持”，指明了加快转变经济发展方式的方向和重点，体现了科学发展观的内在要求，反映了对发展中国特色社会主义的规律性认识。

转变经济发展方式，涉及国民经济结构的一系列重大调整。就其战略重点而言，主要包括：加快形成消费、投资、出口协调拉动经济增长的新局面；加快发展服务业，促进经济增长向依靠第一、第二、第三产业协同带动转变；推动发展向主要依靠科技进步、劳动者素质提高和管理

① 符仲明：《中国经济转变发展方式刻不容缓》，《人民日报》2012 年 12 月 16 日。

创新转变。

深化经济体制改革，要着重加快改革财税体制，深化金融体制改革，深化行政审批制度改革，推动政府职能向创造良好发展环境、提供优质公共服务、维护社会公平正义转变。

建立扩大消费的长效机制，需要改革现行国民收入分配制度，提高劳动所得占国民收入初次分配的比重，以提高广大居民尤其是中低收入群体的购买能力；需要加快转变政府职能和深化社会管理、社会公共服务等体制改革，有效增加居民的转移性收入和财产性收入，提高居民收入在国民收入再分配中的比重；需要深化社会保障制度改革，建立统筹城乡、覆盖全社会的保障体系，以改善居民消费预期，提高居民消费能力。

促进现代服务业发展，需要在文化、教育、医疗、交通、通讯等领域降低准入门槛，彻底消除民营企业进入服务业领域面临的“玻璃墙”、“弹簧门”等问题；需要建立公平、规范、透明的市场准入标准，探索适合新型服务业态发展的市场管理办法；需要改革财税、金融体制，通过结构性减税和着力发展扎根社区、乡镇的“草根”金融机构等，为中小服务业企业的成长壮大创造良好环境。

20 发展的不竭动力——创新驱动发展战略

上海是中国改革开放的窗口和现代化建设的前沿,2008 年爆发的国际金融危机,深度冲击了全世界,上海也同样受到了重创。面对复杂外部环境和自身结构调整的双重挑战,上海冷静思考、沉着应对,在调整中发展,在全市采取了创新驱动发展战略,在创新中转型。“十一五”以来,上海全社会研发投入年均增长 17.4%,占 GDP 比例由 2005 年的 2.33%提高到 2011 年的 2.9%;每百万人口发明专利授权数由 106 件提高到 2011 年的 390 件,在全国名列前茅;至 2012 年年初,全市共有 43 家国家级企业技术中心和分中心,360 家市级企业技术中心,累计认定高新技术企业总数 3589 家,共认定高新技术成果转化项目 7831 项;集聚各类优秀人才,高技能人才占技能劳动者比例达到 26.1%,首批 160 位海外高层次人才入选上海“千人计划”,全市人才贡献率接近 40%,排名全国前列。上海市的创新驱动发展战略是符合上海发展需要,也是顺应时代潮流的必然选择。①

上海的发展思路与当今全国所提倡的发展思路是一致的。党的十八大报告提出:实施创新驱动发展战略。科技创新是提高社会生产力和综合国力的战略支撑,必须摆在国家发展全局的核心位置。要坚持

---

① 《快慢之间促转型,取舍之间辟新天——上海积极探索创新驱动转型发展之路》,2012 年 3 月 19 日,见 http://www.czt.gov.cn/Info.aspx? Id=12801&ModelId=1。

走中国特色自主创新道路,以全球视野谋划和推动创新,提高原始创新、集成创新和引进消化吸收再创新能力,更加注重协同创新。深化科技体制改革,推动科技和经济紧密结合,加快建设国家创新体系,着力构建以企业为主体、市场为导向、产学研相结合的技术创新体系。完善知识创新体系,强化基础研究、前沿技术研究、社会公益技术研究,提高科学研究水平和成果转化能力,抢占科技发展战略制高点。

创新驱动发展战略是我们党立足我国发展阶段和实际、面向未来作出的重大决策,充分体现了党对当代经济社会和科技发展规律的深刻把握,为新时期科技改革和创新进一步指明了方向,对凝聚社会共识、推动把我国发展的立足点转到提高质量和效益上来具有重要作用。以创新驱动型取代资源依赖型和技术依存型的路径选择,实现创新驱动内生增长,不断提升国家的国际话语权与核心竞争力;实现创新型国家建设的宏伟战略目标,以科技进步和创新促进发展方式转变,为全面实现建设小康社会宏伟目标奠定决定性基础。

实施创新驱动战略是提升我国国家竞争实力,主动迎接未来国际竞争的迫切需要。"十二五"期间,我国将创新驱动上升为国家核心发展战略,有助于抢抓重大战略发展机遇,提升国家竞争实力。"一直以来,我们党都高度重视科技进步和创新,从'向科学进军'到'科学技术是第一生产力',从'科教兴国'到'建设创新型国家',党领导科技事业在探索中走出了一条中国特色自主创新道路。这条道路,是中国特色社会主义理论体系的重要组成部分,是科学发展观的重要内容。新时期在科技工作中高举中国特色社会主义伟大旗帜,一个重要任务就是要坚持走中国特色自主创新道路,努力在创新驱动发展上迈出重大步伐。"①

① 陈磊:《创新驱动发展战略贵在落实——访科技部党组书记副部长王志刚代表》,2012 年 12 月 15 日,见 http://www.stdaily.com/stdaily/content/2012-11/13/content_540172.htm。

当前,我国已进入全面建设小康社会的关键时期和深化改革开放、加快转变经济发展方式的攻坚阶段,国内外形势发生深刻变化,对科技进步和创新提出了更加全面、更加紧迫的需求。目前,距离我国进入创新型国家行列的目标时间(2020年)还剩下不到10年,时间紧迫、任务艰巨,我们必须在科技改革创新上切实加大攻坚克难的力度,切实加快创新驱动发展的步伐。坚持自主创新、重点跨越、支撑发展、引领未来的方针,把推动科技创新驱动发展作为一项重要战略任务抓紧、抓实、抓好。

实现创新驱动发展必须提高自主创新能力,提高自主创新能力的落脚点在于实现创新驱动发展,根本目的是要加快创新型国家建设,进而把我国建设成为科技强国。自主创新,从来都不是“封闭”创新,我们所走的中国特色自主创新道路是一条开放合作、互利共赢之路。实现创新驱动发展,最为关键的是促进科技与经济紧密结合,既要从经济社会发展需求中找准科技创新主攻方向,又要把科技成果迅速转化为现实生产力。实现创新驱动发展,必须深化科技体制改革,加快建立健全科学合理、富有活力、更有效率的国家创新体系。我们要把全社会智慧和力量引导和凝聚到创新发展上来,这样加快转变经济发展方式就有了澎湃不竭的动力。

总之,创新驱动发展战略是进一步激发我国创新动力,推动经济社会科学发展的核心战略;是加快转变经济发展方式、实现国家发展战略目标最根本、最关键的力量;是加快产业转型升级步伐,促进战略性新兴产业发展的重要举措;是促进区域间竞争协同发展,完善现代化建设总体战略布局的内在要求;是发挥比较优势提升国家竞争力,切实保障国家安全的战略途径。实施创新驱动发展战略,既十分重要,又十分迫切。

21 新四化绘蓝图——工业化、信息化、城镇化、农业现代化同步发展

2012年8月22日至23日，陕西省委副书记孙清云在商洛市展开调研。两天来，孙清云深入到商州区、丹凤县、商南县的工业园区、企业车间、农家院落，实地考察移民搬迁、保障房安置小区和重点示范镇项目建设情况，与企业负责人和基层干部群众亲切交谈，了解当地经济社会发展情况，与农民群众拉家常、谈发展、话增收。在商丹循环工业经济园区，孙清云详细询问园区产业规划，以及入区企业的开工投产、产品研发、市场前景，当了解到园区内已形成12个循环产业相互结合、关联配套的发展格局，他十分高兴，勉励他们把循环发展理念贯穿经济社会发展全过程。① 孙清云指出，必须把加快发展作为商洛的根本任务，进一步理清发展思路，自觉按照城乡一体化要求，坚持工业化、城镇化、信息化和农业现代化相同步，推动经济社会统筹发展、循环发展。孙清云书记强调的内容正是与党的十八大倡导思路一致，带领陕西人民走在了工业化、信息化、城镇化、农业现代化同步发展的前列。

党的十八大报告提出要促进工业化、信息化、城镇化、农业现代化同步发展，要求"必须以改善需求结构、优化产业结构、促进区域协调

① 《陕西：坚持工业化城镇化农业现代化同步推进》，2012年12月24日，见 http://www.gov.cn/gzdt/2012-08/24/content_2209885.htm。

发展、推进城镇化为重点，着力解决制约经济持续健康发展的重大结构性问题，推进经济结构战略性调整。”着眼长远、注重质量，全面加快城镇化步伐，已经成为经济结构战略性调整的关键环节之一，这也是全面建成小康社会的重要基础。

坚持走中国特色新型工业化、信息化、城镇化、农业现代化道路，推动信息化和工业化深度融合、工业化和城镇化良性互动、城镇化和农业现代化相互协调，促进工业化、信息化、城镇化、农业现代化同步发展。

首先要实现信息化和工业化的深度融合，要加快推动和鼓励信息技术创新，在国民经济和社会发展的各个领域研制和运用世界上最先进信息技术；要加快对传统产业进行技术改造，用最新的信息技术改造传统产业。信息技术可以运用在生产经营过程的方方面面，通过技术改造可以让传统产业焕发青春和新的活力；要在新兴产业中实现工业技术与信息技术一体化；要在国民经济的各个领域和千家万户同步运用工业和信息技术。不仅要把信息技术渗透到工业，同时也要渗透到农业、服务业，推进农业和服务业现代化。

其次要实现工业化和城镇化的良性互动。工业化和城镇化不能孤立发展，而需要实现二者的良性互动。一方面，要通过工业化推动城镇化。没有工业支撑的城镇化容易导致产业空心化。从世界各国城镇化发展规律来看，除了少数大城市可以通过打造政治中心、金融中心和少数小城镇通过旅游带动之外，绝大多数都需要现代工业的支撑。工业是一个地区特别是城市的“脊梁”。城镇化不是简单地建造几栋楼房，修几条马路，把农民从平房搬到楼房，而需要有产业特别是工业的支撑。另一方面，要通过城镇化带动工业化。城镇化的过程也是一个人口集聚的过程，它可以为工业化提供便利的生产要素交易市场，减少交易成本，可以提供庞大的工业品市场，可以为工业发展提供良好的基础设施等。

最后要做好城镇化和农业现代化的相互协调。一是要科学规划，实现城乡发展在空间布局、基础设施、社会保障和社会福利、教育和文化等方面一体化，为农业现代化和城镇化造就和培育更多高素质劳动力和各级各类人才。二是要深化改革，完善生产要素市场，促进城乡生产要素平等交换和公共资源均衡配置，形成以工促农、以城带乡、工农互惠、城乡一体的新格局。三是农业现代化的过程不是简单地大量使用农药、化肥、除草剂等化学产品的过程，更多的是要实现农业生态文明，让更多城市居民在享受更多高质量农产品的同时，可以到农村享受现代农业和农村文明。

总之，工业化、信息化、城镇化、农业现代化是相互联系、相互影响、相互促进的有机整体，每一个方面都与其他几个方面不可分割，不可孤立推进，必须把“四化”同步推进才能充分发挥合力作用，从而促进国民经济和社会健康发展。

22 人才就是财富——坚持党管人才原则

“人才就是财富，人才就是效益，人才就是竞争力，人才就是发展后劲”。据《资治通鉴·卷第三》载：“燕昭王于破燕之后即位，吊问孤，与百姓同甘共苦，卑身厚币以招贤者。”其中的“卑身”，是指燕昭王礼贤下士，“厚币”是指燕昭王采取的高薪招聘人才的措施。他还听从身边已有人才郭隗的建议，仿效“千金买马”的故事，重用郭隗，为郭隗建别墅，以师事郭隗，公开筑高台招纳人才。一时“乐毅自魏往，剧辛自赵往”，弱小的燕国终于靠乐毅等打败了强齐，尽雪国耻。[①] 在春秋战国时期，哪个国家注重引进、重用人才，哪个国家就能处于霸主地位，甚至哪一个统治者一时注重人才引进工作，也能取得一时的功业。在21世纪的今天，发现人才，引进人才，重用人才，仍然是世界各国科学技术竞争的关键，也是事业成败、国家兴衰的关键。在这场人才竞争大战中，哪个国家重视从外部引进人才，哪个国家就能走在世界各国前列。

党在各项政策中也无处不体现着对人才的重视，在党的十八大报告中提出：坚持党管人才原则，把各方面优秀人才集聚到党和国家事业中来。广开进贤之路，广纳天下英才，是保证党和人民事业发展的根本之举。要尊重劳动、尊重知识、尊重人才、尊重创造，加快确立人才优先

---

① 屈文峰：《从百里奚的故事看人才引进的重要性》，2011年5月23日，见http://blog.sina.com.cn/s/blog_7e0f01ac0100r5zo.html。

发展战略布局，造就规模宏大、素质优良的人才队伍，推动我国由人才大国迈向人才强国。统筹推进各类人才队伍建设，实施重大人才工程，加大创新人才培养支持力度，重视实用人才培养，引导人才向科研生产一线流动。充分开发利用国内国际人才资源，积极引进和用好海外人才。加快人才发展体制机制改革和政策创新，建立国家荣誉制度，形成激发人才创造活力、具有国际竞争力的人才制度优势，开创人人皆可成才、人人尽展其才的生动局面。

党管人才原则是中国共产党提出的关于人才工作的重大原则，是对人才工作规律的深刻把握，是中国共产党干部队伍建设和人才工作实践经验的深刻总结。党管人才原则的提出，深化了党对执政规律和社会主义建设规律的认识，明确了党不断扩大执政基础、提高执政能力、巩固执政地位的着力点，反映了党对自身历史方位变化和领导方式转变的深刻理解，以及对人才资源在当今世界的突出作用的清醒把握。

坚持党管人才原则，是全面建设小康社会、推进我国现代化建设的重要保证。随着经济社会快速发展，人口、环境与经济增长之间的矛盾日益尖锐，依靠消耗自然资源、物质资源的传统发展模式已难以为继，人才资源已替代自然资源、物质资源，成为最重要的战略性资源，人才成为我国经济社会发展的第一资源。而要抓好“第一资源”，必须加强党对人才工作的领导，把人才工作摆上重要位置，整合各方面力量做好人才的培养、吸引、使用工作。

坚持党管人才原则，是人才工作沿着正确的方向前进的根本保证。坚持党管人才原则，就是要加强党对人才工作的集中统一领导，统筹、搞活、用好社会各类人才资源，为全面建设小康社会提供智力支持和人才保证。党管人才，主要是管宏观、管政策、管协调、管服务，决不是党委包揽人才工作的方方面面，也不能简单照搬党管干部的所有方式。

党管人才的目的是更好地统筹人才发展和经济社会发展，更好地统筹人才工作和其他各项工作,更好地统筹人才工作的各个方面,推动各方面力量把人才管好用活,为人才成长和发挥作用提供更有力的支持和更优良的服务。从根本上说,党管人才是党爱人才、党兴人才、党聚人才,是通过制定政策、创新机制、改善环境、提供服务,为一切有志成才的人提供更多发展机遇和更大的发展空间。

各级党委在组织领导人才工作的过程中,要注意处理好党管人才和尊重人才成长规律的关系、党管人才和市场配置人才资源的关系、党管人才和依法管理人才的关系,切实把人才管好、用活。鼓励和支持各类人才培训机构、中介机构以及从事国际人才交流的民间机构创新服务方式和内容,为人才提供个性化和多样化服务。要不断提高人才工作水平,促进各类人才健康成长,并最大限度地将各类人才聚集到党和国家的各项事业中来,充分施展才干,为推进现代化建设和全面建成小康社会作出更大贡献。

23 法制的星空——全面推进依法治国

康德的墓碑上刻着:“有两种东西,我对它们的思考越是深沉和持久,它们在我心灵中唤起的惊奇和敬畏就会日新月异,不断增长,这就是我头上的星空和心中的道德定律。”社会主义建设的上空也需要秉承着法制的星空。

2012 年 4 月,万柏林警方成功破获公安部督办的特大合同诈骗系列案件。犯罪嫌疑人徐某用中国碧海投资有限公司太原代表处负责人身份,伙同嫌疑人张某、齐某、吴某、王某等人利用自称价值数亿美元的“夜明珠”、票面金额高达 20 亿美元的银行汇票、能买下半个太原市的古代“陶瓷马”以及盖有“中央军委、财政部”密封章且装有 05 版人民币票根的神秘手提箱等道具作诱饵,以签订融资协议收取“开单费”的方式实施合同诈骗犯罪。警方共破获案件 16 起,初步统计涉案金额达 1200 余万元。[①] 法网恢恢,疏而不漏,在依法治国的社会主义新中国,任何以身试法的人都不能逃过法律的制裁。

党的十八大报告指出:“要全面推进依法治国。法治是治国理政的基本方式。要推进科学立法、严格执法、公正司法、全民守法,坚持法律面前人人平等,保证有法必依、执法必严、违法必究。完善中国特色

① 《经济犯罪十大典型案例公布》,2012 年 7 月 5 日,见 http://www.66law.cn/news/47488.aspx。

社会主义法律体系,加强重点领域立法,拓展人民有序参与立法途径。推进依法行政,切实做到严格规范公正文明执法。进一步深化司法体制改革,坚持和完善中国特色社会主义司法制度,确保审判机关、检察机关依法独立公正行使审判权、检察权。深入开展法制宣传教育,弘扬社会主义法治精神,树立社会主义法治理念,增强全社会学法尊法守法用法意识。提高领导干部运用法治思维和法治方式深化改革、推动发展、化解矛盾、维护稳定能力。党领导人民制定宪法和法律,党必须在宪法和法律范围内活动。任何组织或者个人都不得有超越宪法和法律的特权,绝不允许以言代法、以权压法、徇私枉法。"

全面推进依法治国要在立法、执法、司法和守法四个方面有所推进。立法要做到科学立法,所谓科学立法是指立法过程中必须以符合法律所调整事态的客观规律作为价值判断,并使法律规范严格地与其规制的事项保持最大限度的和谐,法律的制定过程尽可能满足法律赖以存在的内外在条件。此定义表明科学立法要符合它的内在条件,即与其规制的事项保持契合,立法要与外在条件保持一致,是各种内在与外在因素共同作用的结果。科学立法第一要促进法律形式的相对吸纳化,当代社会的法律形式则应当是所有能够正当调整人类社会关系并能被吸收到法律中来的所有行为规范的大融合。第二要保证立法逻辑的自下而上化。中国由于在国家结构形式上实行单一制,在中央和地方的分权上实行集中统一的权力行使制度,因此,中国立法逻辑长期以来应当说是以自上而下为主。第三要保持立法视野的国际化,接受了法律全球化的命题,那么,在立法中将以人类社会的先进文化和先进的法律调控理念为根本点。第四要加快立法案形成的专业化,所谓立法的专业化是指立法是一门科学,应当由懂得这门科学的人进行,这些人在进行立法活动时受制于该法律所依据的专业事项。最后要强调立法效果的社会反馈化。法律规范与其他任何事物一样有一个实践—认识一再实践一再认识的不断完善的过程，只有通过这样的过程才能实现其科学化，只有立法决策的社会反馈化能够实现这一理想。

科学执法需要做到六个统一。一是执法的目的必须与执法的效果科学统一；二是提高办案质量，必须与“精心、精细、精准、精益求精”的要求科学统一；三是执法工作的方向性必须与维护群众、企业利益科学统一；四是和谐执法必须与促进企业发展、促进经济发展的要求科学统一；五是执法工作要求必须与应对经济危机的工作要求科学统一；六是执法队伍建设必须与人民意愿科学统一。六个统一，使执法人员明确了科学发展观在执法过程中的统领和指导作用，在思想上和执法的具体行动上确立一个鲜明的认识导向，就是把科学发展观理论融合到具体的执法工作中。

科学司法的根本要求是法律效果和社会效果的有机统一。什么是审判的法律效果和审判的社会效果，对此没有明确的定义，笔者认为：审判的法律效果是通过法律适用或审判活动，使法律包括程序法和实体法得到严格遵守和证明，从而发挥依法审判的作用和效果。审判的社会效果是通过法律适用或审判活动，使法的本质性得以体现，实现法的秩序、自由、正义、效益等法的基本价值的效果，从而使审判的结果得到社会的公认。审判的法律效果和社会效果是统一的，互为因果关系和互相包含。“法（审判）的社会效果即法的价值的实现，是法律的（立法的）依据和驱动力。而审判的法律效果的实现也应该导致法的价值即审判的社会效果的实现”。因此，一个正确的裁判既应有良好的法律效果，同时也应有良好的社会效果。任何两个效果背离的裁判，都将是错误的裁判，法官的职责和智慧是把两者有效地统一起来。

科学守法从法理上来说，要实现法治，单单依靠立法、执法和司法显然是远远不够的，还必须依赖人们自觉守法。所谓自觉守法，即应自觉地遵守法律，这也是实现法治的重要内容之一。早在古希腊时期，著名的哲学家亚里士多德就指出:“法律(和礼俗)就是某种秩序,普遍良好的秩序基于普遍遵守法律(和礼俗)的习惯。”我国古代思想家也认为:“治之经,礼与刑,君子以修百姓宁。明德慎罚,国家既治,四海平。”可见,守法是法制运行的重要环节,是显现社会法治化的一个自然要求。守法者对法律的遵守与政府对法律的执行及司法机关对法律的适用是同样重要的。

24 跳出历史的怪圈——党内民主监督

1945年7月,黄炎培到延安访问,与毛泽东有一席著名的“窑洞对话”。黄问:历史上一些新兴政权,开始“其兴也勃”,后来“其亡也忽”。怎样才能跳出这个周期率?毛答:“我们已经找到了新路,我们能跳出这个周期率。这条新路就是民主。只有让人民监督政府,政府才不敢松懈,只有人人起来负责,才不会人亡政息”。但是,这条新路我们有过挫折,“文化大革命”给国家和人民造成了一场浩劫。深入反思“文化大革命”教训,为什么我们党会有这样的挫折?因为那时“人民监督政府”的机制已经彻底消失。离开了党内民主,离开了人民监督,一个党会走向衰亡。

党的十八大报告提出:积极发展党内民主,增强党的创造活力。党内民主是党的生命。要坚持民主集中制,健全党内民主制度体系,以党内民主带动人民民主。保障党员主体地位,健全党员民主权利保障制度,开展批评和自我批评,营造党内民主平等的同志关系、民主讨论的政治氛围、民主监督的制度环境,落实党员知情权、参与权、选举权、监督权。完善党的代表大会制度,提高工人、农民代表比例,落实和完善党的代表大会代表任期制,试行乡镇党代会年会制,深化县(市、区)党代会常任制试点,实行党代会代表提案制。完善党内选举制度,规范差额提名、差额选举,形成充分体现选举人意志的程序和环境。

党内民主监督是指党依靠自身的力量实行自我约束,对党的组织、全体党员干部直至高级干部进行的权力监督和制约。其实质是党从人民利益出发,按照从严治党的要求,依照党章和其他重要党内法规,组织发动各级党组织和广大党员对党自身进行自我约束和自我完善,是党构建自身的免疫系统。加强党内民主监督,就是要从严治党,不断增强党的凝聚力和战斗力。

党内民主监督是民主政治的内在属性,是实现党内民主的有效形式。党内民主监督有利于集思广益,正确决策;有利于推进政治体制改革、发展社会主义民主政治以及建设社会主义政治文明;有利于不断深化执政规律、社会主义建设规律和人类社会发展规律;有利于推进中国化马克思主义民主监督理论的与时俱进和重大创新。邓小平同志说:“由于我们党的执政党地位,我们的一些同志很容易沾染上主观主义、官僚主义和宗派主义的习气。因此,对于我们党来说,更加需要听取来自各个方面的批评和监督,以利于集思广益,取长补短,克服缺点,减少错误。”

党内民主监督应遵循的原则:第一,人人平等原则。任何党员不论职务高低,功劳大小,都必须自觉接受党内监督,不允许有不接受监督的特殊党员。第二,民主集中制原则。充分发扬民主,坚持集体决定重大问题。不搞家长制、一言堂,不把个人权利凌驾于党组织之上。尊重和保护党员的民主权利,使广大党员积极参与监督,实行公开民主的全方位的监督。第三,实事求是原则。党内监督要以事实为依据,以理服人,做到监督批评要准确。第四,统筹安排原则。把党内民主监督与党的自身建设、民主与法制建设、深入细致的思想政治工作等各项工作结合起来,以保证各项工作的顺利开展。

中国共产党的执政地位是人民赋予的,这就决定了党必须以执政为民为第一要务,不断加强自身建设,积极推行党内民主监督。在新形势下,面对世情、国情、党情的深刻变化,我们党要做到始终充满活力、始终坚强有力,就必须实行党内民主监督,不断推进党的先进性建设和执政能力建设,以巩固党的执政基础、完成党的执政使命。

第一,强化党员的监督意识,突出普通党员在党内民主监督中的主体地位。广大党员和干部要明确肩负的责任,把监督视为责任和义务,着力解决好人主义盛行、监督上级怕被“穿小鞋”、影响自己前途等问题,既敢于监督,又善于监督。各级领导要正确对待和妥善处理党员群众的监督意见,切实保护党员群众监督检举的权利,解决怕民主监督会出乱子、影响团结统一、影响工作等问题,树立党内民主监督的良好风气。

第二,健全党内民主监督制度。党内民主监督制度主要包括干部交流制度、考察评议制度、集体领导制度、决策程序制度、政务公开制度、离任的审计制度等。邓小平同志指出:“我们过去发生的各种错误,固然与某些领导人的思想、作风有关,但是组织制度、工作制度方面的问题更重要。这些方面的制度好可以使坏人无法任意横行,制度不好可以使好人无法充分做好事,甚至会走向反面。”

第三,明确纪检机关的职能,凸显党内监督专门机关的重要地位和作用。党的各级纪律检查委员会是党内监督的专门机关。党的各级纪律检查委员会的主要任务是:维护党的章程和其他党内法规,检查党的路线、方针、政策和决议的执行情况,协助党的委员会加强党风建设和组织协调反腐败工作。其职能发挥如何,对整个党内民主监督工作影响极大。

第四,坚持民主集中制原则,把发展党内民主、维护党的统一作为贯彻制度规定的主线。党的上级组织要经常听取下级组织和党员群众的意见,及时解决他们提出的问题。党的下级组织要向上级组织请示和报告工作,又要独立负责地解决自己职责范围内的问题。上下级组织之间要互通情报、互相支持和互相监督。党的各级委员会实行集体领导和个人分工负责相结合的制度。凡属重大问题都要按照集体领导、民主集中、个别酝酿、会议决定的原则,由党的委员会集体讨论,作出决定;委员会成员要根据集体的决定和分工,切实履行自己的职责。

总之,加强党内民主监督是维护党的执政地位的必然要求,是发展社会主义民主政治、建设社会主义政治文明的重要保证,是保持党的先进性和纯洁性的客观要求,关系到党的命运、国家的前途和人心所向。

25 谁动了“人民的奶酪”——反腐败战略

百姓谓之“人民”，官员谓之“公仆”，百姓美其名曰“衣食父母”，官员是人民的勤务员。官员靠什么来生存？靠你的衣食父母，是你的衣食父母面朝黄土背朝天，是你的衣食父母锄禾日当午、汗滴禾下土来养活着你。然而，党内的一些腐败官员，却披着公仆的外衣，为一己之私欲，损害人民的利益，滥用职务之便，收受贿赂，违法害民，使老百姓的利益得不到保障。物质生活的富裕，享乐主义的观念抬头，使一些官员禁不住利益的诱惑，抵不住糖衣炮弹的攻击，忘掉了本职，损害了共产党员队伍的纯洁性，像这种为官不为“公仆”的官员，我们要坚决抵制，毫不犹豫地从党员队伍中清除出去。我党历来重视反腐倡廉工作，执政为民，权为民所用，利为民所谋，保持党同人民群众的血肉联系，切实把最广大人民的根本利益维护好、实现好、发展好，要全面坚持好党员干部的优良作风。

党的十八大报告指出：“坚定不移反对腐败，永葆共产党人清正廉洁的政治本色。”反腐败战略表明了反腐的决心，这项工作与人民的利益息息相关，与共产党的存亡息息想关，也与国家能否富强息息相关。这个问题解决不好，就会对党造成致命伤害，我们党应该深刻反思，坚持标本兼治。

一是做到由内到外加大力度清除腐败官员，加强反腐倡廉教育和廉政文化建设，加强党性修养。引导党员干部牢固树立群众观点、坚持党的群众路线，坚持在思想上尊重群众、感情上贴近群众、工作上依靠群众，始终与人民群众牢牢站在一起。

二是严格规范权力行使，加强对领导干部特别是主要领导干部行使权力的监督。严格执行廉洁自律各项规定，坚决查办腐败案件，加大从源头上防治腐败工作力度，加强警示教育。大力加强监督和严明纪律，加强党内民主监督，推进党务公开，充分发挥舆论监督积极作用。

三是坚决查处大案要案，着力解决发生在群众身边的腐败问题。不管涉及什么人，不论权力大小，职位高低，只要违反党的纪律和国家法律，都要严加惩处。

四是加强反腐败国际合作。一些高层官员利用职务之便，把自己所贪污的财产转移到国外，造成我们破案的难度，我们要加强与国际间的合作，拓宽合作领域，充实合作内涵，提高反腐败双边和多边合作的水平和质量。坚决遏制贪官外逃。

五是各级领导干部特别是高级干部必须自觉遵守廉政准则，严于律己，严格执行领导干部重大事项报告制度，加强对亲属和身边工作人员的教育和约束。领导干部承担着执政兴国、执政为民重要职责，肩负着为官一任、造福一方的重要使命，古人说："好人不见得是好官，但好官必须是好人。"没有高尚的人格做底子，为官从政就容易摔跤。领导干部要树立正确的利益观、地位观、政绩观，追求崇高而远大的理想，自觉践行我们党的光荣使命。

六是深化重点领域和关键环节改革，健全反腐败法律制度，防控廉政风险，防止利益冲突，更加科学有效地防治腐败。我们要坚持依法治国基本方略，重视发挥法律法规制度的规范和保障作用，不断推进反腐败和廉政建设法制化、规范化。为规范领导干部廉洁从政行为，党制定了一系列党员领导干部廉洁从政的行为准则和道德规范，建立健全防止利益冲突制度。为确保公共权力的正确行使,党制定了一系列法律法规制度,以加强对领导干部行使权力的制约和监督;为依法依纪惩治腐败,党制定并不断完善包括刑事处罚、党纪处分和政纪处分在内的惩处违法违纪行为的实体性法律法规。

26　让权力在阳光下运行——深化行政体制改革

在我国古代，皇帝身边总有史官陪同左右，记言记事。皇帝一言一行都要被记录下来，这就迫使君王自律，慎重从事，尽量使自己的言行不受非议，形成楷模。所谓"慎言行，昭法式"。将君王言行记录下来，把君主处理的日常事务对今后具有成例性质的事例公开，以便下层官吏处理政务时效法，韩愈说史官所记为"垂诸文而后世法"。宋人欧阳修说"伏以史者，国家之典法也。自君臣功过善恶，与其百事之废置，可以垂训诫以示后者，皆得直书而不隐，故前世有国者，莫不以史职为重"。[①] 可见在中国古代，通过这种方式进行舆论监督来达到以史制君的目的。

现代社会与古代社会的制度体系有着很大差别，不能继续采用使用史官监督权利的方法，但是"权力带来腐败，绝对的权力带来绝对的腐败"这个道理在现代社会仍然适用，所以我们要结合现代权利制度特点，深化行政体制改革，给权力带上手铐，深化行政体制改革。

胡锦涛同志在党的十八大报告中指出，要坚持走中国特色社会主义政治发展道路和推进政治体制改革。要深化行政体制改革，就要深入推进政企分开、政资分开、政事分开、政社分开，建设职能科学、结构

---

① 《从中国古代史官来看古代监督体制》，2010 年 1 月 13 日，见 http://blog.sina.com.cn/s/blog_4161e3470100fzj8.html。

优化、廉洁高效、人民满意的服务型政府。改革开放以来,我们党深刻总结经验教训,自觉对权力进行制约和监督,不断拓展监督范围、增强监督有效性,确保权力运行的。

行政体制改革是推动上层建筑适应经济基础的必然要求。要按照建立中国特色社会主义行政体制目标,深化行政审批制度改革,继续简政放权,推动政府职能向创造良好发展环境、提供优质公共服务、维护社会公平正义转变。稳步推进大部门制改革,健全部门职责体系。优化行政层级和行政区划设置,有条件的地方可探索省直接管理县(市)改革,深化乡镇行政体制改革。创新行政管理方式,提高政府公信力和执行力,推进政府绩效管理。严格控制机构编制,减少领导职数,降低行政成本。推进事业单位分类改革。完善体制改革协调机制,统筹规划和协调重大改革。

政治体制改革是我国全面改革的重要组成部分,这是一个客观事实。党的十一届三中全会以来,我们党是这样设计的,也是这样实施的。我国改革开放的总设计师邓小平同志早就明确指出:我们提出改革时,就包括政治体制改革;政治体制改革同经济体制改革应该相互依赖,相互配合;我们所有的改革最终能不能成功,还是决定于政治体制的改革。江泽民同志也明确指出,我们在实行经济体制改革的同时,积极稳妥地推进政治体制改革,努力建设有中国特色的社会主义民主政治。胡锦涛同志在2006年访美期间深刻指出,从1978年以来,中国进行了包括经济体制改革、政治体制改革、文化体制改革等在内的全面改革。凡是对中国有比较深入了解的人就会得出这样的结论。无论是在经济体制改革方面还是在政治体制改革方面,中国都取得了重要成果。20多年来中国经济持续快速发展的事实也表明,中国的政治体制是基本适应中国经济发展的要求的。回顾改革开放29年来的伟大历程,我们可以清楚地看到,政治体制改革一直是同整个改革进程相协调,扎实地向前推进的。我们党的领导制度、人民代表大会制度、中国共产党领导的多党合作和政治协商制度、民族区域自治制度、基层群众自治制度都在不断完善,社会主义法制在不断健全,决策的科学化、民主化在不断推进,对权力运行的制约和监督在不断加强,政治体制改革的成果不胜枚举。西方一些人说我们只搞经济体制改革、不搞政治体制改革,这是完全站不住脚的。

政治体制改革必须随着经济社会发展而不断深化,与人民政治参与积极性不断提高相适应。这是由政治体制在经济社会发展中的作用和人民在政治体制改革中的地位决定的。在整个经济社会发展过程中,政治体制改革既是一个重要内容,也是一个强大动力。这就要求我们的政治体制改革不能脱离经济社会发展的总进程,而必须同这个总进程相协调、同步伐。这就决定了我国的政治体制改革是一个不断深化的过程,要随经济社会发展和全面改革的推进而不断推进。人民是国家的主人,是包括推进政治体制改革在内的我国全面改革的主体。我们搞政治体制改革,从根本上说,是为了进一步把广大人民的根本利益实现好、维护好、发展好,就是为了人民。同时,推进政治体制改革又要紧紧依靠人民。要准确把握广大人民群众的政治意愿,努力适应人民群众政治参与积极性的不断提高,充分发挥人民在政治体制改革中的主体作用。必须清醒看到,无论是同我国经济社会发展的新形势新任务相比,还是同满足广大人民日益增长的政治参与的新期待新要求相比,我国政治体制都还有不少亟待加强和改进的环节。我们要按照党的十八大对政治体制改革作出的部署,坚持从国情出发,坚持四项基本原则,坚持党的领导、人民当家作主、依法治国有机统一,认真总结和科学运用自己的成功经验,同时借鉴人类政治文明的有益成果,继续积极稳妥地推进政治体制改革,让我国社会主义政治制度不断焕发出新的生机活力。

27 保障最广大人民群众的根本利益——促进基本公共服务更公平

基本公共服务主要指公共部门履行社会管理职能,为公众提供基本公共产品和服务。一般认为,国防、秩序、环保、科技、教育、文化、医疗等是几个最重要最基本的公共产品。党的十八大报告指出:基本公共服务水平和均等化程度显著提高。教育事业迅速发展,城乡免费义务教育全面实现。社会保障体系建设成效显著,城乡基本养老保险制度全面建立,新型社会救助体系基本形成。全民医保基本实现,城乡基本医疗卫生制度初步建立。保障性住房建设加快推进。加强和创新社会管理,社会保持和谐稳定。

改革开放以来,我国政府的基本公共服务意识和能力虽然在不断提高,但是还存在着一些问题,主要的问题就是:公共服务总量不足、分配不均。总量不足是指政府对公共服务的财政投入不足,以 2010 年为例,全国财政用于教育、医疗卫生、社会保障和就业、保障性住房、文化体育方面的支持合计 29256. 19 亿元,占全国财政支出的 32. 6%,虽然比 2009 年增长了 21. 1%,但是与发达国家相比还相差很远。基本公共服务分配不均是指分配和享用公共服务不均等,在城乡、区域和不同人群之间存在着很大的差异。例如:教育投入重点集中在大城市,集中在高等教育,而忽略了农村教育、义务教育和基础教育,国家对农村义务教育的投入只有 2%。

解决上学难的问题,实现教育公平。要促进义务教育均衡发展;要解决农民工子女上学问题;要保障家庭困难学生上得起学。2009年中央财政下拨20亿元,专项用于补充接收农民工子女的城市义务教育阶段学校的公用经费和改善办学条件。广东作为外来务工人员子女接受义务教育规模最大的省份,在2011年出台了《关于做好进城务工人员随迁子女义务教育工作的意见》。广东省在中山、广州、东莞等5个市推广外来工随迁子女"积分入学"的办法,目前,5个地市随迁子女在公办学校就读的比例已经超过一半,珠三角的其他地方也正在实施农民工子女积分入读公办学校的制度。广东省一次性解决了300多万外来工子女接受义务教育的问题。① 为了保证家庭经济困难学生顺利入学,全国高校普遍建立了"绿色通道"制度,对经济困难学生一律先办理入学手续,再根据实际情况,采取不同的措施予以资助。"不让一个孩子因家庭经济困难而失学"是教育公平的重要体现,为此,国家建立健全国家奖助学金制度和国家助学贷款制度,每年资助约450万人,总资助面超过20%。今后,国家还将扩大资助范围,提高资助标准,落实资金保障。

解决看病难的问题,实现医疗公平。2009年年底,温家宝同志在接受新华社采访时说:"今年我们做了两件大事,第一件是推进医药卫生体制改革,第二件是在农村开展新型农村社会养老保险试点。"医疗投入和医疗配置的不公平造成了看病难的问题。自改革开放以来,政府承担医疗卫生的成本从54%下降到14%,不到GDP的1%,而发达国家对公共医疗的财政投入则占GDP的8%。随着国家的医疗改革,我国医疗卫生事业也取得了较大成效。2011年,全国医疗卫生支出6367亿元,比上年增加1563亿元,增长了32.5%,但是财政投入还是比较低,居民个人支出的比例仍然很高,需要进一步加大对医疗卫生的

① 郑佳欣:《以公共服务均等化推动社会公平》,《南方日报》2012年12月12日。

财政投入。2005年12月21日,北京首家专为低收入人群开设的上地医院正式开业。因为收费便宜,开业第一天上午就有100多位患者就医。这在一定程度上缓解了看病贵、看病难的问题。① 一些地方建立的“平价医院”、“平价病房”的推广,有助于解决现实的医疗难题,让群众享受到“价廉质优”的医疗服务。当然,国家还要大力推广新型农村合作医疗,重点加强西部薄弱地区农村医疗卫生服务体系建设,逐步建成卫生资源布局合理、结构优化和规模数量日趋科学的医疗卫生服务体系,从而真正解决“看病贵、看病难”的问题。

解决就业难的问题,实现就业公平。政府要扶植一些吸纳就业能力强的企业,创造更多就业岗位;要健全职业培训体系,提高劳动者素质,适应市场的需求;还要强化监督管理,改善就业环境,对大学生创业给予政策支持;同时要加强政策引导,消除各类就业歧视,保障就业人员合法权益。只有多管齐下,才能解决就业难的问题。

解决打官司难的问题,实现司法公正。当自己的利益受到侵犯和损害时,大多数人都会想到运用法律的武器来维护自己的权益,然而当老百姓想到“打官司”的那些繁杂的程序,既要花很多精力,还要费许多财力,同时还要担心判决不公,赢了官司拿不到钱等,所以很多人最终放弃了维权机会,选择忍气吞声。司法公正,首先要建立一支公正廉洁的司法队伍。国家不断完善检察官职业道德准则,严肃执法纪律,对违法违规办案和利用检察权谋取私利的,一律从严处理。人民法院对滥用审判权和执行权贪赃枉法、徇私舞弊、索贿受贿的,一律清除出法官队伍,构成犯罪的,坚决依法严惩。国家还通过简化办案程序,减轻诉讼费用、加强监督机制的力度、完善律师的诚信制度等方面,逐渐解决打官司难的问题,为社会的公平正义提供最后一道防线。

① 张志:《公共服务“贵”病缠身》,《小康》2006年第3期,第24页。

28　培育好“祖国的花朵”——办好人民满意的教育

2012年5月17日上午10时，租住在宁波市江东区波波城的李玉彩，认真地填写着两份报名表。她从临海农村来宁波打工已有10来年时间，如今她与先生一起在宁波一家建筑公司工作，公公婆婆也在宁波，一对双胞胎儿子今年刚到了上学的年龄。她说：“今天清晨4点多我就出门了，到镇安小学时还不到5点。你看，我的一对儿子，符合报名条件，手续也齐全。现在，我终于拿到报名表了。这下，我放心了。”在江东区和海曙区报名现场，经过材料审核后，符合条件的，像李玉彩一样，都高高兴兴地办理了报名登记手续。①

外来务工人员子女能够入读公办学校，这是2012年宁波市首次实施城区公办小学“零择校”政策的结果。这个政策让很多像李玉彩一样的外来务工人员在子女就学上享受到了与城市人一样的待遇。据宁波市江东区教育局相关负责人介绍，只要符合报名条件，区教育局都会按照家长的实际情况，结合各学校的名额情况，统一安排，让孩子就读公办学校。

外来务工人员在城市快速发展中发挥了巨大作用，作出了很大的贡献。但是，在很多方面外来务工人员并没有享受到与城市人同样的

---

① 《城区公办小学招生　海曙江东不招鄞州北仑镇海新生》，《东南商报》2012年5月18日。

待遇,他们在生活上承受着来自很多方面的压力,子女教育问题是最让外来务工人员头疼的事情。近些年,除了宁波,很多城市在外来务工子女教育问题上都做了积极的探索,解决了一些外来务工人员的后顾之忧。

“十年树木,百年树人”,教育是一个自人类文明诞生至今一直存在的永恒课题。党的十八大报告把“努力办好人民满意的教育”放在“在改善民生和创新管理中加强社会建设”的六项任务之首,体现了党和政府对教育的重视。发展依靠人民,发展为了人民,让人民享有发展的成果,享有优质的教育资源,是人民的权利,是每一个教育工作者的责任。

努力办好人民满意的教育,着力抓好以下几方面的工作:

一要着力实现更高水平的普及教育。要统筹各级各类教育全面协调发展,满足国家发展和人的发展不断增长的多样化教育需求。努力实现到2020年,基本普及学前教育,有效解决“入园难”问题;巩固提高九年义务教育水平,巩固率达到95%;普及高中阶段教育,大力发展中等职业教育,毛入学率达到90%;高等教育大众化水平进一步提高,毛入学率达到40%。新增劳动力平均受教育年限从12.4年提高到13.5年;主要劳动年龄人口平均受教育年限从9.5年提高到11.2年。

二要着力形成惠及全民的公平教育。坚持教育的公益性和普惠性,保障公民依法享有平等的受教育权利,是中国特色社会主义教育的本质要求。要健全法制保障,强化政府责任,合理配置教育资源,重点向农村、边远、贫困、民族地区倾斜,着力缩小教育发展中的区域差距、城乡差距和义务教育的校际差距。完善家庭经济困难学生资助体系,提高资助水平,积极推动农民工子女平等接受教育。要高度重视和大力支持特殊教育发展。同时,健全保障教育公平的规则程序和监管机制,用规范管理维护教育公平。

三要着力提供更加丰富的优质教育。全面贯彻党的教育方针，全面实施素质教育，坚持以提高质量为核心的教育发展观，更加注重教育内涵发展；坚持科学的教育质量观，把促进人的全面发展和适应社会需要作为衡量教育质量的根本标准，为每个学生提供适合的教育，把立德树人作为教育的根本任务，培养学生创新精神。提高教育质量的关键，是加强教育质量保障体系建设。要明确各级各类人才培养的基本要求，制定国家教育质量标准，建立健全适应不同类型教育特点和规律、体现德智体美全面发展要求、可衡量、有针对性的教育质量标准体系，形成科学的教育质量评价办法和评价指标体系。要大力加强教师队伍建设，努力扩大优质教育资源总量，鼓励学校办出水平、办出特色。

四要着力构建体系完备的终身教育。按照教育规划纲要的部署，通过学历教育和非学历教育协调发展，职业教育和普通教育相互沟通，职前教育与职后教育有效衔接，努力使现代国民教育体系更加完善，终身教育体系基本形成，促进全体人民学有所教、学有所成、学有所用。加快发展继续教育，建立健全继续教育体制机制，统筹扩大继续教育资源，搭建符合中国基本国情的终身学习“立交桥”，为实现人人皆学、时时能学、处处可学的目标，创造良好的制度环境。

29 “防老”不需再“养儿”——建设中国特色的养老体系

过去老百姓说:“养儿防老。”当下老百姓说:“儿住瓦房孙住楼,老头老婆住村头儿;儿子烧煤孙烧气儿,老头老婆柴火棍儿;儿子压水孙抽水,老头老婆得抬水。”养老已经成为当前老百姓心中的难题。

但随着党和国家加强对老年人社会保障体系的关注,老年人养老问题将不再是难题。2011 年 7 月 22 日,由全国人大常委会副委员长周铁农带队的全国人大常委会老年人权益保障法执法检查组来到新疆维吾尔自治区,对老年人权益保障法的实施情况进行执法检查,通过自治区副主席艾尔肯·吐尼亚孜代表自治区人民政府汇报了解:新疆维吾尔自治区现有 60 岁以上老年人口 233.5 万,占全区总人口的 10.8%,其中,少数民族老年人口占 58.55%,汉族老年人口占 41.45%。老年人权益保障法实施 15 年来,自治区积极采取措施,深入贯彻落实,为各族老年人做了大量的好事实事,切实维护了各族老年人的合法权益。[①] 新疆维吾尔自治区作为我国西部比较落后地区,能在保障老年人权益保障工作上做到比较完备程度,这对我国其他地区来说是有强大动力作用的。

党的十八大报告提出,要统筹推进城乡社会保障体系建设。要坚

---

① 《发展完善老年人社会保障体系》,2011 年 7 月 23 日,见 http://legal.people.com.cn/h/2011/0723/c226563-3298035106.html。

持全覆盖、保基本、多层次、可持续方针，以增强公平性、适应流动性、保证可持续性为重点，全面建成覆盖城乡居民的社会保障体系。

如何破解养老社会保障问题，则需要中国特色养老体系。

第一，积极应对人口老龄化，大力发展老龄服务事业和产业。解决老龄化问题，离不开经济发展。发展经济的目的就是为了不断满足人民物质、文化生活的需要。坚持以人为本，树立全面、协调、可持续的发展观，促进经济社会和人的全面发展。全面、协调、可持续发展围绕的中心就是要满足人民的这些需要，包括生存的需要、发展的需要和享受的需要。解决老龄化问题的过程中，需要政府主导投入大量的人力物力支持，没有强大财政支撑难以维持。只有中国经济发展了，才能更有效地应对人口老龄化带来的各种社会问题。在一段时期内我们应着力积极转变经济增长方式，加快科技进步，提高科技进步对经济增长的贡献率。提高资源利用率，节约生产要素的投入和使用，同时提高产品质量，提高效益，实现经济增长的低投入、低消耗、高产出、高效益。发展循环经济，建设资源节约型、环境友好型社会，这也正是贯彻落实科学发展观，调整经济结构、转变增长方式的重要内容和切入点，是保障中国经济安全和实现中国经济可持续发展的必然选择。其次，提高劳动者素质，提高科学文化水平，大力发展教育事业。提高劳动者素质是实现经济增长方式转变的重要途径，而要提高劳动者素质，就必须大力发展教育事业。当劳动力数量的比较优势消失后，劳动力素质对经济发展的重要性将更加凸显。单纯依靠劳动力数量发展经济的方式显然在老龄化问题全面到来之后将不再适合中国国情。

第二，推进老年人权利法制建设。法律是老年人社会保障的各项政策的基础和依据，由于我国关于老年人权利保障的立法较晚，相对于西方先进国家，我国社会保障的法律体系还不完善，只是初步搭建了老年权利保障的基本框架。因此，我们需要健全和完善老年社会保障政策法规体系建设，立足我国的实际国情和历史传统，谋划未来，吸收借鉴国际社会的成功做法和经验。在立法方面，首先要把经过实践检验和实践证明的切实可行的法规、规章提升为法律，通过立法确立老年人权利。同时为了增强法律的可操作性，还应当指定老年社会保障的专项法律如老年人福利法、老年人教育法等。其次要通过法律将老年社会保障和服务制度建设上升到国家意志，促进建立起城乡一体的养老保险、医疗保险、互利保险、低保制度和救助制度的社会服务保障体系。保护老年人权利，是一个涉及领域广泛，情况纷繁复杂的全局性问题。它不是靠某一部或某几部法律法规或某一个某几个部门就能解决得了的问题，它是一项复杂的系统工程。要完成这项工程必须在《老年法》的基础上，完善配套措施，使《老年法》操作有据，落实便利。

第三，司法保障是保护老年人权利的重要方式。建立健全组织网络，让维权工作贴近广大老年人。将老年维权工作延伸到城乡街道基层。首先在区一级设立老年法律援助中心，并向乡镇街道和社区延伸，建立老年法律援助工作站，因经济困难无能力或无完全能力支付法律服务费用的老人还可以向法律援助机构申请无偿的法律援助。一般经济困难标准是参照法律援助实施地人民政府规定的最低生活保障标准执行的，但是对于老年人还应适当放宽政策。建立法律援助的接待，指派专人办理、督办、回访、考核和对病残老年人上门服务等制度，尽量提高服务质量和维权效果。建立老年维权电话咨询网络，实现乡镇街道联网服务。如遇到紧急情况需要帮助，维权专线在乡镇街道设立的工作站就会立即派人上门服务。建立老年心理危机干预中心，对丧偶老人提供心理上的援助和生活上的照料。在各区妇联、残联组织设立专门维权分部，直接为老年妇女和残疾老年人提供法律咨询、接受投诉和法律援助，从而拓宽老年维权渠道，方便老年人的维权求助，使老年维权工作更加贴近老年人生活。发挥人民调解功能，对涉老权利纠纷进行平和调处。对某些拒不接受调解和调解不成的纠纷,可以根据老年人的申请,指派公益性律师或基层法律工作者为其代理诉讼,依靠法律保障老年人的合法权利。

第四,行政手段确保老年人权利实现。根据我国社会经济、人口方面的诸多特殊性及地区发展不平衡的特点,应推行更加适合我国国情的弹性退休制度。弹性退休制是一些西方国家实行的一种退休制度,即政府规定一个退休年龄段区间(比如58岁到65岁),员工可以根据自身的情况在这个年龄段选择合适的时间点办理退休手续,领取养老金,因为养老保险缴纳的时间越长,缴纳的资金越多,退休的时候领取的退休金就越高,所以一般不会有人选择提早退休的。目前,我国法定的退休年龄是男职工年满60周岁,女干部年满55周岁,女工人年满50周岁。从2010年10月1日起,上海将实施柔性延迟办理申领基本养老金手续。建立弹性退休制度,并使养老金与退休年龄挂钩,不仅可提高参保人员缴费积极性、减轻社会养老压力,还可以有效避免劳动人口的提前减员。按照不同的工种、性别划定退休年龄,第一档是法定正常退休年龄。也就是一般意义上的法定退休年龄,它是绝大多数人可能"服从"的法定退休年龄,能在这一档退休年龄上退休的人,一般可以享受平均的、完全的退休金给付。法定正常退休年龄主要是根据一国人口的平均预期寿命及劳动力质量等因素来综合考虑的。法定正常退休年龄应该随着人口平均预期寿命的延长而逐渐延长。由于女性的寿命一般比男性长,因此,大多数国家的法定退休年龄都是统一划定的,没有男性和女性的区别。最后一档是法定最迟退休年龄。它主要是考虑那些年满法定正常退休年龄的人因身强力壮还想继续工作的需要,而特地为他们设计的一种最高"奖励"的退休年龄。也就是说,当你达到法定正常退休年龄后,如果你身体健康而愿意继续工作的,只要你不办理退休手续且坚持继续缴付社会保险费,则当你延后退休时可以享受追加的养老金给付，它比正常退休的养老金给付水平要高出许多。

第五，完善的老年市场是老年权利得以实现的基础。老年人的权利保障需要经济发展作为物质基础，只有完善的老年市场才能将财力、物力、人力集中起来，利用市场机制将资源配置的效率提高。中国老年人市场的年需求量在6000亿元以上，而每年为老年人提供的产品则不足1000亿元，难以满足老年人日益增长的物质文化需求。政府及有关部门应该出台相关政策，从融资、税收等方面帮助老龄事业发展解决融资、用地等实际困难，加大对老龄工作的扶持力度。还要充分发挥市场的作用，利用利益刺激和竞争激励，为老年市场的发展提供源源不断的足够的内在动力。通过促进技术进步，发挥市场在推进技术进步方面具有的其他机制不可替代的功能。通过竞争机制迫使老龄产品、服务提供者要不断地、积极主动地在科技投入、研究开发、引进吸收消化先进的技术设备等方面努力进取，以便在竞争中以性能更好、质量更高、价格最廉、成本最低的商品扩大市场占有份额，获取更多的利润，从而在激烈竞争中迫使劳动者和管理者不断地自觉接受培训，学习、掌握和运用现代科技知识，为老年市场提供更先进、更便捷、更实用的产品服务。

30 提高人民健康水平——健全全民医保体系

哈尔滨一中学离休教师翁文辉,由于患上恶性淋巴癌,在被送去医院医治 67 天后,治疗无效死亡,让人吃惊的是,仅仅两个月的时间,他的家人在医院花去了将近 139 万元的高额医疗费。在医院的两个多月,医院给富秀梅留下深刻印象的是两件事:买药和交钱。[①] 这样的现实例子还有很多,也正是这些活生生的例子,让一些话在老百姓中流传开来:“有啥别有病,没啥别没钱”;“不怕穷,就怕病”;“救护车一响,两条猪白养”;“得个阑尾炎,白耕一年田”;“住院一次,破产一次”;“脱贫三五年,一病回从前”;“一人得病,几代受穷”;“致富十年功,大病一日穷”;“兢兢业业五十年,一病回到解放前”;“小病不用看,大病没钱看”;“小病拖,大病挨,到死还不能往医院抬”。

破解看病难难题、提高人民健康水平、健全全民医保体系,是十八大重点关注的一个问题。党的十八大报告提出:“要提高人民健康水平。健康是促进人的全面发展的必然要求。要坚持为人民健康服务的方向,为群众提供安全有效方便价廉的公共卫生和基本医疗服务。”实践好十八大提倡的内容,要坚持为人民健康服务的方向,坚持预防为主、以农村为重点、中西医并重,按照保基本、强基层、建机制的要求,重

① 搜狐新闻:“550 万天价医药费调查”,见 news.sohu.com/s2005/05tjyf.shtml,2013 年 1 月 1 日。

点推进医疗保障、医疗服务、公共卫生、药品供应、监管体制综合改革，完善国民健康政策，为群众提供安全有效方便价廉的公共卫生和基本医疗服务。健全全民医保体系，建立重特大疾病保障和救助机制，完善突发公共卫生事件应急和重大疾病防控机制。巩固基本药物制度。健全农村三级医疗卫生服务网络和城市社区卫生服务体系，深化公立医院改革，鼓励社会办医。扶持中医药和民族医药事业发展。提高医疗卫生队伍服务能力，加强医德医风建设。改革和完善食品药品安全监管机制。开展爱国卫生运动，促进人民身心健康。坚持计划生育的基本国策，提高出生人口素质，逐步完善政策，促进人口长期均衡发展。

提高人民健康水平主要包括以下几方面内容：一是要有更加健全的医疗保障体系，人人拥有基本医保，由个人、社会、政府共同筹集医保基金，群众看病可报销，能够看得起病。二是要有更加完善的医疗服务体系，医疗机构布局合理，中西医并重，百姓生病后可以方便、快捷地到达医院，能够看得上病；同时，要有较好的医疗卫生人才队伍和医疗设备，能够看得好病。三是要有更加可靠的公共卫生服务体系，通过健康教育、注射疫苗等传染病防控措施，预防减少或延缓疾病的发生。四是要有更加公平的药品供应保障体系，改革和完善药品安全监管机制，保障药品安全，使更多的人能够获得价廉而有效的药物，得到更好的治疗。五是要有更加高效的行业监管体制，加强安全质量管理，控制医药费用过快上涨，制止医院盲目扩张，治理医药购销领域商业贿赂，维护人民群众健康权益。

到 2020 年的目标是：基本建成覆盖城乡居民的基本医疗卫生制度，实现人人享有基本医疗卫生服务，实现人民群众病有所医。世界卫生组织将人均期望寿命、孕产妇死亡率和婴儿死亡率作为衡量一个国家卫生综合效果和居民健康水平的重要指标。根据国家有关规划，到

2015年我国人均期望寿命要在2010年基础上提高1岁，到2020年孕产妇死亡率和婴儿死亡率要分别下降到20/10万、10‰。

继续完善新农合制度要从几个方面做出努力。一是提高补助标准，到2015年财政补助标准达到年人均360元以上，住院费用报销比例也将相应提高。二是推动支付方式改革，推行按病种付费、按床日付费、按人头付费、总额预付等支付方式，以利于规范医疗机构服务行为和控制医药费用不合理上涨。三是提高管理服务水平，大力推广新农合“一卡通”，推进医疗费用即时结算；鼓励利用新农合基金购买商业医疗保险，探索商业保险公司参与经办新农合路径。四是扩大重特大疾病保障范围，优先将发病率高、诊疗技术成熟、费用可控的重大疾病病种纳入保障范围，明显提高报销比例。

农民工在城乡之间流动时，既面临跨制度、跨地区医保关系转移问题，也可能面临异地就医结算问题。一方面将加强三项基本医保之间的政策衔接，做好不同制度和地区之间医保关系的转移接续。另一方面将加快推进卫生信息化建设，实现异地就医信息和医保资金的全国联网。目前，全国各地都正在建设新农合信息系统，在建成的区域内已初步实现数据的互联互通。

建立重特大疾病保障和救助机制，主要举措是建立“三道保障线”。第一道保障线为常规保障，即三项基本医保按住院有关政策进行常规报销。第二道保障线为大病保障，即常规报销后，对农村儿童白血病、先天性心脏病等20种重大疾病先由新农合按照不低于70%的比例进行补偿，对补偿后个人自付超过大病保险补偿标准的部分，再由大病保险按照不低于50%的比例给予补偿；对于其他重大疾病，在常规报销后需个人负担的合规医疗费用，由大病保险按照不低于50%的比例给予补偿。第三道保障线为医疗救助，即通过以上两个渠道报销后，属民政救助对象的，按医疗救助政策给予救助报销。取消药品加成是彻底破除“以药补医”机制的一个突破口。目前,全国六百多个县和北京、深圳等试点城市的公立医院正在进行取消药品加成的探索,同时完善补偿机制,医院减少的收入主要通过加大财政补助力度、调整医疗服务价格、推行医保支付制度改革等途径予以补偿。

31 授人以鱼不如授人以渔——实施更充分的就业

2012 年以来,山东鄄城陈王街道办事处把促进就业、实现更高质量的就业摆在重要位置,大力开展职业技能培训工作,加强工作考核力度,对培训过程进行全程跟踪监督,推进职业技能培训实名制动态管理,有效提升培训质量,2012 年 1 月至 11 月,完成城乡劳动者职业技能培训 220 人,提前一个月超额完成年度目标任务。

陈王街道办事处在职业技能培训方面之所以能够取得良好的成绩,跟他们把就业富民列为重点民生工程来落实分不开。为了做好城乡劳动者职业技能培训工作,促进就业,实现富民增长,陈王街道办事处把就业富民列为重点民生工程来落实,制定了考核办法,将各项培训任务进行了细化、分解,并实行每月汇报制度。人社部门作为这项民生工程的责任单位,采取多项措施,确保技能培训工作的持续推进。鼓励社会参与,整合优质资源,筛选一批培训质量高、效果好、社会认可度高的定点培训机构,走进企业,走进基层,积极参与到职业技能培训工作中来,组织好计划实施和跟踪监督,对所举办的技能培训班进行定点检查,并进行视频录像,从而保证了培训的质量和效果。①

山东鄄城的这个例子启示我们,实现“更高质量的就业”,最根本

① 刘继泉、王坤:《开展就业技能培训,提高劳动者就业能力》,见山东就业网,http://www.sdlss.gov.cn。

的是要坚持科学发展。在发展的基础上创造更加充分、更高质量的就业机会，在转变经济发展方式、调整经济结构的同时不断优化就业结构，不断提高劳动者整体素质，不断提高劳动者收入水平和就业保障水平。

胡锦涛同志在党的十八大报告中提出要实现“更高质量的就业”，体现了党对于就业在更高层次上的追求。“更高质量的就业”是从宏观层面讲的，主要是指充分的就业机会、公平的就业环境、良好的就业能力、合理的就业结构、和谐的劳动关系等。

事业发展永无止境，改革创新也无止境，目前我们的改革进入攻坚期，经济发展进入转型期，经济增速趋缓，就业形势更加复杂，就业总量压力和结构性矛盾并存，高校毕业生等重点群体就业压力依然很大；劳动者利益诉求发生新的变化，劳动关系调整机制尚不完善；部分劳动者就业能力难以适应经济发展转方式、调结构的要求。应对各种困难和挑战，我们应该从以下几个方面着手：

第一，要创造充分的就业机会。坚持把促进充分就业作为经济社会发展的优先目标，深入实施就业优先战略，在转变经济发展方式和推动经济结构调整中扩大就业，在统筹城乡发展、积极稳妥推进工业化、城镇化和农业现代化中创造更多就业机会。增加就业岗位，重点吸收家庭经济困难的农民工，实现就业价值的最大化，合理地调整就业档次，不至于造成能力较低的工人大规模的失业。

第二，努力营造公平的就业环境。真正把握《就业促进法》法理基础，推动就业的实质平等，确实能够按照《就业促进法》的立法宗旨实现就业环境的平等；统筹做好以高校毕业生为重点的青年就业、农村劳动力转移就业、困难人员就业工作，有效防止和消除就业歧视，促进公平就业。大学生在各方面具有较高的素质，要使高校毕业生能够真正找到自己理想的职业，对于农村劳动力来说，要加强对其就业的政策指引,使其可以实现充分的就业;大力实施更加积极的就业政策,动员全社会力量共同参与做好就业工作,切实营造更加有利于就业创业的宽松环境。

第三,重点提高劳动者的就业能力。大力加强职业培训,加强高技能人才队伍建设,形成面向所有劳动者终身学习的职业培训体系,促进劳动者整体素质的提高,帮助劳动者实现更稳定的就业。尤其对于农民工等文化素质较低的劳动者,要给予他们充足的就业培训资源,提高他们的就业能力,使其能够适应当今社会的发展。同时,加快健全完善覆盖城乡的公共就业服务体系,推动建立统一、规范、灵活的人力资源市场。要实现人力资源市场管理的科学化、法制化,使其能够真正的为劳动者服务。

第四,不断优化就业结构。提升就业质量,应与加快转变经济发展方式这一过程紧密结合起来,在转方式、调结构的过程中,不断改善就业结构,着力提高第三产业就业比重,稳定第二产业就业份额,挖掘第一产业特别是现代农业就业潜力,以结构的优化推动就业质量的提高。第三产业就业比重的提高是劳动者素质提高的重要体现,对于第二产业就业水平的稳定,则是就业结构稳定的表现,发展现代农业,实现更高层次的就业,是不断优化就业结构的有效手段。

第五,积极构建和谐的劳动关系。推行工资集体协商,建立工资正常增长机制,使工薪劳动者收入增长和劳动生产率提高同步。这是民主在工资层面的体现。进一步扩大社会保障覆盖范围,稳步提高社会保障待遇水平,全面建成覆盖城乡居民的社会保障体系。让就业不仅成为劳动者谋生的手段,也成为劳动者不断发展的途径,在劳动关系中逐步地实现劳动者为主的理念,真正实现和谐的劳动关系。

32　秋菊不用打官司了——维护群众权益机制

《秋菊打官司》的故事发生在中国西北的一个小山村，农民王庆来与村长发生冲突，被村长踢伤。王庆来的妻子秋菊忍不下这口气，找村长论理，村长不肯认错。为了讨个说法，秋菊带着六个月的身孕，踏上漫长的告状之路，她从乡里告到县里，又从县里告到市里，最终向法院提起了诉讼。秋菊，一位普通的农妇，因为执拗，忤逆了一直在维系着乡土秩序运转的潜规则，并和现代法制打了个照面。①

法治建设是逐步完善的过程，总会付出成本。但我们要探索一条成本最低的路，而决不能因为害怕付出这种现实的成本，而付出可能更大的成本。一个好的社会，不应该让秋菊为了一个“说法”这么辛苦，群众的权益应该有一个维护的机制。党的十八大报告提出：正确处理人民内部矛盾，建立健全党和政府主导的维护群众权益机制，完善信访制度，完善人民调解、行政调解、司法调解联动的工作体系，畅通和规范群众诉求表达、利益协调、权益保障渠道。

群众权益包括权利和利益，既包括政治权利和利益，也包括社会经济、文化权利和利益。目前，我们强调切实维护群众权益，指的是切实维护人民群众的合法权利和合理利益。维护群众权益是实现党的宗旨

---

①　百度知道：“秋菊打官司的故事”，见 http://zhidao.baidu.com/question/7330786.html，2006 年 5 月 16 日。

的必然要求;是处理人民内部矛盾的现实需要;是巩固党的执政地位的重要途径。维护群众权益机制应从以下几方面努力:

第一,切实加强组织领导,着力强化部门协作,扩大社会参与度。在新形势、新情况、新问题、新需求的情况下,做好群众工作需要各级党委政府和相关部门的重视和支持。各级党委要总揽全局、把握方向、统筹协调,切实提高引领社会、组织社会、管理社会、服务社会的能力。各级政府及其职能部门要严格依法行政,切实发挥好政府在社会管理中的主导作用。进一步转变行政管理理念和管理方式,寓管理于服务中,加快推进以保障和改善民生为重点的社会建设,着力打造服务型政府。进一步健全科学民主决策机制,着力提高决策质量和效率。建立和完善社会管理考核机制,研究制定科学的社会管理考核指标,把考核结果作为政府及其工作人员奖惩和使用的重要依据。

第二,完善利益协调机制。一方面,健全社会稳定风险评估机制。把社会稳定风险评估作为各级党委、政府制定政策、实施项目、施行改革的前置程序和必备条件,做到有重大稳定风险的政策不出台,多数群众反对的项目不予实施或暂缓实施。按照属地管理、谁决策谁负责的原则,全面推行社会稳定风险评估制度。完善评估程序,落实责任追究,健全公众参与制度,建立专业评估队伍、专家信息库。另一方面,"全面推进规范行政自由裁量权工作。对具有弹性空间的内容进行细化量化、分档设限,绘制权力运行流程图,将规范行政自由裁量权工作向行政强制、征收等各种具体行政行为拓展。"①

第三,完善诉求表达机制。一要畅通群众诉求渠道。设立群众信访接待中心,基层设立人民来访接待室,实行"一站式"接访工作制度。

① 福建省纪委、监察厅:《关于完善维护群众权益机制的调研》,见 http://fanfu.people.com.cn/GB/18219997.html,2012 年 12 月 20 日。

建设视频接访系统,推进网上信访,引导群众更多地以来信、来电方式表达诉求。二要建立和完善信访事项首接首办和跟踪督办制、重大信访事项办理挂牌整改制、“一岗双责”考核问责制,及时妥善处理群众信访事项,做到“事事有回音,件件有着落”。

第四,完善矛盾调处机制。加强人民调解、行政调解、司法调解的有机衔接。依托各级调解组织,建立“诉调对接”、“检调对接”工作平台,开展人民调解协议司法确认工作。积极推进刑事和解,逐步探索附条件不起诉制度。建立重大矛盾纠纷人民调解中心,妥善调处化解各种重大复杂的矛盾纠纷。积极推进人民调解工作向征地拆迁、医患纠纷、道路交通、劳动争议、物业管理等新型矛盾纠纷领域拓展,逐步建立行业调解组织,充分利用行业组织的优势,妥善化解社会矛盾。比如,重庆市渝北区积极建立和完善便民司法网络。该地区完善农村庭、站、点、员四位一体,建立覆盖全辖区的纵向便民诉讼网络。建立辐射城市社区、特殊团体、纠纷易发系统和行业的扇形工作联系面,实现化解纠纷的非诉与诉讼解决机制的对接,最大限度地方便诉讼。进一步加强和完善电话立案、网上立案、预约立案、上门立案、假日法庭、巡回审判等便民诉讼措施。继续探索在矛盾多发高发、人口密集的镇(街道)建立巡回检务联络室。不断完善民行申诉案件息诉答疑机制,继续加大支持弱势群体起诉的力度。

第五,完善权益保障机制。一要建立三级联动的社会矛盾信息汇集、分析研判、处置化解机制。各级各部门要扎实推进干部下访群众制度化,广泛搜集社情民意,定期分析研判信访稳定形势,对排查出来的矛盾纠纷实行网格化管理,落实责任,及时化解。二要加大投入力度。确保财政资金投入与经济社会发展水平同步增长,确保新增长财政收入优先用于保障和改善基本民生方面,使困难群体、特殊群体和优抚安置群体等对象的受益水平同步提高。三要加强规范化建设管理,强化资金管理和监管机制,使工作步入精确化、精细化管理轨道。重视信息化建设,加快构建面向社会公众的信息化综合平台,加大政务信息资源开发利用力度,提升工作效率。四要严肃查处损害群众权益的违纪违法行为。大力开展纠风专项治理,着力解决征地拆迁、保障房建设中存在着的损害群众利益的突出问题,严肃查处重大责任事故和群体性事件背后的腐败行为。

33 居者有其屋——加强保障性住房建设和管理

从安徽省保障性住房工作调度会上获悉，截至2012年10月底，安徽省新开工各类保障性住房和棚户区改造住房43.44万套，开工率达到108.4%；基本建成32.29万套，占目标任务的125.5%，其中竣工15.58万套，占目标任务的101.1%。保障房建设各项指标均提前超额完成省政府年初确定的全年目标任务，建设进度在全国居于前列。2012年全省已争取中央各类保障性安居工程补助资金120.4亿元，较上年增长63.2%；省级财政补助14.83亿元，较上年增长28.6%。财政资金投入的加大，有力保障了建设进度在重要时间节点顺利推进。①

除了安徽省外，全国其他省市也都开展了保障性住房建设。“十二五”时期，全国计划新建保障性住房3600万套，大约是过去10年建设规模的两倍；同时，每年还将改造农村危房150万户以上。党的十八大报告提出：“建立市场配置和政府保障相结合的住房制度，加强保障性住房建设和管理。”在党的十八大新闻中心举办的第四场记者会上，住建部部长姜伟新介绍说，中国城镇保障性住房建设进展顺利，中央政府定的“十二五”期间的城镇保障性住房任务进展顺利，2011年已经开工了1000万套，2013年不会低于500万套，有可能在600万套左右。

---

① 吴量亮：《安徽省新开工保障房43.44万套　提前完成今年任务》，《安徽日报》2012年11月14日。

住房保障始终是城市房改的重要组成部分。随着房改的深化,住房保障制度的探索和实践对解决城镇中低收入家庭住房问题发挥了积极作用。特别是在这几年,大规模保障性安居工程的建设使城镇低收入家庭住房困难得到了一定缓解。但由于认识的局限和当时的经济社会发展阶段的影响,保障制度在实际实施中仍有不少问题需要解决。比如,有的地方早年建设经济适用房把关不严,单套住房面积过大;各个地方住房保障仍局限于城镇户籍居民;保障房品种偏多,有廉租房、公共租赁房,经济适用房,限价商品房,少数单位团购后再出租。这些问题有的是改革过程中出现的老问题,有的是随着房价快速上涨带来的新问题。

建立市场配置和政府保障相结合的住房制度阐释了房地产制度双轨制的发展目标,不仅从制度层面明确了未来完善方向同时也对市场走势带来影响。双轨制是指商品房资源由市场配置,保障房则采用政府主导、企业参与的形式来建设和分配。双轨制改变了商品房一度占据我国住房供应主体的局面,两条腿走路的局面逐渐开始形成。

加强保障性住房建设和管理,真正实现居者有其屋的美好愿望,必须从以下几个方面入手:

一是完善保障性住房资格审核管理机制。进一步完善保障性住房资格审核系统,建立与房屋交易、权属、住房公积金、民政、公安车管、社保、地税、金融等数据系统联网的保障性住房资格审核信息平台,全面实现数据动态化管理和实时审核,提高审核效率和准确性。建立保障性住房信用记录档案,完善申请人承诺和定期申报制度,对骗购、骗租保障性住房的人,加大惩戒和媒体曝光力度。

二是完善保障性住房房源分配管理制度。综合考虑申请家庭人口数量、成员年龄、住房困难程度等因素,科学制定不同类型房源的分配规则和顺序,确保分配公平、公正、公开。引导经济适用住房、限价商品住房轮候家庭优先承租公共租赁住房，鼓励通过租赁方式解决住房困难问题。完善经济适用住房、限价商品住房等出售型保障性住房配售政策，优先配售给老龄、重残、大病、家庭成员多、轮候时间长的申请家庭。

三是完善保障性住房准入标准动态调整机制。结合本城市人口资源环境承载能力和经济社会发展水平，根据轮候人群数量、市民收入、居住水平以及住房价格等因素，动态调整保障性住房准入标准，科学合理确定保障对象和保障标准，对符合保障条件的住房困难家庭努力做到“应保尽保”。

四是完善保障性住房后期监管机制。健全市区街三级政府部门保障性住房后期管理机构，保障人员编制和工作经费，落实工作责任。组建市场化的公共租赁住房运营管理机构，具体负责运营及监督管理事务。委托物业服务机构协助做好出售型保障性住房使用的日常检查工作。加大政府执法检查力度，严肃查处保障性住房出租、出借、闲置等违法违规行为，完善退出机制。加强保障性住房的质量管理，保障性住房的选址要充分考虑居民的生活便利需求，同时在住房的户型、面积设计上，要适合居民的需求，要完善住房周边的公共服务配套设施，加速推进保障性住房小区的水、电、气等基础设施和居民购物、就医、出行、上学等公共服务设施建设，最大限度方便居民生活。

34 城里城外——加大统筹城乡发展力度

何为城乡统筹？“城乡统筹”字面上解释是“城”、“乡”在一定的时代背景中互动发展，以实现“城”、“乡”发展双赢为目的的发展格局。城乡统筹就是通过城乡资源共享、人力互助、市场互动、产业互补，通过城市带动农村、工业带动农业，建立城乡互动、良性循环、共同发展的一体化体制。

改革开放之后，我国一直在探索统筹城乡的模式。今年以来，陕西彬县紧紧围绕“统筹城乡发展、缩小城乡差距”这一主题，顽强拼搏，埋头苦干，全县统筹城乡发展工作取得了可喜的成绩：农村产业蓬勃发展，群众收入增速加快，启动建设了龙高循环农业园区、新民现代农业示范园、彬县十里休闲观光农业长廊、彬县农副产品深加工园区等四大现代农业园区，建成了金银花种植示范基地、万亩设施蔬菜示范基地、小麦良种生产繁殖基地，初步形成了“板块化发展、园区化承载、工业化生产、市场化运作”的现代农业发展新格局；基础设施不断完善，农村面貌明显改观；建设新农村重点村 31 个，扶贫攻坚步伐不断加快。城镇建设如火如荼，服务功能日趋完善；截至目前，全县 119 项城镇建设工程完成投资 7.8 亿元，占年度计划的 54%。社会事业健康发展，公共服务得到加强；在全省率先建成一批乡村学校青少年宫；在全省率先实施了新民卫生院、龙高镇卫生院等 4 所镇级卫生院远程会诊系统项目，群众不出镇就可以享受专家诊断。6 个社区 11 个农村互助幸福院相继建成,弱势群众受到了更多的关注。①

陕西省在统筹城乡工作上取得成绩的同时,全国其他城市也都在积极的实施着各具特色的统筹城乡方案。那么,为什么要统筹城乡发展呢? 从一般的道理上讲,农村和城市是相互联系、相互依赖、相互补充、相互促进的,农村发展离不开城市的辐射和带动,城市发展也离不开农村的促进和支持。因此,必须统筹城乡经济社会发展,充分发挥城市对农村的带动作用和农村对城市的促进作用,才能实现城乡经济社会一体化发展。结合我国具体国情来讲,中央强调要城乡统筹,还有更为具体的,或者说更加直接的原因。这就是,长期以来,我国城乡经济社会发展形成了严重的城乡分割,城乡差距不断扩大,"三农"问题日益突出,局限于"三农"内部,"三农"问题无法解决,要真正解决"三农"问题,必须实行城乡统筹。

统筹发展是科学发展的重要内容,统筹城乡发展更是党的十八大报告中强调的不可轻视的问题。十八大报告指出:解决好农业农村农民问题是全党工作重中之重,城乡发展一体化是解决"三农"问题的根本途径。要加大统筹城乡发展力度,增强农村发展活力,逐步缩小城乡差距,促进城乡共同繁荣。坚持工业反哺农业、城市支持农村和多予少取放活方针,加大强农惠农富农政策力度,让广大农民平等参与现代化进程、共同分享现代化成果。要统筹城乡发展,必须两手同时抓,一手抓缩小城乡差距,一手抓城乡和谐共同发展:

第一,要调整国民收入分配结构,提高国家财政支出、预算内固定资产投资和信贷投入用于农村的比重。长期以来,我国城乡二元结构在投资制度上表现为"重工轻农"。现阶段,大多数农村经济薄弱,许多地方财政入不敷出,基层政府无力向农村提供最基本的公共服务,农

① 邹明名:《彬县统筹城乡发展　缩小城乡差距》,《咸阳日报》2012 年 8 月 23 日。

民收入水平偏低,自我筹集资金能力差。因此,必须进一步扩大公共财政覆盖农村的范围,加大对“三农”的支持保护力度;调整国家基础设施投资结构,把建设重点由城市转向农村;完善和强化农村金融体系,提高农村金融支农能力。

第二,要努力消除妨碍城乡协调发展的体制性障碍。要下大力气破除城乡二元分割的体制和政策限制,赋予农民平等的公民待遇、完整的财产权利和公平的发展机会,加快建立城乡要素自由流动、城乡居民地位平等的经济社会体制。一是改革现行户籍制度,逐步建立全国统一的、以身份证管理为主的一元户籍制度,赋予全国公民平等择业和选择居住地的权利。二是着力培育城乡统一要素市场。三是统筹城乡社会保障制度建设,拓宽农村社会保障覆盖范围,探索建立农村社会保障制度的途径和模式,逐步在养老、医疗和最低生活保障等方面实现城乡统筹。

第三,加强农村金融体系建设和农村土地制度的市场化改革。建立及时、有效的农村金融市场,为大多数农村居民提供可以承受的、包括理财在内的金融服务,缓解农村居民的信贷约束,对于改善和提高农户的经济福利状况至关重要。同时要加强农村土地制度的市场化改革,允许农村居民将其拥有的50年土地使用权折现,直接参与二级土地市场交易,可从根本上提高农村居民的土地价值。

第四,要加大城市人才、智力资源对农村发展的支持,加大城市科技、教育、医疗等方面对农民群众的服务。发挥城市经济辐射带动力强的优势,引导城市要素资源“下乡”,促进农村富余劳动力“进城”,带动农村产业结构调整和农民增收。

第五,依托工业和第三产业,统筹城乡发展。工业化是产业集聚升级的主导力量,是城镇化的产业支撑,是城乡协调发展的根本动力。统筹城乡,关键是城市带动乡村。在城镇发展工业和第三产业在统筹城乡发展中占重要地位。只有发展工业和第三产业,才能实现“以工业反哺农业、以城市支持农村”,建立起城乡互动的协调机制;只有发展工业和第三产业,才能接收吸纳农村剩余劳动力向城市和非农产业转移。

35　一心为民——创新基层党建模式

上海嘉定区江桥镇户籍人口4.7万，流动人口15万。大量来沪人员的流入，在推动地方经济发展的同时，也给基层党建工作提出了挑战，如何加强流动党员的管理服务，需要在体制上、机制上突破。在市委提出“全覆盖、凝聚力、组织化”的党建工作目标后，江桥镇党委顺“流”而“动”，在全镇范围内建立了18个新村民党支部，实现了村村成立“新村民”党支部。目前，相当一部分村的“新村民”党支部已在村党总支的领导下，参与村级管理，开展各项活动，在加强流动党员教育服务管理的过程中，发挥党的组织优势，积极鼓励和引导来沪人员实现自主管理，促进了区域和谐发展。如何实现党组织的全覆盖，坚持“属地管理”，消灭管理“盲区”，如何突破传统的党组织设置模式，加强对新流入党员的关心服务，构建适应新型农村区域化的党建工作新机制、新体制，江桥镇村村建立“新村民”党支部的做法，无疑是一个创新的探索和成功的尝试。①

江桥镇的基层党建的具体措施也许不能在全国每一个地区照搬推广，但是江桥镇地区这种加强基层党建的创新精神是值得全国各地区学习的。党的十八大报告提出：创新基层党建工作，夯实党执政的组织基础。党的基层组织是团结带领群众贯彻党的理论和路线方针政策、

① 周青珍：《上海嘉定区江桥镇：村村都有“新村民党支部”》，见 http://www.sldjw.com/sldj/ShowArticle.asp? ArticleID=2657，2012年12月12日。

落实党的任务的战斗堡垒。要落实党建工作责任制,强化农村、城市社区党组织建设,加大非公有制经济组织、社会组织党建工作力度,全面推进各领域基层党建工作,扩大党组织和党的工作覆盖面,充分发挥推动发展、服务群众、凝聚人心、促进和谐的作用,以党的基层组织建设带动其他各类基层组织建设。健全党的基层组织体系,加强基层党组织带头人队伍建设,加强城乡基层党建资源整合,建立稳定的经费保障制度。以服务群众、做群众工作为主要任务,加强基层服务型党组织建设。以增强党性、提高素质为重点,加强和改进党员队伍教育管理,健全党员立足岗位创先争优长效机制,推动广大党员发挥先锋模范作用。严格党内组织生活,健全党员党性定期分析、民主评议等制度。改进对流动党员的教育、管理、服务。提高发展党员质量,重视从青年工人、农民、知识分子中发展党员。健全党员能进能出机制,优化党员队伍结构。

党的基层组织是党在社会基层组织中的战斗堡垒,是党在基层全部工作的基础。加强党的基层组织建设,不断改进和创新基层党组织工作方式是与时俱进、构建和谐社会、充分发挥基层党组织战斗堡垒作用的必然要求。创新就是打破一些旧的框框束缚,创新就是扬弃、突破常规、重新组合,以获得多快好省的效果。创新本质上是一种自由的创造性活动,是内心自由、全面发展的个体在一种宽松的环境中激情和才华的展示。我们只有全面了解创新,在创新意识、创新思维、创新方法上下功夫,才能不断提高创新力,推动基层党建科学发展。

第一,以创新意识抓党建。创新意识是一种求变、求新意识,它崇尚新颖奇特,追求突破和超越已有的格局。创新意识能够激发创新主体进行创新的动机,为其提供强有力的精神支撑,对创新实践起着积极的指导和调控作用,确保创新的实现。在基层党建的创新过程中,要克服消极懈怠、求稳怕乱、因循守旧、驻足观望的思想,敢于在继承中创新,在扬弃中前进,在发展中突破,使组织工作不断有所创新,体现出蓬勃的生机和活力。

第二,用创新思维搞好党建。创新思维是突破传统思维定势和狭隘视域,全方位、多视角认识问题和解决问题的思维,是思维创新过程与创新性思维的统一,是思维在宽度、广度、深度上的拓展,是思维在哲学层面的创化与提升,是实现创新实践的前提与基础。破旧立新、领先超前的创新思维有利于解放思想,抓住机遇,深化改革,科学发展。在基层党建的创新过程中,要培养创新思维,善于换一个角度去思考,换一个途径去探索,换一个层面去理解,换一个思路去解决;善于抓住影响学习和工作中的根本性、关键性问题,勤于动脑,善于思考,敢于突破,勇于创新。

第三,利用创新方法做好党建。从最开始的试错法,到现在的复杂的集成创新方法,自人类的创新火花被点燃后,就熊熊燃烧照亮了文明前进的道路。创新方法是科学思维、科学方法和科学工具的总称。科学思维的创新是科学技术取得突破性、革命性进展的先决条件;科学方法的突破是实现科学技术跨越式发展的重要基础;科学工具的创新是开展科学研究和实现发明创造的必要手段。创新方法是实现创新的中介和桥梁。在基层党建的创新过程中,要推广创新方法,在继承传统的基础上,注重研究新情况,形成新认识,学习新方法,开拓新思路,在继承的基础上创新,在创新的基础上发展。

当然,创新不可能一蹴而就,创新的过程,也不是一帆风顺的。许多创新要经过多次的尝试与反复,有些创新过程会由于遇到难以克服的障碍而停止。各个阶段的创新活动也不一定按线性序列依次进行,有时存在着过程的多次循环及多种活动的交叉。对此,我们应有充分认识和积极准备。

总之,人类社会正是通过不断的创新实践,而表现为一个无限发展的进步过程。创新并非什么高深莫测的神话,而是人类最普遍的行为。创新无处不在,无人不能。创新并不遥远,它存在于每个人的日常生活、工作、学习的方方面面;创新并不深奥,要敢于大胆想象,勇于实践,不断增强党组织的工作活力,完善工作机制,创新工作方法,激发基层党组织的凝聚力和战斗力。

36　中国人的心灵鸡汤——加强社会主义核心价值体系建设

2011年9月20日是党中央下发《公民道德建设实施纲要》10周年纪念日。《公民道德建设实施纲要》下发以来，常州市围绕公民道德建设主题不断创新群众性精神文明创建载体，特别是寻找到了“道德讲堂”，以“身边人讲身边事，身边人讲自己事，身边事教身边人”，使“道德讲堂”逐渐成为提升市民道德素质、推进全市公民道德和社会主义核心价值体系建设的有效载体。截至目前，常州已开办各类讲堂五百余所，举办各种形式的讲座一万余场，评议推选各级各类好人三千六百余人，受众超过百万人次。全市上下“崇德尚善”蔚然成风，在建设社会主义公民道德和社会主义核心价值体系上取得了明显成就。[①] 在加强社会主义核心价值体系建设这项工作中，常州走在了前列。

嘈杂的社会，我们究竟需要什么样的精神世界，社会主义核心价值就是一碗浓浓的心灵鸡汤，滋润着千百万中国人的心灵之田。党的十八大报告强调：“要深入开展社会主义核心价值体系学习教育，用社会主义核心价值体系引领社会思潮、凝聚社会共识，倡导富强、民主、文明、和谐，倡导自由、平等、公正、法治，倡导爱国、敬业、诚信、友善，积极培育社会主义核心价值观。”

---

① 徐缨：《常州市加强社会主义核心价值体系建设的实践和思考》，见 http://www.wenming.cn/ll_pd/shzyhxjztx/201109/t20110919_327961.shtml，2011年9月16日。

加强社会主义核心价值体系建设。社会主义核心价值体系是兴国之魂,决定着中国特色社会主义发展方向。要深入开展社会主义核心价值体系学习教育,用社会主义核心价值体系引领社会思潮、凝聚社会共识。推进马克思主义中国化时代化大众化,坚持不懈用中国特色社会主义理论体系武装全党、教育人民,深入实施马克思主义理论研究和建设工程,建设哲学社会科学创新体系,推动中国特色社会主义理论体系教材进课堂进头脑。广泛开展理想信念教育,把广大人民团结凝聚在中国特色社会主义伟大旗帜之下。牢牢掌握意识形态工作领导权和主导权,坚持正确导向,提高引导能力,壮大主流思想舆论。

第一,加强教育引导,把社会主义核心价值体系转化到自觉意识之中。教育引导是建设社会主义核心价值体系的基础性工作,是把人口负担变成人力资源的根本途径。加强宣传教育,要区分层次、突出重点。第一个层次是党员干部的言传身教。党员干部的言行对其他社会成员有着很强的示范作用,很大程度上影响着人民群众对核心价值体系的认同。俗话说,“干部走什么路,群众迈什么步”,领导干部的为官之德是教育群众的“活教材”。因此,广大党员干部特别是各级领导干部要带头学习和践行社会主义核心价值体系,用自己的模范行为和高尚人格感召群众、带动群众。第二个层次是学校教育的潜移默化。教育是一把双刃剑,它既能救国也会误国,关键要看教什么、怎么教。这就要求把核心价值体系的基本内容和要求渗透到学校的教育教学之中,做到进教材、进课堂、进头脑,要求学生们看问题、做事情的时候,把社会主义核心价值体系作为参照标准,要避免偏颇,不要以二元价值观判断和处理事务,不要因狭隘的情感而左右理性。

第二,强化制度保障,把社会主义核心价值体系体现到制度安排之中。重视具有赏罚职能的实体制度安排,是社会转型期实现制度文化社会整合功能的有效手段,是推进社会主义核心价值体系建设的关键环节。社会主义核心价值体系规定着制度的性质和方向,而具体制度又直接影响着人们对社会主义核心价值体系的认同。因此,制度在出台前后都要认真审查它体现出的价值理念是否符合社会主义核心价值体系,不符合就坚决禁止出台或予以撤销,防止出现具体制度与社会主义核心价值体系相背离的现象。符合社会主义核心价值体系的制度建设每前进一小步,我国的文明发展就会前进一大步。同时,要逐步形成树立社会主义荣辱观的激励机制,如道德代价补偿机制、道德储蓄机制、诚信管理机制等,有力抵制市场经济带来的个人主义、享乐主义、拜金主义负面影响,以利于人们强化养成社会主义荣辱观。

第三,坚持以文化人,把社会主义核心价值体系渗透到文化生产之中。高尚的精神文化产品潜移默化地影响着人们的思想观念、价值判断、道德情操,对于推进社会主义核心价值体系建设具有不可替代的独特作用。因此,要用人们喜闻乐见的文化形式,注重视觉文化、听觉文化的冲击,用高质量高品位的文艺作品,注重从人们的良知良性深入挖掘,生动形象地表现社会主义核心价值体系的深刻内涵和精神实质,促进社会主义核心价值体系的情感认同和心理认同,避免教条化、抽象化、口号化、形式化和说教意味浓等问题。比如电视剧《恰同学少年》反映的价值观就是对国家富强、社会进步的强烈追求,电影《天下无贼》暗含着对社会主义荣辱观的弘扬,电视剧《亮剑》极力颂扬艰苦奋斗的精神、以爱国主义为核心的民族精神,此类艺术精品都给予人们以深刻的价值启发、感染和熏陶。

第四,营造舆论氛围,把社会主义核心价值体系贯穿到媒体传播之中。在现代社会,各种传播媒体被称为"第四权力",是思想文化传播的重要载体,是推广主流价值观念的主渠道。舆论导向正确,是党和人民之福;舆论导向错误,是党和人民之祸。这就要求各种媒体自觉做社会主义核心价值体系的建设者、促进者和推动者,奏响弘扬社会主义核心价值体系的大合唱,形成“舆论全覆盖、媒体全联动”的全面传播之势,提高社会主义核心价值体系对公众的引导力、影响度。在传播社会主义核心价值体系时,不仅党报、党刊、电台、电视台要发挥主力军作用,都市类媒体、网络媒体也要发挥自身优势;不仅新闻报道、专题节目要积极予以弘扬,而且所有娱乐类、体育类节目以至各类广告也都要符合和反映核心价值体系的要求。

第五,协调各方利益,把社会主义核心价值体系构建到利益一致之中。通常说来,在利益一致基础上,人们容易获得相同的感受和体验,容易产生相同的思想和观念,容易形成相同的价值判断和选择。尽管社会主义核心价值体系反映了人民群众的根本利益,但在我国社会主义初级阶段,仍然存在着城乡利益不同、地区利益竞争、阶层利益矛盾、整体与个体利益差别、长远与眼前利益冲突等问题,造成各种各样的利益不一致,甚至利益分歧越来越大,从而形成人们心理认同社会主义核心价值体系的巨大障碍。这就要求深入贯彻落实科学发展观,大力促进社会主义和谐社会建设,在宏观层面上更加关注公平,努力实现人们利益的协调、均衡与和谐。

37　重塑当代人的信仰——提高公民道德素质

2012年7月9日晚,河南省南阳市在西峡县举办了道德模范故事基层巡演活动。演出采用群口数来宝、豫剧、河南坠子、山东快书、小品、歌伴舞等艺术形式,把道德模范的感人事迹展现出来。其中,敬业奉献道德模范杜东翔事迹采用了歌伴舞形式,歌颂了他对工作一丝不苟、勇于奉献的精神;诚实守信道德模范程武超事迹采用了小品形式,再现了他艰苦创业、诚信经营的奋斗史;敬业奉献道德模范张淑琴事迹采用了山东快书形式,诠释了她28年来踏踏实实做人、兢兢业业干事的信念。演出还在县电视台现场直播,全县人民通过电视一起享受道德教育的"精神大餐",全县营造了学习道德模范、争做道德模范的浓厚氛围。

西峡县委副书记朱吉稳在致辞中指出,将以这次活动为契机,大力弘扬道德模范的感人事迹,为全县人民起到模范作用,将道德模范的崇高精神转化为全县干部群众团结奋进的共同财富,使全县人民以道德模范为榜样见贤思齐,从自己做起,携手共进,起到实实在在提高公民道德素质的作用。①

社会是由一个个人组成的复杂集合,社会的有序运行需要从提高

① 河南省南阳市文明办:《南阳市举办道德模范故事汇基层巡演活动》,见中国文明网,2012年7月12日。

公民道德素质水平做起,因为历史和现实都表明,一个国家的公民道德素质的水平直接影响国家综合国力的发挥。这一观点在党的十八大报告中可以清楚体现:全面提高公民道德素质,这是社会主义道德建设的基本任务。要坚持依法治国和以德治国相结合,加强社会公德、职业道德、家庭美德、个人品德教育,弘扬中华传统美德,弘扬时代新风。

公民道德素质是一个长期的行为养成过程。多年以来,随着全社会对提高公民道德素质的重视,公民整体道德素质水平已有显著提高,在社会公德、职业道德、家庭美德等方面,很多模范就生活在我们的身边。他们助人为乐,见义勇为,诚实守信,敬业奉献,孝老爱亲,他们看似平凡,却用自己的平凡践行着社会道德价值。但是,随着社会越来越复杂的发展,一些新的关乎公民道德素质水平的问题又有所抬头,我们在看到公民道德素质水平有所提高的同时,不能忽略目前在公民道德素质建设过程中还存在的一些问题,我们在提高公民道德素质上要做好以下几个方面的工作:

第一,以各种创建活动为载体,全面开展公民道德基本规范教育。公民道德基本规范的教育和培养,应采取群众喜闻乐见、通俗易懂、生动活泼的形式进行,不断把公民道德建设实施纲要的要求灌输到人民群众的头脑之中,使人们潜移默化地受到文明的熏陶,把道德创建活动与具体工作结合起来,贴近基层、贴近群众、贴近生活。如开展“文明职工”、“文明单位”、“文明家庭”创建活动,继续开展“五讲四美三热爱”活动,还可邀请先进人物以作报告,开座谈会等方式互相交流,寓教于文、寓教于乐、寓教于各种创建活动之中。树立可亲可敬、可信可学的道德典型,使职工群众学有榜样,赶有目标,见贤思齐。利用广播、电视、报纸、网络等媒体,传播先进文化,塑造美好心灵,追求真善美,使人民群众在自觉参与中思想感情得到共鸣,精神生活得到充实,道德境界得到提高。引导人们自觉履行法定义务、社会责任、家庭责任,营造劳动光荣、创造伟大的社会氛围，培育知荣辱、讲正气、作奉献、促和谐的良好风尚。

第二，立足长远，坚持不懈提高公民道德素质。公民道德素质建设培养的是观念，塑造的是精神，树立的是风尚。每一种观念的培养，每一种风尚的树立，都需要一个相当长的过程。同样，提高公民道德素质是一个长期的行为养成过程，是一个由量变到质变的循序渐进的发展过程，不可能搞几次活动，作几场报告，公民道德素质就会有突飞猛进的提高。需要做大量的、细致的、长期的工作，我们绝不能急功近利，否则欲速则不达。因此，提高公民道德素质，必须从一点一滴做起，要经常抓，抓经常，做到规范化、制度化。广泛开展志愿服务，推动学雷锋活动、学习宣传道德模范常态化。

第三，以身作则，充分发挥党员干部的模范带头作用。公民道德建设是一个宏伟的系统工程，由于公民的群体性和层次性，对公民道德素质的要求也应有所不同。党员和领导干部代表社会道德发展的方向，对现实道德生活起着基本的价值导向作用。党员、领导干部不但要模范遵守公民道德规范，还要带头发扬，起到表率作用。因此，深入开展道德领域突出问题专项教育和治理，加强政务诚信、商务诚信、社会诚信和司法公信建设。充分发挥党员干部率先垂范、以身作则的先锋模范作用，从而带动职工群众的道德素质由低级向高级、由一般性向先进性发展，使公民道德素质不断提高。

第四，从个人做起，努力培育高尚的道德情操。作为个人，应该加强自身道德修养的提升，从一点一滴做起，培养自己成为一名知行合一、言行一致、热爱祖国、关心集体、诚实守信、乐于奉献的人。具体表现为在社会做一个好公民，在单位做一个好职工，在家庭做一个好成员。养成科学、文明、健康的生活方式和行为习惯，树立正确的世界观、人生观、价值观，培养正确的幸福观。

第五，提高公民道德素质，坚决反对形式主义。提高公民道德素质是一项具体的实实在在的基础性工作，要真抓实干，绝不能雷声大，雨点小，搞形式，走过场。必须结合我国现阶段的特点，找准突破口，要在工作中始终贯穿道德教育。工作要细致，要春风化雨，润物无声，使人们群众自觉养成科学、文明、健康的生活方式和行为习惯，提高人民群众的文化品位。倡导和弘扬求真务实精神、团结互助的人际关系和惩恶扬善的社会风尚，让良好的道德规范成为人民群众的行为准则，从而使公民的道德素质不断得到提高，精神文明建设不断得到加强。

提高公民道德素质，是时代的呼唤，是改革开放和建设有中国特色的社会主义的需要。只有不断提高公民道德素质，加强社会主义精神文明建设，形成“知荣辱、讲正气、树新风、促和谐”的文明风尚，才能把我国真正建设成为富强、民主、文明的社会主义强国。

38 生活富裕了我们干点啥——丰富人民精神文化生活

展望未来五年,全面建成小康社会,生活富裕了我们干点啥?党的十八大报告提出,让人民享有健康丰富的精神文化生活,要坚持面向基层、服务群众,加快推进重点文化惠民工程,加大对农村和欠发达地区文化建设的帮扶力度,继续推动公共文化服务设施向社会免费开放,为新时期丰富人民群众文化生活指明了发展方向。

农业、农村、农民,关乎党和国家事业全局。近年来,在党的农村政策的引领下,农村经济社会发展取得了巨大成就。2003 年初,中央农村工作会议提出:把解决好农业、农村和农民问题作为全党工作的重中之重。2004 年 2 月,中央一号文件重新锁定"三农",拉开重农、强农、惠农政策新篇章。中国共产党人宣告长达 2600 年的"皇粮国税"永远退出历史舞台,中央一号文件提出一手减免农业税收、一手直接补贴农民等措施。2005 年,中央一号文件出台农村义务教育"两免一补"政策。2006 年,全面取消农业税、牧业税、农业特产税和牲畜屠宰税,每年减轻农民负担一千三百多亿元。2007 年,中央一号文件提出在农村实现最低生活保障制度全覆盖。2009 年,国家启动新型农村社会养老保险试点工作,促进城乡基本公共服务均等化迈出关键性步伐。"三农"发展进入又一个黄金时期,粮食生产"八连增",农民收入"八连快"。最近十年成为改革开放以来农民得实惠最多、农业发展最快、农村发展最顺利的时期之一。

2011 年,我国农民人均纯收入达到 6977 元,增量超过千元,创历史新高,同比增长 17.9%。农民生活富裕了,教育和医疗问题得到初步解决。随着农村经济社会面貌的不断改善,在农民的衣食住行问题不断得到解决的情况下,中国共产党人从满足人民群众物质文化生活需要的角度出发,提出了要丰富人民精神文化生活的战略任务。要坚持以人民为中心的创作导向,提高文化产品质量,为人民提供更好更多精神食粮。坚持面向基层、服务群众,加快推进重点文化惠民工程,加大对农村和欠发达地区文化建设的帮扶力度,继续推动公共文化服务设施向社会免费开放。建设优秀传统文化传承体系,弘扬中华优秀传统文化。开展群众性文化活动,开展全民阅读活动。加强和改进网络内容建设,唱响网上主旋律。普及科学知识,弘扬科学精神,提高全民科学素养。广泛开展全民健身运动,促进群众体育和竞技体育全面发展。丰富人民群众的精神文化生活,需要做好以下几个方面的工作:

第一,加大政府投入。形成覆盖全社会的比较完备的公共文化服务体系。对于公益性文化事业,国家要给予足够的扶持,增加对文化基础设施的投入,特别要加大对农村文化建设的投入,如:农家书屋,健身的器材和场地,放映厅等。提高“村村通”的覆盖面和质量,切实使广大群众享受到多层次、广覆盖的文化服务网络和高质量、低成本的文化服务产品。

第二,繁荣文化市场。充分运用高新技术,大力发展新兴文化产业,开拓新兴文化领域,开发高科技文化产品,培育新的经济增长点。应用现代经营方式和先进传媒手段,大力发展连锁经营和物流配送,为广大群众提供方便快捷的文化服务。根据新的消费特点,采取有偿和无偿服务相结合,注重社会效益和注重经济效益相结合,文化经营和其他经营相结合的方针,既可以开书店、游乐中心等,也可以从事其他有偿服务活动,从而逐步增强自我发展能力,促进整个农村文化事业的繁荣发展,丰富广大农民群众的业余文化生活。

第三,重视文化教育。上级部门应多开展一些“送文化下乡”活动,并且应该针对农民需求,丰富“送文化”的形式和内容,提高他们的文化素质,更新他们的思想观念。提高乡村教师的知识水平和道德水平,使农村的孩子能得到良好教育,真正地学到文化知识,提高文化素质。

第四,引导农民参与精神文化活动。在继承发扬优秀的传统文化剧目的基础上,根据农民的消费需求,创造出更多的群众喜闻乐见、乐于接受的文艺作品,特别是在对传统文化经典剧目继承的基础上,编写一些反映时代气息、讴歌时代典型的现代剧目,制作一些歌颂新农村、新农民、新风尚的乡土剧目,更加满足群众日益增长的精神文化需求。兴办一些歌厅、舞厅等自娱自乐场所,多组织一些书画展览、琴棋竞赛等展现个人才华的文娱活动,使群众由被动欣赏变为主动参与,进而使农村文化活动走向多样化。

39 老祖宗留给我们的宝贝——增强中国文化软实力

作为世界四大文明古国之一,我们拥有丰富的文化资源,在历史上曾经占据过重要地位,对世界产生过深远影响。鸦片战争后,中国文化的自身实力和影响力一度跌至谷底。近年来,随着中国国力的逐步强盛,世界不少国家掀起了学习中国语言和文化的热潮,通过各种方式深入地了解中国,中国文化“软实力”得到不断的提升和增强。但是,我们也应当看到,作为文化大国,虽然我们拥有五千年灿烂文明和丰富的文化底蕴,但这只是老祖宗留给我们的宝贝,我们文化“软实力”的发展还尚未达到应有的水平,远远不是文化强国。

第一,我国的文化软实力“软”在哪里?

我国文化软实力的“软”主要表现在以下四个方面:

一是文化资源挖掘利用不够。中国虽然拥有华夏五千年文明孕育出的大量的文化结晶,但却没有把这些文化资源转化为强有力的文化竞争力。在国家大力主导经济发展的时候,人们对文化发展的注意力明显下降,对文化是一种“软实力”的认识也明显不足。仁义礼智信的道德理念影响渐弱、传统经典渐被忘却、传统的文化节日渐不受重视,这就导致大量优秀的文化资源被我们主观所忽略,潜在的文化软实力没有被发掘。

二是文化市场运转不够良好。传统文化的特质注重人文礼仪,与市场经济理念具有一定的差异,跟市场有一定的距离,特别是一些文化产品被注入商业因素,本身的优势资源流失,降低了其本身的品质,结果反而在竞争中处于被动。同时,在社会主义市场经济逐步确立阶段,文化市场运行的不规范,文化产品盗版严重、低俗不健康的产品充斥,使文化市场秩序混乱,严重影响了文化市场的运转。

三是文化冲击比较严重。多年来,中国对外文化交流和传播存在“赤字”的现象。中国图书进出口贸易面对欧美的逆差则达100∶1以上。文艺影视也有类似状况。中国出口到国外上映的电影可谓凤毛麟角,而国外利用中国文化元素拍成的电影在中国市场上份额日益加大。我国传统文化处于受到冲击的不利位置,对外文化交流和竞争没有占据有利的条件,没有发挥其所具有的潜能。

四是文化人才相对紧缺。众所周知,我国有一大批质量很高的文化产品,但在海外没有引起反响甚至受到冷遇,主要原因在于我们缺乏专业文化人才。增强我国文化软实力,需要有一大批发展文化的专业人才,需要有一批懂中国文化,了解世界文化市场,善于市场策划和运作的国际文化经纪人。因此,大力加强对专业性文化人才的培养是我国文化事业发展的当务之急。

第二,如何让我国文化软实力“硬”起来?

党的十八大报告提出了“提高国家文化软实力,发挥文化引领风尚、教育人民、服务社会、推动发展的作用”的号召。我们应当把老祖宗留下的宝贝用好,采取必要措施让我国的文化软实力“硬”起来。

一是激发弘扬中华民族文化的内动力。我国是一个多民族的国家,各民族团结互助、融洽相处,共同孕育了以爱国主义为核心,团结统一、爱好和平、勤劳勇敢、自强不息的独特民族精神。这也是中华民族实现伟大复兴的强大的精神动力。在发展我国文化“软实力”的过程中,应该充分肯定民族文化的瑰宝,大力弘扬和倡导民族精神中优秀的、积极向上的优良传统,在提升文化“软实力”的进程中发挥其应有的作用。

二是打造文化“软实力”的民族品牌。品牌就是影响力，品牌就是效益。在全球文化盛宴的大背景下，打造属于我们民族、我们国家的品牌显得尤为重要。我们应当大力发掘我国文化当中的优秀因子，集中优势资源，优化产业发展模式，强势推出民族品牌，真正实现从“引进来”到“走出去”，从“中国制造”到“中国创造”的转变。

三是完善文化人才培育的结构，提高人才质量。要在国民教育体系中，充分开设文化艺术领域的相关课程，培养合格的一专多能、复合型的文化人才，加强对提升文化“软实力”水平后备军的培育。要保护、支持民间传统艺人，争取保留更多的民间传统文化精品，夯实繁荣我国文化事业的基础。

四是加强对外交流，扩大文化影响。文化“软实力”要在国际竞争中取得优势，文化外交十分重要。要加大文化外交的力度，构筑我国文化与世界各国文化交流的平台，充分展示中国优秀文化的丰富内涵和艺术魅力，把文化外交作为中国与其他国家增进和巩固友谊的重要手段。

40 地球发烧了——应对全球气候变化

后工业化时代，制造难民的可能主要不是惨烈的战争和天灾，而是一个悄无声息的杀手——温暖的气候。“至今恒河三角洲已经有 7000 名环境难民，随着全球变暖和气候变化，海水不断摧毁更多的岛屿，这一数字只会继续增加”，印度贾达普大学（Jadavpur University）海洋环境学院教授帕拉纳比·塞亚尔说。目前，恒河三角洲至少有 13 个面向大海的岛屿处在危险之中。恒河三角洲是世界上最大的红树林基因库，红树林是抵挡热带风暴的天然屏障。但是联合国公布的一项研究表明，海平面只要上升 45 厘米就会摧毁印度东部孟加拉邦和邻近的孟加拉国 10000 平方公里上 75%的森林。① 海平面上升引起的森林摧毁，不仅是对印度等局部地区的损失，更是全球生态可持续发展的不可估量的损失。

中国作为遏制全球变暖的积极力量，比较早的意识到全球变暖将给中国及世界带来严重灾难，因此在国内和国际会议上，都积极呼吁努力做好节能减排工作。党的十八大报告提出：加大自然生态系统和环境保护力度。良好的生态环境是人和社会持续发展的根本基础。要实施重大生态修复工程，增强生态产品生产能力，推进荒漠化、石漠化、水

---

① 网易新闻：“气候变暖：印度恒河三角洲南岛从卫星图上消失”，见 http://news.163.com/09/1103/09/5N6DUGLE000125LI.html，2009 年 11 月 3 日。

土流失综合治理，扩大森林、湖泊、湿地面积，保护生物多样性。加快水利建设，增强城乡防洪抗旱排涝能力。加强防灾减灾体系建设，提高气象、地质、地震灾害防御能力。坚持预防为主、综合治理，以解决损害群众健康的突出环境问题为重点，强化水、大气、土壤等污染防治。坚持共同但有区别的责任原则、公平原则、各自能力原则，同国际社会一道积极应对全球气候变化。

气候变化正成为人类社会可持续发展面临的重大挑战，以及人类生存发展的共同威胁。“自 1750 年以来，全球累计排放了一万多亿吨二氧化碳，其中发达国家排放约占 80%。由于温室气体的排放，近百年来全球地表平均温度上升 0. 74 摄氏度。研究表明，如果气温升高超过 2. 5 摄氏度，全球所有区域都可能遭受不利影响，发展中国家所受损失尤为严重；如果升温 4 摄氏度，则可能对全球生态系统带来不可逆的损害。”①

气候问题既是环境问题，又是发展问题，但归根到底是发展问题，必须靠可持续发展解决。应对全球气候变化需要坚持绿色低碳发展理念，大力发展低碳技术，加大对低碳政策的支持力度。低碳技术竞争将直接决定未来气候变化国际博弈的格局和走向。低碳技术创新是在可持续发展框架下减少温室气体排放的核心手段，也是中国发展低碳经济的关键，对抢占未来低碳技术制高点具有重要战略意义。

第一，坚持绿色低碳发展理念。

联合国计划开发署发表的《2002 中国人类发展报告：绿色发展，必选之路》，首次提出在中国应当选择绿色发展之路。所谓绿色发展之路，就是强调经济发展与保护环境的统一与协调，即更加积极的、以人

---

① 《积极应对全球气候变化 展现负责任大国良好形象》，见 http://www.chinatibetnews.com/huanbao/2009-08/28/content_293564.htm，2012 年 12 月 30 日。

为本的可持续发展之路。绿色发展与以往"先污染、后治理"的"黑色发展"不同,它既追求经济发展,又要求防止环境恶化、生物多样性丧失和不可持续地利用自然资源。

积极倡导低碳消费,培育全民低碳发展的意识,营造低碳消费氛围。大力普及生态知识、增强生态意识、树立生态道德、弘扬生态文明。积极树立符合自然生态原则的价值需求、价值规范和价值目标,将生态化渗入到社会结构中,在社会政策制定、决策实施上,以协调人类与自然之间的关系为基准,以期保证人类活动对自然的最小损害并能够进行生态修复和生态建设。

第二,加大低碳技术创新力度。

增强自主创新能力,研发低碳技术、开发低碳产品。重点着眼于中长期战略技术的储备,整合市场现有的低碳技术,加以迅速推广和应用;理顺企业风险投融资体制,鼓励企业开发低碳等先进技术。

研发清洁能源技术。到 2015 年,中国的能源对外依存程度将进一步提高,大约 2/3 的原油,1/5 的天然气要依赖进口。清洁能源是不排放污染物的能源,包括核电站和可再生能源。可再生能源是指原材料可以再生的能源,如水力发电、风力发电、太阳能、生物能等。可再生能源不存在能源枯竭的可能,因此要高度重视并积极进行开发研究。

第三,加大对低碳政策的支持力度。

积极制定《中国应对气候变化国家方案》和《应对气候变化科技专项行动》。《中国应对气候变化国家方案》明确提出要依靠科技进步和科技创新应对气候变化,发挥科技进步在减缓和适应气候变化中的先导性和基础性作用,促进各种技术的发展以及加快科技创新和技术引进步伐等,并将先进适用技术开发和推广作为温室气体减排的重点领域,包括煤的清洁高效开发和利用技术、油气资源勘探开发利用技术、核电技术、可再生能源技术等。此外,中国还颁布了《应对气候变化科技专项行动》，作为《中国应对气候变化国家方案》实施的科技支撑。

吸引低碳高科技投资，改造或淘汰高能耗、高污染产业。在电力、交通、建筑、冶金、化工、石化等高能耗、高污染的行业率先试点，通过低碳技术的引入和改造，成为探索低碳经济发展的重点领域。选择若干市区开展低碳经济科技示范区试点，制订低碳经济科技示范工作规划和方案，并结合相关示范项目的实施，探索低碳经济的新模式。

开征碳税，增加碳汇。碳税是针对二氧化碳排放所征收的税，是减排温室气体的重要税收制度。它以环境保护为目的，希望通过削减二氧化碳排放来减缓全球变暖。碳汇指自然界中碳的寄存体，是从空气中清除二氧化碳的过程。即捐资造林，让项目产生的碳汇额度用于抵消减排指标。

积极推行碳交易。充分利用节能减排与低碳经济发展之间的政策协同关系，建立适应中国国情的支持低碳经济的市场体系和政策体系。历史经验表明，如果没有市场机制的引入，仅仅通过企业和个人的自愿或强制行为是很难达到减排目标的。

规划先行，在实施禁止开发、保护性开发的区域，建立生态补偿制度。生态补偿既包括对生态系统和自然资源保护所获得效益的奖励或破坏生态系统和自然资源所造成损失的赔偿，也包括对造成环境污染者的收费。目前亟需建立的是基于生态系统服务的生态补偿机制。

只有山川秀美的现代化，没有穷山恶水的现代化。我们不能以降低经济增长和人民生活水平为代价来减排，而应实现发展与减排的双赢，走低能耗、高产出的可持续发展道路。让我们以科学发展观为指导，坚持改革开放，推进节能减排，积极应对气候变化，加快生态文明建设，促进人与自然和谐相处，努力建设美丽中国，实现中华民族永续发展。

41 天更蓝、地更绿、水更清
——打造美丽中国

2011 年 10 月 14 日的《经济参考报》有一篇题为《多地现“癌症村”“土地污染带”疾病防控困难》的文章,文中讲道:湖南省国土资源规划院基础科研部主任张建新说,他们调查了 7 万人 25 年的健康记录后发现,从 1965 年到 2005 年,骨癌、骨痛病人数都呈上升趋势。在重金属污染的重灾区株洲,当地群众的血、尿中镉含量是正常人的 2 至 5 倍。内蒙古的河套地区因土地污染地下水质量较差,造成砷中毒、氟中毒等地方病较为严重的情况。河套地区共有近 30 万人受砷中毒威胁,患病人群超过 2000 人。巴彦淖尔盟五原县杨家疙瘩村是砷中毒的重点区,该村病人多,而且死亡人数也多,主要是以癌症为主,大多在壮年时就由于病魔的折磨而过世。呼和浩特市和林格尔县董家营到托克托县永圣域乡一带是氟中毒的重点区域,地下水氟含量在河套地区最高。该区几个重点村的村民均有不同程度的氟中毒症状。该文记者调查获悉,除了云南、广西,还有湖南、四川、贵州等重金属主产区,在很多矿区周围都已经形成了日渐扩散的重金属污染土地。国土资源部曾公开表示,中国每年有 1200 万吨粮食遭到重金属污染,直接经济损失超过 200 亿元。

这些年,中国的经济总量的确增长很快,但也为此付出了巨大的代价。面对日益遭到破坏的生态环境,党的十八大报告提出:“把生态文明建设放在突出地位,融入经济建设、政治建设、文化建设、社会建设各

方面和全过程，努力建设美丽中国，实现中华民族永续发展”。那么，什么是“美丽中国”呢？

“美丽中国”，为我们展现的是一幅天更蓝，水更清，山更绿，鸟更多，花更美的美丽画面。在全面建成小康社会宏伟目标的指引下，建设美丽中国，就是要保护生态，着力满足人民群众生态需求，维护人民群众生态利益，做好自然之美，实现经济社会的持续健康的科学发展之美。建设美丽中国，是我们党对人民群众迫切诉求的现实回应，充分体现了我们党以人为本、执政为民的理念，顺应了人民群众追求美好生活的新期待。建设美丽中国，就是为了满足人民群众日益增长的绿色需求、生态需求，就是要还大地以绿水青山，还老百姓以绿色家园，使我们的全面小康社会更加美好而且将使我们执政的群众基础更加深厚坚实，实现永续发展、长治久安。

建设“美丽中国”是顺应人民群众追求美好生活的愿望，也是中华民族永续发展的客观要求。随着生活水平的不断提升，人民群众对环境质量、健康水平的关注度越来越高，呈现出从求温饱到盼环保、从谋生计到要生态的转变趋势。近年来，我国经济持续快速发展，取得了举世瞩目的成就。但必须看到，这些成就是建立在高能耗高污染低效能基础上的，造成了生态环境的严重破坏。从整体看，中国仍然是一个缺林少绿、生态脆弱的国家。目前，全国森林覆盖率 20.36%，不及世界 30%的平均水平，沙化土地面积超过国土面积的 1/5，水土流失面积超过国土面积的 1/3，森林资源和生态总量都严重不足，与建设美丽中国的要求相差很大。在一些地方，涉及环境问题的上访、信访量居高不下，由环境问题引发的群体性事件也不断增多，这些问题处理不好，就会影响经济发展、社会和谐。可以说，“山清水秀但贫穷落后不是美丽中国，强大富裕而环境污染同样不是美丽中国”已经成为人们的共识。

我们应该怎样建设“美丽中国”？建设“美丽中国”，愿景美好，任务艰巨。迈向美丽中国的路径,首先离不开环境保护。要坚持生态文明指引,优化国土空间格局、全面促进资源节约、加大自然生态系统和环境保护力度、加强生态文明制度建设。实现美丽中国的目标,不是单纯的节能减排、保护环境的问题,生态文明要融入各方面和全过程。观念上的更新、消费行为的改变需要政府、企业、媒体、公众全方位的参与,绿色价值观引导的绿色政策、绿色生产、绿色消费逐步到位,一个美丽的中国才会如约而至。

建设“美丽中国”,要转换经济发展的路径和模式,切实扭转“高投入、高消耗,高排放、不协调、难循环、低效益”的粗放型经济增长方式,逐步建立起资源节约型产业体系和消费体系。要尽快形成以节地、节水、节能为中心的农业体系,重效益、节时、节能、节约原材料的工业体系,规划科学、设计优良、节地、省材、质量过硬的基本建设体系,节时、节能、重效益的运输体系,适度消费、勤俭节约的生活服务体系和节约资源的消费方式,从战略上构建资源从生产、流通、分配到消费各个环节相互关联、相互制约的有机节约整体,在经济发展目标和生态环境目标之间建立一种最佳的协调机制。要发挥市场对资源配置的基础性作用,建立科学的资源价格形成机制和调节机制,形成合理的资源价格体系,用价格杠杆调节资源利用,改变因资源的低成本、非公开化造成的浪费。

建设“美丽中国”,要转变观念,建立适度的消费模式。如果不顾国情,简单地模仿、攀比一些发达国家的消费方式,将会带来资源的巨大浪费和生态环境的严重失调,甚至造成危害更大的污染灾害。要在全社会推广节能型、节水型的低度消耗资源的适度消费生活体系,减少高能耗、高原材料、高用水的消费,尽量缩小一次性消费的范围。在饮食结构上不宜不加区分地普遍提倡以动物型食品为主,膳食结构仍应以植物型食品为主或动植物并重,注意食品消费结构的合理化,保持中华民族传统的饮食习惯。要提倡相对集中的居住方式,发展公园等公共娱乐场所,提高居住和出行方式的合理水平。

总的来看,“美丽中国”确立了从“人定胜天”的万丈豪情到“必须树立尊重自然、顺应自然、保护自然的生态文明理念”的转变,是对百姓“既要金山银山,也要绿水青山”的直观解读。我们有理由相信,在“美丽中国”理念的指导下,中国将逐渐告别“黑色发展”,走上“前人种树、后人乘凉”的绿色发展之路,一定能实现“给自然留下更多修复空间,给农业留下更多良田,给子孙后代留下天蓝、地绿、水净的美好家园”的美好愿景。

42 再也不能砍树了——实施主体功能区战略

自秦汉以来黄土高原经历了三次滥伐滥垦高潮。第一次,秦汉时期的大规模“屯垦”(边防军有组织大垦荒)和“移民实边”开垦,这次大“屯垦”使晋北陕北的森林遭到大规模破坏。第二次是明王朝推行的大规模“屯垦”,使黄土高原北部的生态环境遭到空前浩劫。据考证,明初在黄土高原北部陕北(延安、绥德、榆林地区)和晋北大力推行“屯田”制,竟强行规定每位边防战士毁林开荒的任务。从这里我们不难看出,明代推行“屯田”制对环境破坏之严重。第三次大垦荒是清代,清代曾推行奖励垦荒制度,垦荒范围自陕北、晋北而北移至内蒙古南部,黄土高原北部和鄂尔多斯高原数以百万亩计的草原被开垦为农田,使大面积的土地沙化,水土流失加剧。①

现如今黄土高坡上严重的水土流失现状提醒我们,为了实现环境、生态的可持续发展,需要全国上下共同关注。党的十八大报告提出:“国土是生态文明建设的空间载体,必须珍惜每一寸国土。要按照人口资源环境相均衡、经济社会生态效益相统一的原则,控制开发强度,调整空间结构,促进生产空间集约高效、生活空间宜居适度、生态空间山清水秀,给自然留下更多修复空间,给农业留下更多良田,给子孙后代留下天蓝、地绿、水净的美好家园。”加快实施主体功能区战略,推动

① SOSO 问问:见 http://wenwen.soso.com/z/q86132563.htm,2008 年 8 月 14 日。

各地区严格按照主体功能定位发展，构建科学合理的城市化格局、农业发展格局、生态安全格局。

国土空间是人类赖以生存和发展的基础。一定尺度的国土空间都具有多种功能，但其中必有一种是主体功能。主体功能区是指根据不同区域的资源环境承载能力、现有开发密度和发展潜力等，将特定区域确定为具有特定主体功能类型的一种空间单元。主体功能区是适应我国国土空间特点的必然要求；是促进区域协调发展、实现人口与经济合理分布的有效途径；是实现可持续发展、提高资源利用率的迫切需求；是坚持以人为本、实现公共服务均等化的客观需要；是提高区域调控水平、增强区域宏观调控有效性的重要措施。

主体功能区是由国家和省（自治区、直辖市）根据九大类指标，经过定量测算来划分的。按开发方式的不同，我国国土空间可分为优化开发区域、重点开发区域、限制开发区域和禁止开发区域四类；按开发内容的不同，上述四类主体功能区又可以分为城市化地区、农产品主产区和重点生态功能区三类；按层级划分可以分为国家和省级两类。

第一，按照国家对重点开发、限制开发和禁止开发的不同要求，明确不同区域的主体功能定位，形成高效、协调、可持续的空间开发格局。优化开发区域是经济比较发达、人口比较密集、开发强度较高、资源环境问题突出，应该进行优化开发的城市化地区。重点开发区是有一定经济基础、资源环境承载能力较强、发展潜力较大、集聚人口和经济的条件较好，应该进行重点开发的城市化地区。重点开发区要着力推进工业化、城镇化，发挥聚集产业和人口的功能。限制开发区要建设生态安全功能区，保障农畜产品供给，重点发展风电、旅游、有机农业以及其他特色产业。在限制开发区的工业发展基础较好、人口相对集聚的乡镇实行“点状开发”，适度发展冶金、煤化工、能源等产业。禁止开发区要实行依法管制、分类管制，严禁不符合主体功能定位的开发活动，引导人口向外逐步有序转移。

第二,推进形成主体功能区,要坚持以人为本,把提高全体人民的生活质量、增强可持续发展能力作为基本原则。各类主体功能区都要推动科学发展,但不同主体功能区在推动科学发展中的主体内容和主要任务不同。根据主体功能定位推动发展,就是深入贯彻落实科学发展观、坚持把发展作为第一要务的现实行动。城市化地区要把增强综合经济实力作为首要任务,同时要保护好耕地和生态;农产品主产区要把增强农业综合生产能力作为首要任务,同时要保护好生态,在不影响主体功能的前提下适度发展非农产业;重点生态功能区要把增强提供生态产品能力作为首要任务,同时可适度发展不影响主体功能的适宜产业。

第三,在主体功能区,实施分类管理的区域政策。加大重点开发区域基础设施建设力度,加快推进城镇化、工业化。鼓励限制开发区域和禁止开发区域人口自愿、平稳、有序向重点开发区域转移。进一步完善财政体制改革,逐步加大公共服务支出比重,实现不同区域间在义务教育、医疗卫生、社会保障、就业服务和环境保护等领域的基本公共服务均等化,逐步缩小区域间公共服务和生活水平的差距。对发展相对滞后地区,在规划指导、项目安排、生态和基础设施建设等方面给予倾斜,促进区域协调发展。

43　空谈误国——加快生态文明制度建设

改革开放三十多年来,我国经济年均增速 9.8%,为同期世界平均水平的 3 倍。现在 GDP 总量已跃居世界第二,可以说成就辉煌。但我们必须看到,由于片面追求 GDP 的高速增长,忽略了保护环境以及节约自然资源,在经济增长的同时,给环境和资源带来了极大的损失和破坏,为经济社会的可持续发展带来了严重影响。因此,我们必须转变经济发展方式,推动节约资源、环境保护与社会可持续发展。

党的十八大报告提出了要加强生态文明制度建设,就是把环境公平正义的要求体现到经济社会决策和管理中,加大制度创新力度,建立健全法律、政策和体制机制。这一论断充分体现了党中央对生态文明建设意义的深刻认识,对生态文明建设地位的准确把握,对生态文明建设路径的精心部署。

生态文明制度建设是生态文明建设的根本保障,它为生态文明建设提供规范和监督、约束力量。没有制度建设的制定、执行和完善,就没有生态文明建设实践的发展和完成。

生态文明制度建设是生态文明建设必不可少的制度支持,它的实施将带来人们的生产方式和生活方式的转变。因此,在制定实施的过程中必然会遭遇各种矛盾和挑战。这些矛盾与挑战既可能来自于传统观念的束缚,也可能来自既得利益的阻碍,还可能来自于技术条件落后的制约等方面的原因。生态文明制度建设是一个庞大的系统工程,要动员和整合全社会的力量加以推进;要把生态文明作为落实科学发展观的战略任务融入各级政府的决策、评价、考核之中;要把生态文明建设作为世纪工程、基础文明建设来实施;要实施教育优先、规划优先、补偿优先三大战略;着力实现从现代化到生态现代化的发展方式、消费方式、管理方式、创新方式四大转变。

制定生态文明发展的总体规划。制定一个相应的发展规划是生态文明制度建设取得成功的必不可少的环节。从国家层面上,要制定长远的国家级的发展规划,统一协调和制定国内经济、政治、文化等各个领域发展的方针、政策、目标和计划。各个地方的生态发展规划根据国家规划的精神,结合自身的条件和特点制定本地区的具体发展规划。国家级的规划应以原则性为主。各个地方性的规划,应该在国家规划所设定的框架内,结合当地的实际情况,制定较为具体的方案。

加快相关法律法规建设。首先,要在借鉴国外先进经验的基础上,加快我国的环境立法,针对环境资源中的新问题,加快环境与资源立法的国际交流与合作,引进环境与资源保护的新理念和新的立法手段。其次,要抓紧制定有关土壤污染、化学物质污染、生态保护、遗传资源、生物安全、臭氧层保护、核安全、环境损害赔偿和环境监测等方面的法律法规草案。逐渐完善我国的环境法律法规,对违法行为要加大处罚力度。对于现有的环境技术规范和标准体系,应该根据实际情况,适当进行修订,使环境标准与环境保护目标能够做到相互衔接。再次,要在法律法规上落实生态补偿机制,按照“资源有偿使用”的原则,建立生态环境补偿制度。坚持“受益者或破坏者支付,保护者或受害者被偿”的原则,严格征收各类资源有偿使用费,完善资源开发利用、节约和保护机制。最后,要完善地方的环境立法,地方环境的生态立法要突出重点,兼顾其他方面。坚持现实性和前瞻性相结合的原则,根据本地区的实际情况,在科学预见的基础上超前立法,弥补国家立法的滞后性。

转变政府职能。要强化政府的能源、减排和任期绿化目标等工作责任制，各级领导干部要树立正确的发展观和生态观。各级政府应为推进生态文明建设提供制度基础、社会基础以及相应的政治保障，把生态文明建设的绩效纳入各级党委、政府及领导干部的政绩考核体系。抓紧建立地区资源节约和生态环境建设、保护绩效评价体系，完善相关制度和技术手段。建立健全监督制约机制，建设或规划的项目对生态环境有重大影响的要进行专家论证，重大污染环境项目要立即停止。要自觉公开环境信息，对涉及公众环境权益的发展规划和建设项目，要通过开听证会或社会公示等形式听取公众意见，接受社会监督。通过建立和实施生态环境违法违规责任追究制度，强化生态行政能力，打造生态型政府，建立有关政策体系，推进生态民主建设。提高生态行政能力，从根本上建设生态文明社会，必须从主要用行政办法保护生态转变为综合运用法律、经济、技术和必要的行政办法解决问题。①

① 赵建军：《加快推进生态文明制度建设》，《光明日报》2012年12月25日。

44 中国人的航母梦——未来国防建设

据国防部网2012年9月25日报道，中国首艘航空母舰“辽宁”号正式交接入列。航母入列，对于提高中国海军综合作战力量现代化水平、增强防卫作战能力，发展远海合作与应对非传统安全威胁能力，有效维护国家主权、安全和发展利益，促进世界和平与共同发展，具有重要意义。中国首艘航空母舰正式交付中国人民解放军海军，标志着中国人梦寐已久的航母梦终于实现了。但是我们不得不清醒的面对现实，同发达国家相比，中国人的航母之路依旧任重而道远，中国的国防和军队现代化建设任务仍然艰巨。

党的十八大报告提出：“建设与我国国际地位相称、与国家安全和发展利益相适应的巩固国防和强大军队，是我国现代化建设的战略任务。我国面临的生存安全问题和发展安全问题、传统安全威胁和非传统安全威胁相互交织，要求国防和军队现代化建设有一个大的发展。必须坚持以国家核心安全需求为导向，统筹经济建设和国防建设，按照国防和军队现代化建设‘三步走’战略构想，加紧完成机械化和信息化建设双重历史任务，力争到2020年基本实现机械化，信息化建设取得重大进展。”

2012年9月25日，中国第一艘航空母舰“辽宁号”正式交付海军服役，从此中国向世界宣告结束无航母时代，这一具有划时代意义的重大事件将载入史册，标志着中国海军由近海防御转向远洋战略的重大突破。航母是多技术、多产业的集成与交融，凝结了一个军事大国所有的战略产业能力，有利于增强国家军事实力和威慑力。

中华民族的屈辱历史表明，落后就要挨打。1840 年第一次鸦片战争，清政府签订了近代中国第一个不平等条约《南京条约》；1856 年第二次鸦片战争，清政府先后签订《天津条约》、《北京条约》等不平等条约，半殖民地半封建化加深；1860 年英法联军进入北京，火烧圆明园；1900 年八国联军进入北京，洗劫北京城；1937 年 7 月，"七七事变"爆发，日寇发动全面侵华战争；1937 年 12 月，日寇占领南京，制造骇人听闻的"南京大屠杀"……以上事件书写着国家的屈辱、人民的耻辱，迫使中国人民长期处于水深火热之中。

当今国际舞台上，强权政治盛行，风云变幻莫测。目前，我军的信息化、现代化水平与西方军事强国存在明显差距。保卫祖国，维护国家统一和领土完整，做好军事斗争准备，是我军肩负的神圣而又艰巨的历史使命。能战方能言和，国家的军事实力越强大，运用武力的意志愈坚定，达成和平结果的可能性就越大。为实现中华民族的伟大复兴，必须统筹国家安全与发展战略全局，将安全与发展铸造成为体现国家整体利益的"一块整钢"，建设巩固的国防和强大的军队。

第一，加速完成机械化。机械化是信息化的基础，信息化是机械化的必然发展趋势。在积极推进信息化进程的同时，带动并加速推进尚未完成的机械化进程，以信息化带动机械化，以机械化促进信息化，实现机械化和信息化建设的复合式发展。中国人民解放军经过了骡马化、摩托化、半机械化后，开始完成机械化和信息化的双重历史任务。

第二，加强军队信息化建设。军队信息化，是指在党中央和中央军委的统一领导下，根据新时期军事战略方针和军队建设规律，着眼未来信息化战争需要，以信息技术及其成果应用为动力，以信息网络为基础，以军队指挥信息系统为核心，通过对信息资源的开发和利用，对军队建设的各个方面和战斗力形成的各个环节，进行信息改造和融合，最终实现军队形态信息化的过程和目标。

信息化的鲜明标志是组建数字化部队。数字化部队是指以计算机为支撑，以数字技术联网，从单兵到各级指挥员，从各种战斗、战斗支援到战斗保障系统都具备战场信息的获取、传输及处理功能的部队。它能够达到战场信息的最快获取、人和武器的最佳结合、指挥员对士兵的最佳指挥效益。夯实我军信息化建设的基础，是确保我军信息化健康快速发展的关键。我们要通过信息技术的开发与应用，促进信息与武器装备的有效结合，促进军人信息素质的提高，促进以信息作战能力为主导的军队整体作战能力的提高。

第三，加强国防科技人才队伍建设。深入实施“以人为本、着力创新、高端引领、服务发展”的人才兴业战略，培养一批具有强烈的信息意识、丰富的信息知识和高超的信息技能，适于建设信息化军队和打信息化战争的领军型军工核心人才。注重发挥实践锻炼人才的重要作用，通过重大专项实施、重点装备研制、重大技术攻关等科研任务，造就并发现科技领军人才。重视创新团队建设，加强对科研生产一线高层次专业技能人才的培养力度。

45 国家强盛之本——国防和军队现代化

自从有了国家,便有了国家利益。国防兴衰,武备强弱,维系着国家的安全,人民的幸福,民族的尊严,社会的发展,甚至人类的文明进步。国防,乃国家生死存亡之道也。“国不可一日无防”,有国就要有防。国防,是国家防务的总称,指一个国家为维护自己的安全利益,综合运用军事及与军事有关的政治、经济、外交、科技、文化等手段,进行捍卫国家主权、领土完整和防止外来侵略和颠覆等方面斗争和建设的总和。维护国家安全利益,是国防的根本职能;捍卫国家主权、领土完整和防止外来的侵略和颠覆,是国防的主要任务。

国防随着国家的产生而产生,随着国家的发展而发展,国防的历史和国家的历史一样漫长而悠久。一个国家,从它诞生之日起,首要的任务就是固疆强边,以武力抵御外来侵略,巩固自己新生的政权,国防是国家赖以生存的根本保证,国不能一日无防,只有国家到了消亡之日,才是国防使命的终结之时。世界各国无论其发展模式怎样不同,发展阶段如何差异,但国防建设却是各国始终如一的建设重点,国防是一项长期的事业。古语说,“覆巢之下,安有完卵?”国防所要保卫的是全体人民共同的根本利益,没有牢固的国防,集体利益、家庭利益、个人利益就没有保障。

新时期,加强国防和军队现代化建设显得十分必要而紧迫。我国发展仍处于可以大有作为的重要战略机遇期,但我国安全环境更趋复杂,安全问题的综合性、复杂性、多变性显著增强,面临外部环境的考验更加严峻。随着世界经济重心加速由西方向东方转移,亚太地区成为全球地缘战略角逐的焦点,特别是美国把战略重心转向亚太地区,推行亚太“再平衡”战略,牵动亚太地区政治、经济和战略格局发生历史性变化和调整,我国周边安全环境不稳定不确定因素增加。作为社会主义国家和世界大国中唯一尚未实现完全统一的国家,我国面临维护政治安全、领土主权完整和社会稳定的艰巨任务,决定了我们必须加快国防和军队现代化建设。

近年来,党中央着眼于国家安全和发展战略全局,大力加强国防和军队建设,我国国防实力大幅提升,中国特色军事变革取得重大成就,军队革命化现代化正规化建设协调推进、全面加强,军事斗争准备不断拓展和深化,我军信息化条件下威慑和实战能力显著增强。但是,我们必须看到,与国家安全和发展需求相比,国防和军队现代化水平还存在较大差距。国防和军队建设的主要矛盾,仍然是现代化水平与打赢信息化条件下局部战争的要求不相适应、军事能力与履行新世纪新阶段我军历史使命的要求不相适应。从总量和人均我们必须保持清醒头脑,正确认识我国国防实力和军队建设的历史方位,进一步增强使命感、责任感和紧迫感,努力使国防和军队现代化建设有一个大的发展。

党的十八大报告从国家和平发展的战略要求出发,鲜明指出:“中国奉行防御性的国防政策,加强国防建设的目的是维护国家主权、安全、领土完整,保障国家和平发展。”这是我们对国际社会种种关切的有力回应,是向世界作出的郑重宣示。中国奉行防御性国防政策,是由中国的社会主义性质和国家根本利益决定的,是和平发展战略的重要组成部分,从属于和平发展战略。无论现在还是将来,不论发展到什么程度,中国都不会凭借武力侵略、扩张、欺负别国,但必须防止别人把战争强加在我们头上,或者以武力相威胁攫取和损害中国国家利益。加强国防和军队现代化建设，既是中国作为一个主权国家的正当诉求，是保障中国和平发展权利、保卫中国和平发展成果的需要，也是中国防御性国防政策的重要内容。

加强国防和军队现代化建设，必须坚持以推动国防和军队建设科学发展为主题，以加快转变战斗力生成模式为主线，全面加强军队革命化现代化正规化建设，造就更多的像电视剧《士兵突击》中“许三多”式的优秀士兵，切实履行新世纪新阶段我军历史使命，为全面建成小康社会提供重要力量支撑和坚强安全保障。

46 “中国威胁论”的阴谋——中国国防政策

当今世界正在发生深刻复杂变化。世界多极化、经济全球化深入发展,文化多样化、社会信息化持续推进,科技革命孕育新突破,全球合作向多层次全方位拓展,各国相互依存日益加深;新兴市场国家和发展中国家整体实力增强,国际力量对比朝着有利于维护世界和平方向发展,保持国际形势总体稳定具备更多有利条件。和平、发展、合作是时代的呼唤,是各国人民共同利益之所在。但是与此同时,由于世界经济复苏的不稳定性、不确定性上升,国际和地区热点此起彼伏,世界和平与发展面临新的机遇和挑战,世界仍然很不安宁。

新中国成立以来,特别是改革开放的三十多年来,我国整体的综合实力显著增强,国际地位逐步提高。在新的历史阶段里,结合国内外复杂多变的形势,我国积极努力地为促进人类和平与发展的崇高事业作出新的贡献,我们主张,在国际关系中弘扬平等互信、包容互鉴、合作共赢的精神,共同维护国际公平正义。所谓的“中国威胁论”阴谋,显然是某些别有用心的国家处心积虑虚构的中国的妖魔化形象。在我国的国防外交政策面前,“中国威胁论”无地自容、不攻自破。

中国将继续恪守维护世界和平、促进共同发展的外交政策宗旨,坚持独立自主的和平外交政策,始终不渝走和平发展道路,始终不渝奉行互利共赢的开放战略,在和平共处五项原则的基础上发展同各国的友好交往和互利合作,积极参与应对全球性问题的国际合作。中国将继续高举和平、发展、合作、共赢的旗帜，坚定不移致力于维护世界和平、促进共同发展。

中国将始终不渝走和平发展道路，坚定奉行独立自主的和平外交政策。我们坚决维护国家主权、安全、发展利益，决不会屈服于任何外来压力。我们根据事情本身的是非曲直决定自己的立场和政策，秉持公道，伸张正义。中国主张和平解决国际争端和热点问题，反对动辄诉诸武力或以武力相威胁，反对颠覆别国合法政权，反对一切形式的恐怖主义。中国反对各种形式的霸权主义和强权政治，永远不称霸，永远不搞扩张。中国将坚持把中国人民利益同各国人民共同利益结合起来，以更加积极的姿态参与国际事务，发挥负责任大国作用，共同应对全球性挑战。

中国将始终不渝奉行互利共赢的开放战略，通过深化合作促进世界经济强劲、可持续、平衡增长。中国致力于缩小南北差距，支持发展中国家增强自主发展能力。中国将加强同主要经济体宏观经济政策协调，通过协商妥善解决经贸摩擦。中国坚持权利和义务相平衡，积极参与全球经济治理，推动贸易和投资自由化便利化，反对各种形式的保护主义。

中国坚持在和平共处五项原则基础上全面发展同各国的友好合作。五项原则指的是互相尊重主权和领土完整、互不侵犯、互不干涉内政、平等互利、和平共处。在与发达国家方面，我们将改善和发展关系，拓宽合作领域，妥善处理分歧，推动建立长期稳定健康发展的新型大国关系；在与邻国方面，我们将坚持与邻为善、以邻为伴，巩固睦邻友好，深化互利合作，努力使自身发展更好惠及周边国家；在与发展中国家方面，我们将加强同广大发展中国家的团结合作，共同维护发展中国家正当权益，支持扩大发展中国家在国际事务中的代表性和发言权，永远做发展中国家的可靠朋友和真诚伙伴；我们将积极参与多边事务，推动国际秩序和国际体系朝着公正合理的方向发展;我们将扎实推进公共和人文外交,维护我国海外合法权益;我们将开展同各国政党和政治组织的友好往来,加强人大、政协、地方、民间团体的对外交流,夯实国家关系发展社会基础。

人类只有一个地球,各国共处一个世界。历史昭示我们,弱肉强食不是人类共存之道,穷兵黩武无法带来美好世界。要和平不要战争,要发展不要贫穷,要合作不要对抗,推动建设持久和平、共同繁荣的和谐世界,是各国人民共同愿望。中国人民热爱和平、渴望发展,愿同各国人民一道为人类和平与发展的崇高事业而不懈努力。

47 “一国两制”的成功实践——香港、澳门繁荣稳定

香港、澳门回归以来，走上了同祖国内地优势互补、共同发展的宽广道路，“一国两制”实践取得举世公认的成功。中央政府对香港、澳门实行的各项方针政策，根本宗旨是维护国家主权、安全、发展利益，保持香港、澳门长期繁荣稳定。

香港在回归祖国的十多年来，维持自由港经济体制，保持了经济稳定发展，提升了国际金融、贸易和航运中心地位。1997年~2010年间，香港本地生产总值（除2008年~2009年金融危机外）年均增速为2.0%；2004年实施CEPA（中央与香港签署的《关于建立更紧密经贸关系的安排》）以来增速更是明显加快，2004年~2010年（除2008年~2009年金融危机外）增速均在6%以上，高于同期的韩国等地；香港的经济规模显著扩大，1997年香港本地生产总值为10979亿人民币，至2010年末达到14027亿人民币，增幅达到28%，其对外贸易总额、主要行业收益率等均有较大幅度增长；香港人均GDP稳居世界前列，由1997年的169187元人民币提高到2010年的198450元人民币，增幅达17.3%，在亚洲排名第四，世界排名第二十三。应当指出的是，签订和实施CEPA，使得香港与内地经贸关系日益紧密，促进了香港与内地之间逐渐实现货物贸易自由化、服务贸易自由化和投资便利化。

澳门自回归祖国以来，经济和社会都得到了较快发展。据中新社澳门2012年3月16日电：澳门统计暨普查局16日公布的数据显示，

澳门2011年全年本地生产总值为2921亿元(澳门元,下同),实质增长率为20.7%;人均本地生产总值超过53万元(约66311美元),增长率位居亚洲前茅。澳门统计暨普查局指出,2011年澳门经济增长的主要动力来自服务出口升幅,以及内部需求扩大。其中,博彩服务出口增加34.6%、旅客总消费上升7.2%;加上就业人数及工作收入上升,带动私人消费支出增加10.2%。在本地生产总值结构方面,旅游博彩服务出口上升,推动货物及服务净出口增加27.9%,高于经济增长水平。而其他组成部分则有所回落,投资的比重轻微下降至13.2%、私人消费支出的比重由22.7%下降至20.7%、政府最终消费支出的比重亦由8.1%下降至7.4%。据分析,2011年澳门经济的高速增长,主要得益于旅客的增加,带动博彩毛收入上升了41.9%;另外,政府公共投资的大幅增加以及零售业销售额超过四成的增幅,也为澳门经济发展注入了强劲动力。

香港和澳门的长期繁荣稳定,得益于全面准确贯彻"一国两制"的方针,得益于坚持一国原则和尊重两制差异、维护中央权力和保障特别行政区高度自治权、发挥祖国内地坚强后盾作用和提高港澳自身竞争力。党的十八大报告指出:"全面准确贯彻'一国两制'、'港人治港'、'澳人治澳'、高度自治的方针,必须把坚持一国原则和尊重两制差异、维护中央权力和保障特别行政区高度自治权、发挥祖国内地坚强后盾作用和提高港澳自身竞争力有机结合起来,任何时候都不能偏废。"从港澳回归以来的情况看,强调把握好这三对关系非常重要。

党的十八大报告中指出:"中央政府将严格依照基本法办事,完善与基本法实施相关的制度和机制,坚定支持特别行政区行政长官和政府依法施政,带领香港、澳门各界人士集中精力发展经济、切实有效改善民生、循序渐进推进民主、包容共济促进和谐,深化内地与香港、澳门经贸关系,推进各领域交流合作,促进香港同胞、澳门同胞在爱国爱港、爱国爱澳旗帜下的大团结,防范和遏制外部势力干预港澳事务。”

我们坚信,香港和澳门同胞不仅有智慧、有能力、有办法把特别行政区管理好、建设好,也一定能在国家事务中发挥积极作用,同全国各族人民一道共享做中国人的尊严和荣耀。

48 海峡两岸的梦——台湾问题

台湾(Taiwan),是中国神圣领土不可分割的一部分。历史上,台湾曾先后被西班牙、荷兰、日本占领。抗日战争胜利后,台湾重归中国的版图。由于解放战争后国民党于1949年退守台湾,使得台湾与祖国大陆处于分离的状态。六十多年来,台湾的政治、经济、文化、社会等发生了巨大变化。台湾岛是中国的第一大岛,位于祖国东南沿海的大陆架上。台湾扼西太平洋航道的中心,是中国与太平洋地区各国海上联系的重要交通枢纽。

解决台湾问题,实现祖国和平统一是我们矢志不渝的奋斗目标。新中国成立六十多年来,从最初的"武力解放"到"和平解放",从"和平统一、一国两制"再到"和平发展,建设共同家园",始终坚持一个中国原则,捍卫国家主权,遏制"台独",维护中华民族的根本利益,根据国内外形势发展变化,与时俱进地调整对台工作的政策。

事实证明,和平统一最符合包括台湾同胞在内的中华民族的根本利益。实现和平统一首先要确保两岸关系和平发展。必须坚持"和平统一、一国两制"方针,坚持发展两岸关系、推进祖国和平统一进程的八项主张,全面贯彻两岸关系和平发展重要思想,巩固和深化两岸关系和平发展的政治、经济、文化、社会基础,为和平统一创造更充分的条件。

1979年,全国人大发表《告台湾同胞书》以来,祖国大陆一直坚持不懈地努力推动结束两岸敌对状态的政治谈判,以实现两岸关系全面正常化。1992年,祖国大陆的“海峡两岸关系协会”与由台湾方面官方授权的民间性中介机构“海峡交流基金会”在香港商谈,就海峡两岸事务性(公证书使用)商谈中如何表述坚持一个中国原则的问题进行了讨论,双方达成了“海峡两岸均坚持一个中国原则,努力谋求国家的统一”的共识(简称“九二共识”)。

1995年,江泽民同志根据国际国内的新形势和两岸关系发展的新状况,为巩固十几年来两岸关系发展的成果,遏制“台独”分裂势力,防止外国势力插手台湾问题,推动祖国和平统一进程,代表中国共产党和中国政府发表了题为《为促进祖国统一大业的完成而继续奋斗》的电视讲话,精辟地阐述了邓小平同志关于“和平统一、一国两制”的思想精髓,并就现阶段发展两岸关系、推动祖国统一进程提出了八项主张,即坚持一个中国的原则,是实现和平统一的基础和前提;对于台湾同外国发展民间性经济文化关系,我们不持异议;进行海峡两岸和平统一谈判,是我们的一贯主张;努力实现和平统一,中国人不打中国人;面向21世纪世界经济的发展,要大力发展两岸经济交流与合作,以利于两岸经济共同繁荣,造福整个中华民族;中华各族儿女共同创造的五千年灿烂文化,始终是维系全体中国人的精神纽带,也是实现和平统一的一个重要基础;2100万台湾同胞,不论是台湾省籍还是其他省籍,都是中国人,都是骨肉同胞、手足兄弟;我们欢迎台湾当局的领导人以适当身份前来访问;我们也愿意接受台湾方面的邀请,前往台湾。

2005年,应中共中央和时任中共中央总书记胡锦涛的邀请,中国国民党主席连战对祖国大陆的破冰之旅,最大意义是不仅让台湾民众首次对祖国大陆有了一定客观、理性、直接、真实的了解,而且结束了国共之间的恩恩怨怨,揭开了两党关系新的一页,为两岸关系走向正常化迈出了关键性的一步。

2008年,胡锦涛同志在纪念《告台湾同胞书》发表30周年座谈会上发表重要讲话，全面回顾了30年来在邓小平同志确立的“和平统一、一国两制”方针和江泽民同志提出的“八项主张”指引下两岸关系发展取得的历史性成就，深刻总结了30年来对台工作的基本经验，在中央对台工作大政方针基础上，站在全民族发展的高度，首次全面系统阐述了两岸关系和平发展的重要思想和政策主张，为在历史新起点上推动两岸关系指明了前进方向，成为新形势下对台工作的指导方针。

两岸关系和平发展必须坚持在一个中国原则的基础上，持续推进两岸的交流合作。深化经济合作，厚植共同利益。扩大文化交流，增强民族认同。密切人民往来，融洽同胞感情。促进平等协商，加强制度建设。希望双方共同努力，探讨在国家尚未统一特殊情况下的两岸政治关系，做出合情合理安排；商谈建立两岸军事安全互信机制，稳定台海局势；协商达成两岸和平协议，开创两岸关系和平发展新前景。

两岸关系和平发展，不仅使台湾经济较快走出了国际金融危机的阴霾，而且给台湾民众特别是工商界带来了巨大的红利。祖国大陆民众到台湾旅游带动了当地的就业，从出租司机到餐饮等服务行业都是直接受益者。尤其是祖国大陆从中央到各省市络绎不绝地赴台湾采购，使岛内无论是中南部农渔民还是工商企业界都直接受益。台湾社会越来越多的人认识到，在全球经济不景气的情况下，台湾唯一能靠得住的市场就是祖国大陆，台湾的经济发展离不开祖国大陆。

两岸关系大发展让台湾民众看到了台湾发展的前景和希望，维护与不断深化两岸关系和平发展是民心所向、大势所趋。两岸同胞同属中华民族，是血脉相连的命运共同体，理应相互关爱信赖，共同推进两岸关系，共同享有发展成果。“台独”分裂行径损害两岸同胞共同利益，必然走向彻底失败。全体中华儿女携手努力，就一定能在同心实现中华民族伟大复兴进程中完成祖国统一大业。

49 大国的责任——中国外交

随着中国的综合实力日益增强，在国际上负责任的大国形象日益树立，进入新的世纪，中国更是以前所未有的深度和广度，参与到反恐、防扩散、应对气候变化等全球性问题的讨论和解决中。例如，1992 年 6 月，中国政府签署了《联合国气候变化框架公约》。2006 年，《中华人民共和国国民经济和社会发展第十一个五年规划纲要》确定了节能减排的目标任务。中国建设性地参加气候变化国际会议和国际谈判，为保护全球气候作出了积极的贡献。① 中国将继续在推动世界发展、促进人类和睦、构建和谐世界的过程中，成为国际社会负责任的一员。

党的十八大报告在第十一章"继续促进人类和平与发展的崇高事业"中指出："中国将坚持把中国人民利益同各国人民共同利益结合起来，以更加积极的姿态参与国际事务，发挥负责任大国作用，共同应对全球性挑战。"这是党依据当下的国际环境和国际形势所提出的与其他国家交往的方针政策和所要坚持的原则立场。

和平与发展是当今世界的主题，也是中国一向坚持的外交原则。当前，人类的和平与发展仍面临众多问题和挑战：一是霸权主义和强权政治依然存在，历史遗留问题使得国与国之间，地区与地区之间依旧摩擦不断，再加上一些超级大国依仗自己本国的经济和军事实力，肆无忌

① 网易新闻：《中国负责任大国形象日益确立》，见 http://news.163.com/09/0910/15/5IS2IR2F000120GU.html，2012 年 12 月 27 日。

惮地干涉别国内政,加重区域之间的矛盾,使得局部战争和军事冲突频发,严重影响世界和平;二是恐怖主义事件不断发生,宗教信仰派系之间矛盾突出,各种民族团体、宗教狂热者、政治组织利用恐怖主义扰乱正常的国际秩序;三是在经济全球化的背景下,发达国家把发生在本国的金融危机的矛盾向发展中国家转移,激烈的经济竞争加剧了国与国之间的差距;四是国际责任分配不均,比如全球变暖,核武器管理等问题,发达国家对于我国的快速发展心态极其不平衡,经常在环境保护、经贸等问题上面做文章,限制我国的发展。

改革开放以来,我国的综合国力大幅增强,国际地位不断提升。中国在发展自己实力的同时,始终坚持推进与世界各国的共同发展,为世界和谐和可持续发展贡献力量。

一是凭借自己的国力帮助其他国家的发展。欧债危机的发生,中国并没有像其他国家那样大量撤出资金,而是积极向国际货币基金组织增资430亿元,支持欧洲应对欧债问题。与此同时,积极同北欧国家开展地热等方面的合作和加快同瑞士、冰岛、瑞典的自贸谈判。作为世界第二大经济体,中国向国际社会传递出了应对欧债危机的信心。中国积极帮助发展中国家增强自主发展和可持续发展能力。从2001年到2011年,中国累计对外提供各类援款一千七百多亿元人民币,免除50个重债穷国和最不发达国家约300亿人民币债务,承诺对同中国建交的最不发达国家97%的税目的产品给予零关税待遇,为173个发展中国家和13个地区性国际组织培训各类人员6万多名。

二是积极参与国际事务,发挥负责任大国作用。在全球治理领域,中国长期以来积极倡导建立公平合理、平等互利的国际政治经济新秩序。2012年6月,中国作为新兴大国出席了联合国可持续发展大会,该会议集中讨论绿色经济在可持续发展和消除贫困方面的作用以及可持续发展的体制框架,中国作为发展中的大国,向大会发出了采取有力措施解决发展中国家面临的困难和问题的声音,作为负责任的大国,中国代表团在积极推动与各方利益达成共识方面作出了重要贡献,提出了要充分考虑发展中国家与发达国家不同的发展阶段和发展水平,正视发展中国家面临的困难和问题,切实帮助其实现可持续发展目标。中国领导的出席被认为是发展中国家在世界舞台上参与世界发展事务的一个转折点。中国不仅能在各种各样的国际性会议中代表发展中国家参与全球发展的讨论,在国际性事务中也发挥着重要作用。以联合国维和行动为例,自 2000 年 1 月首次出征以来,中国维和警察执行建设和谐世界的理念,从首批的 15 人维和警察队伍,到目前向联合国总部和东帝汶、波黑、利比里亚、阿富汗、科索沃、苏丹、海地、南苏丹等 9 项维和行动累计派遣维和警察 17390 人次,中国维和警察的足迹已遍布亚、非、欧、美各大洲。中国积极参与维和行动,显示了中国作为"负责任大国"的国际形象,表明了中国维护世界和平的坚强决心。

未来的发展,中国将面临众多的国际压力和挑战。经历了三十多年的改革开放,中国在政治、经济、科技、军事等各个方面都有了长足的进步,世界各国都在注视着中国的崛起。中国的崛起对于世界的发展带来什么,各个国家有着不同的解读。美国右翼视中国的发展为"威胁",认为中国的发展会威胁到世界经济社会的安全稳定,尤其是中西文化价值观的差异,西方媒体在报道中国问题上有失公正和客观。中国军队现代化完全是出于对于国家领土安全的考虑,钓鱼岛问题、南海问题,一旦需要用武力解决的时候,中国军队只是向世界证明我们是有这个能力的。而并不是像美国、日本等大肆炒作的"中国航母威胁论",用谣言企图扼制中国军队现代化的发展。中国不惧怕任何国家的威胁,也不会威胁任何国家,中国的发展追求的是和平的发展,与世界融合的发展。中国作为四大文明古国之一,在与世界交往发展的过程中,改变的不仅是自己落后的面貌,还要树立一个富有包容思想、敢于担负责任的文明大国的形象。中国有能力在当下世界各国相互依存又相互竞争的利益格局中担此大任。可以说,现如今中国的发展离不开世界,世界的和平发展也离不开中国。

50 WTO 是狼来了还是羊来了——中国开放战略

自 1992 年以来,中国理论界从不同的视角展开了对中国加入 WTO 的利弊分析。然而,更多的分析是在经济学的框架内展开的,而事实上,这是关系到一个民族未来生存的重大问题,单纯的经济学分析有失简单化。中国加入 WTO,循着对经济影响的深入化,必将对置于经济生活之上的文化生活、民族心理与情感、民族理性价值、人们的思维方式、社会文化结构、政治构造等多方面产生深刻的影响,并使之发生渐变或突变。这是中国在未来经济、政治与文化生活中面临着的不可回避的、更为深层次的问题。

党的十八大报告指出:“中国将始终不渝奉行互利共赢的开放战略,通过深化合作促进世界经济强劲、可持续、平衡增长。”对外开放战略,是中国经济发展必须长期坚持的政策,中国正在迈入新的发展阶段,以开放促发展,是中国改革道路的一条独特经验。加入 WTO 使中国构建了开放经济的体制机制,有力地推进了国内经济体制改革,在今后的发展中,中国经济还需继续以开放促进改革,以改革深化开放,实现基于对外开放的增长模式,提升在全球经济中的竞争力。

第一,中国加入 WTO 以后的挑战和机遇。经过三十多年的发展,中国的经济实力今非昔比。30 年前的中国是一个低收入发展中国家,占据世界贸易额的比重不足 1%,而如今,中国对外贸易总额已超过 3.8 万亿美元,是世界上开放程度最高的国家之一。今天的中国是深度融入世界的第二大经济体，她已经不是国际经济体系的外生变量，而是能够影响国际经济环境的重要内生变量。

目前，中国已成为名副其实的第二大世界经济体。随着中国经济的增长，中国将向世界提供更大的市场，成为更加活跃的经济大国。随之而来的，中国出于维护自身权益的需要以及客观上对国际经济活动的影响，将在国际上承担越来越多的经济责任。加入 WTO 也为中国的现代化进程带来诸多挑战和机遇。一是对外贸易领域的不断开放，使得以资本逐利为目的的外资大量涌入，外资的大量涌入在增加中国的资本积累和获取国外先进的管理方式和生产技术的同时也给中国本土企业的生存带来巨大的竞争压力，同时危及国家经济安全。我们需要处理好开放贸易与本土企业生存、国家经济安全的关系。二是科技的发展，知识经济时代企业的升级，大幅度提升了知识密集型产业的比重，使得劳动密集型产业日益减少，这对于一个人口大国解决就业问题来说无疑是个巨大的难题，我们既要提升企业的自主创新能力和大力开拓自主知识产权的产品，使我们的企业具有强大的竞争力，又要解决我们人口的就业问题，缓和社会矛盾。三是在对外贸易方面，贸易保护主义持续增长：一方面，一些发达国家采取使用调高商品的技术标准和检验标准的技术性贸易壁垒和以环境保护为借口的绿色贸易壁垒等措施，来增加其他国家的出口商品涌入本土市场的难度。另一方面，采取反倾销、反补贴措施保护本土经济。全球金融危机爆发以后，各国企业为扶持和保护本国产业，转移本国压力，纷纷出台各种贸易保护措施。2012 年，我国分别在钢材、纺织品、汽车零件、轻工产品等行业遭受到了反倾销调查。美国、加拿大、印度、墨西哥等国均对原产于我国的无缝钢管发起反倾销调查；欧盟、美国、印度、巴西、阿根廷等多个国家及地区分别对我国产的聚酯高强力纱、粘胶纤维等原料展开反倾销调查；美国至今已对我国汽车零件发起了近十宗反倾销调查，涉案商品包括车轮垫圈、刹车毂、刹车盘等多个品种;南美国家也纷纷针对我国鞋类产品采取反倾销措施,目前,阿根廷、巴西和秘鲁均对中国鞋业开征了临时反倾销税。四是跨文化冲突问题。经济全球化带动的不同国家之间企业的频繁交往,带来了不同文化的冲突和管理问题,文化服务贸易的发展不仅有利于增进了解不同国家的文化理念,消除因管理中价值观念的不同所导致的差距,还有利于扩大国际影响力,增强国际竞争力。加入WTO,我们看到美国、日本等国家对于我国在电影、网络、动漫等多个文化产业的巨大冲击力,我国的文化产业相比之下缺乏创新力和竞争力。五是加入WTO之后,政府机构的管理和职能面临着巨大挑战。政府不仅对经济的权限干预大大缩小,而且还要为建立和保证公平竞争市场服务。

第二,中国的对外开放战略对WTO的利益诉求。中国仍是一个正在发展的国家,经济转型还没有彻底完成,中国需要不断加大开放力度,向更加开放的方向发展;需要在世界贸易体系中继续借助海外市场,扩大内需,通过WTO开拓更加广阔的市场,实现市场多元化。虽然,中国已成为名副其实的贸易大国和经济大国,但是,目前中国尚未形成与外经贸地位相匹配的国际贸易谈判权、国际规则制定权,参与WTO的深度、广度和影响力有限。因此,中国在今后扩大内需的同时,应继续促进外贸的稳定增长,对于更加强烈的贸易保护,应通过WTO开拓更加广阔的市场,加强与新型市场国家的经济合作,利用WTO的各项原则和规定,减少对中国产品的贸易保护主义政策,运用国际通行规则,有效促进中国企业走向海外市场,以获取更大发展空间。2012年11月,奥康抗辩欧盟的反倾销案件的最终胜诉就是利用WTO的各项原则和规定,通过司法途径维护自身权益的典范。

中国的加入使得WTO体制更加多元化。中国入世以来,凭借经济在全球的影响力呼吁改善和加强以WTO为代表的多边贸易体制,推动成员共同向世界发出“开放、前行、改革”的积极信号;积极肩负起核心大国的成员职责,推动 WTO 的发展和完善,在 WTO 框架下争取公平和开放的贸易环境,为落后国家和地区谋取更多的公平贸易条件。中国已经从一名跟随者成为领跑者,正在成为世界上最大的世界经贸强国。

51　新市民俱乐部——助力农民参与现代化进程

党的十八大报告首次提出，要推动城乡发展一体化。解决好农业农村农民问题是全党工作的重中之重，城乡发展一体化是解决“三农”问题的根本途径……加大强农惠农富农政策力度，让广大农民平等参与现代化进程、共同分享现代化成果。社会主义现代化，必然包含农业、农村、农民的现代化。我国现代化建设从一开始，就决定了农民是重要的支撑性力量。我国现代化以工业化为先导，由于长期实行工业化优先发展战略，形成了城乡二元结构，导致农民在平等参与现代化进程、共享现代化成果方面存在一些问题。比如，进城务工的农民在就业机会、工资待遇、权益保障等方面还不能享受与市民完全一样的平等权利。让进城务工的新市民生活没有后顾之忧、精神生活充实、基本融入到城市生活之中，是当前很多城市面临的一项大课题。宁波市舟孟社区通过建立新市民俱乐部，探索出了一条“以外管外”的新市民管理新路子。

宁波市舟孟社区是建于1995年无物业管理的老社区，随着城市化进程步伐的加快，这个社区的外来务工人员急速增加，外来人口已经占到了社区总人数的近二分之一。考虑到许多外来务工人员没有一技之长，有一技之长的也因初到宁波而一时难以找到工作，很多人生活比较困难，社区成立了“新市民俱乐部”。对于新到社区的外来务工人员，先是送去米、油等生活用品，以解燃眉之急。随后，再帮助那些有一技之长的人找工作，让外来务工人员倍感“家”的温暖。新市民俱乐部为不断加强对内部成员的精神文明教育，使新市民能以高素质、高姿态走进并融入新生活，俱乐部指定专人负责制定并开展了新市民素质提升活动。活动主要有以下几个方面：

一是开展“学公德，知礼仪，行文明”公德礼仪宣传讲座。新市民俱乐部在社区的协助下，邀请市民宣讲团，在新市民中开展公德礼仪宣讲活动，宣传公德和礼仪知识，增强广大新市民学公德礼仪、做文明市民的意识；开展“邻里节，创文明，促和谐”社区文化活动。以构建文明、和谐社区为主题，新市民俱乐部再结合社区五月十五邻里节活动和各阶段工作重点，利用东城百汇文化广场、文化活动中心广泛开展新市民文艺演出，以生动丰富的内容和人们喜闻乐见的形式宣传文明；开展“告别陋习，携手创文明”活动。主动发动俱乐部成员寻找、发现不文明行为，在新市民中举行“别陋习，扬文明”征文活动，引导广大新市民告别随地吐痰、乱丢乱扔垃圾、公共场所吸烟、违规搭建、邻里关系紧张等不良习俗，努力倡导健康、科学、文明的生活方式。组织新市民开展“爱第二故乡，共创文明社区”主题实践活动，增强主人意识、主体意识，激发共创文明、共建和谐的积极性和主动性。

二是组建“技术银行”，提高新市民技术水平。为提高新市民技术水平，使之能更好地胜任工作岗位，俱乐部储存新市民中的高技术人才，组建了“技术银行”，以“老乡教老乡”的方式，定期为成员们培训面点、计算机操作、插花等技能，至今，已经有60余人通过培训找到了工作或在企业得到重任，使他们不仅能轻松地胜任工作，还成为了领头羊。

三是开展“奉献爱心，传递文明”活动。发扬“一方有难，八方支援”的团结互助精神，积极开展支援灾区、奉献爱心的捐款捐物活动，关心来自贫困地区的其他新市民，在他们的工作、学习、生活中，大力提倡互帮互助行为，着力营造温馨、友善、和谐的氛围。为充分发挥“新市民俱乐部”作用，使之能更快地融入社区，在每年3月12日植树节（也是社区植树日）前夕，“新市民爱心基金会”就会采购树苗与社区居民们共同植树，现在，位于甬港南路52弄17—18号楼道前的“外来人员绿色种植园”内绿意葱翠，阳光与绿色互相映衬，既象征着第二故乡的亲情，也象征着新市民们在第二故乡深深扎根。

让广大农民平等参与现代化进程，共同分享现代化成果，这是我们党在工业化、城镇化进程中，准确把握时代特征，科学制定发展思路，正确处理工农关系和城乡关系的战略决策。各地必须以科学发展观为指导，进一步推进城乡发展一体化，促进城乡要素平等交换和公共资源均衡配置，形成新型工农、城乡关系，保障农民平等参与现代化进程，把平等的发展权交给乡村、交给农民。今后还要出台更多的政策措施让农民受益。

一是要继续推进国民待遇平等。必须从观念上消除对农民的歧视，大力倡导“劳动者地位和劳动价值观的平等”的理念，大力弘扬社会主义人与人是“同志关系、平等关系”的主流文化价值观；必须从制度上消除对农民的歧视，加快改革户籍制度，取消与户籍制度相配套的医疗保险、就业、教育等制度壁垒，真正在制度安排与资源配置上做到平等对待城乡居民，从而为农民平等参与现代化进程提供制度性保证。

二是要推进收入分配平等。党的十八大报告要求“调整国民收入分配格局，加大再分配调节力度，着力解决收入分配差距较大问题，使发展成果更多更公平惠及全体人民”。进一步提高农民工的最低工资水平，并建立工资的增长机制，这是提高农民劳动报酬在初次分配中比重的关键。特别是要改变在目前的收入分配体系中，农民处在被动接受分配结果而不是主动参与分配决策的不利地位，为农民平等参与分配决策、共同分享现代化成果提供制度保障。

三是要推进要素交换平等。要深化金融体制改革,建立普惠性农村金融体系,培育竞争性农村金融市场,引导更多的信贷资金和社会资金投向“三农”,切实满足“三农”发展的资本需要,改变农村固有资金大量外流而城市资金较少流进农村的现状;要加强技能培训,以人力资本投资补偿农民,从根本上提高农民的素质和能力,改变农村人力资源整体素质不高、就业质量不高的现状。

四是要推进民主权利平等。要进一步完善城乡按相同人口比例选举人大代表机制,按照属地原则、便民原则、人口原则等,科学划分选区,有效平衡农村各种阶层和群体的利益关系,并不断增强农民的政治参与意识,提高农民的政治参与能力,从而提升代表素质、优化代表结构,更好地保障农民在地方权力机关中的民主权利;要进一步建立农民维权组织,建立农民与社会对话和沟通的代理机制,增强农民群体进入大市场的交往谈判能力,发挥农民组织化的社会制衡作用;要进一步扩大农民在社会舆论上的话语权,在面向全体城乡受众的传媒上为农民打造更多的话语平台。①

---

① 尧希平:《让广大农民平等参与现代化进程》,《江西日报》2013 年 1 月 9 日。

52 丰富职工精神文化生活——增强国家文化软实力

党的十八大报告中明确提出:要丰富人民精神文化生活。让人民享有健康丰富的精神文化生活,是全面建成小康社会的重要内容。要坚持以人民为中心的创作导向,提高文化产品质量,为人民提供更好更多的精神食粮。坚持面向基层、服务群众,加快推进重点文化惠民工程,加大对农村和欠发达地区文化建设的帮扶力度,继续推动公共文化服务设施向社会免费开放。

这些年,伴随经济的快速发展,职工精神文化生活并没有同步发展,在有些方面还显得有点“倒退”。河南平高电气的一线职工张全民曾回忆:20 世纪 90 年代,他刚参加工作时的工厂文化生活丰富多彩,让他难以忘怀。“那时候,《工人日报》订到班组,这是代表咱们工人的报纸,大家都能看到。但现在,看不到了。”现在很多职工不仅《工人日报》看不到了,而且也很少能参加到集体文化活动了,因为现在很多单位都不组织集体文化活动。四川乐山的 58 岁全国人大代表王品盛笑着对记者说,“现在厂子里已经很少有集体文化活动了。”分析原因时,王品盛认为一方面是因为现在家家有电视、电脑,在家里就可以消遣、娱乐,也就没人愿意再折腾;另外,工厂也确实拿不出太多的钱来给职工开展文化活动,“有一回政府搞庆典活动,让我们单位出一个节目,当时花了很多钱,要排练、给参加演出的职工买服装,好像花了几十万,厂里确实吃力。”回忆起刚工作时的情况,王品盛告诉记者,当年他们单位的职工文化生活挺丰富，还有专门的活动场所，工厂还有文艺队伍，经常编排一些节目。①

增强国家文化软实力十分重要，近些年来一直受到党和政府高度重视。提高国家文化软实力，对于一个国家和民族核心价值观的形成和维持，对于一个国家和民族的凝聚与团结，对于一个国家和民族的存在发展特别是我们坚持发展中国特色社会主义事业，都起到十分重要的作用。增强国家文化软实力，要求必须提升职工的精神文化生活，培养高素质的职工队伍。

一是要加强企业文化建设，建立职工之家，职工书屋，网上图书馆。组建职工艺术团，自编自演。用人单位尽可能多组织一些文体活动，如演讲比赛、歌舞比赛、体育比赛，丰富职工精神文化生活。四川长虹模塑科技有限公司模具厂抛光班班长杨梅曾对记者说："我们一线的工人，上班都是流水线工作，应该说对文化还是有需求的。但我们业余时间少，如果企业能够通过一些组织，比如工会等，来组织一些文体活动，职工能够参与其中，我觉得也是一种文化方式"，杨梅的话代表了很多职工的心声。

二是要多创作宣扬劳动价值的优秀节目。党的十八大报告提出：要坚持以人民为中心的创作导向，提高文化产品质量，为人民提供更好更多精神食粮。目前综艺节目、穿越剧、谍战剧等盛行，但能够宣扬劳动价值，给予普通劳动者尊重感的节目非常少。在商品化、娱乐化的时代，如何让"劳动"这一朴素的元素在荧屏上发出耀眼的光芒，让"劳动者"这一质朴的群体在舞台上扣住所有人的心弦，让人们对"劳动"和"劳动者"发出由衷的呐喊和喝彩呢？央视的《旗鼓相当》（原名《状元

① 李瑾、孙喜保：《增强国家文化软实力　丰富职工精神文化生活》，《工人日报》2012 年 3 月 12 日。

360》)做得非常好,极大地宣扬了劳动的巨大价值。重达数吨的直升机精准悬停在小小的鸡蛋上;女特警用头击碎坚硬的钢板;操纵叉车给人戴草帽;蒙起双眼靠听觉来点钞……这些闻所未闻的职业绝技在《旗鼓相当》的舞台上亮相了!来自基层一线的劳动者用他们的"绝活"让观众由衷感到了震撼,熟能生巧到有如神助,平凡的工作由此发出了伟大的光芒。在职业榜样激烈比拼的同时,来自全国各地的榜样加油团成员也面临着残酷的考验,他们的"去留"也一次次牵动电视观众的心。以后,不论是地方台还是央视,应该多制作一些类似的节目。

三是要大力扶持基层文化工作者。这些年很多地区都开展了文化三下乡活动,这种活动深受群众欢迎,但由于受众很多是老年人,他们对一些西方曲目、高雅音乐不是很感兴趣。要多培养了解地方文化的基层文化工作者,多创作一些民族曲目和具有地方特色的节目,贴近观众的需求。很多地方文化三下乡歌舞团要贴钱,四川的全国人大代表、凉山彝族自治州歌舞团的张蓓蓓曾介绍说,她所在的歌舞团一直在倒贴资金开展活动,一场至少几千元。2012 年启动的"春雨"计划,让张蓓蓓们感觉到了来自国家的支持,"国家要给予我们这样的文化团体一定的财政补贴。我们传播的文化为社会创造了看不见的价值。"今后,国家财政应该给基层文化团体更多的帮助和补贴。

53　加快户籍改革——推进农业转移人口市民化

温家宝在 2013 年政府工作报告中提出:要加快推进户籍制度、社会管理体制和相关制度改革,有序推进农业转移人口市民化,逐步实现城镇基本公共服务覆盖常住人口,为人们自由迁徙、安居乐业创造公平的制度环境。村庄建设要注意保持乡村风貌,营造宜居环境,使城镇化和新农村建设良性互动。

这是我国第一次在政府工作报告中用到"自由迁徙"这个词。其实自由迁徙已经是中国大规模城镇化进程中的现实,农民工虽然实现了自由迁徙,但没有享受到公平的待遇。户籍制度是自由迁徙的第一道障碍。然而,附着在户籍制度上的社保、教育、医疗等基本公共服务,以及城乡分割的社会管理体制是更深的鸿沟。国家统计局数据显示,去年全国农民工超过 2.6 亿人,其中到本乡镇以外地方打工的农民工超过 1.6 亿人。

在 2013 年"两会"期间,很多委员都认为户籍制度改革是大势所趋。全国政协委员、中国(海南)改革发展研究院院长迟福林认为:尽管一些城市有顾虑,提出承载能力有限,但其实这些农民工已经在这些城市里了,不能无视这一事实。中小城市的户籍制度要尽快全面放开,大城市至少第一步要做到,城市里有稳定工作的农民工享受与市民同样的基本公共服务。另外,还要放宽视野,为自由迁徙创造公平制度环境,加快城乡一体化发展。要完善社会保障体制,解决进城人员就业、生病、养老、入学、深造等后顾之忧。

在城镇化过程中,一体化的规划、管理是城乡一体化的前提,农民怎么转为市民,农业怎么转为都市农业,是城乡一体化的关键。全国人大代表、陕西西咸新区管委会常务副主任王军在代表团小组讨论会上提出了自己的观点,他说:“城乡一体化是新型城镇化的核心。新型城镇化不是城市吃掉农村,而是城乡融合共生、城乡兼容的市镇体系。农田、林地、河流山川,既是现代农业的载体,又是城市的生态功能区,实现城镇化和新农村建设良性互动。”王军建议让农民带着劳动力和土地两个资本进城。部分农民转化为城市产业从业者,进城后仍然保留农田,和城市人拥有商铺一样,可自耕,也可出租入股经营;部分农民成为职业农民,少量专业户转为家庭农场主。同时,将城市资本、消费引入农村。在城乡一体的体制下,鼓励城市资本、消费流向农村和农业,使绿色有机、加工制造、休闲旅游、文化教育等元素与农村相结合,使农业成为复合型的高附加值产业,达到或接近城市产业平均收益水平。

要合理扩展城区面积来积极吸纳农村人口,解决大量人口滞留在农村的问题。全国人大代表,长沙医学院董事长何彬生认为,目前城镇化、工业化与农业现代化发展进程中,农业现代化明显滞后。农业就业结构演进慢于产业结构,不利于农业现代化与农业产业化转型的规模经营发展。“通过城区扩展的办法吸纳和转移农村人口,在今后相当长时间里可能是加快农村人口向城镇转移的最直接、最有效的方式。”何彬生建议要在科学规划的基础上,进一步加快城镇周边地区的开发建设、特别是周边村的改造,变郊区为城区、变农民为市民,把城市文明引入农村。

推进城镇化要大力发展城市经济,发展第三产业和服务业,促进二三产业协调发展,吸纳更多人口就业。“农民进城需要有生活来源,有事可做、有钱可赚,才会乐于向城镇化转移。”而农民的文化素质相对落后，一般比较适合的领域是第三产业和服务业，只有大力发展第三产业和服务业，才能吸纳更多的农民就业。

创新城镇化财税制度，消化和分摊农民工市民化的成本。公平制度环境也需要相当的成本。据有关研究部门测算，一个农民工市民化仅公共服务就要花费10万元。迟福林委员建议，尽快建立成本分担机制，包括中央与地方、流入地和流出地、企业与农民工个人的分担机制。国家发改委宏观经济研究院“城镇化战略研究”课题组建议改革户籍制度，在财政和用地制度方面建立农民工市民化的成本分担机制，同时允许农民参与保障房建设，按照规划要求以集资方式合作建房，解决1.59亿农民工融入城市的问题。①

加快农村土地制度改革，提高农民的经济能力。农村土地制度改革滞后也削弱了农民进城落户的能力。在现行《土地管理法》下，农民从农地征用中获得补偿的上限是土地农业产值的30倍，无法从农地征用的巨大增值收益中获得收益，客观上降低了失地农民进城安家落户的经济能力。

国家发改委宏观经济研究院“城镇化战略研究”课题组建议允许农民集资合作建房。课题组认为“要提高城镇化的质量，首先要彻底改革排斥农民进城落户和人口流动的户籍制度，从限制农民进城和人口流动转向鼓励和支持农民进城，促进人口和劳动力的流动。”课题组还建议：农村土地确定为非公共利益建设用地，可以允许在土地集体性质不变的前提下，让农民作为市场主体直接参与交易。土地增值收益绝大部分应返还原土地所有者。报告还建议，开展“宅基地换房”试点，由农民自愿按照规定的置换标准以其宅基地换取城镇住宅。建议

---

① 王卫国：《发改委研究院报告建议：允许农民集资建房》，《南方都市报》2012年12月9日。

允许农民参与保障房建设,按照规划要求以集资方式合作建房。此外,还建议将农民工纳入住房公积金制度覆盖范围,并实现全国联网、跨区域异地转移接续和提取制度。①

① 王卫国:《发改委研究院报告建议:允许农民集资建房》,《南方都市报》2012 年 12 月 9 日。

54　严守 18 亿亩耕地红线——保障农民的财产权益

在中国现行土地制度下，农村土地属于集体，农民承包土地经营权。但受历史条件制约和相关制度不完善等因素影响，中国已有的承包地确权颁证工作尚不完善，如有的地方承包地块、面积、合同、证书没有落实到户，多数地方存在承包地确权面积不准、四至不清、空间位置不明等问题。土地承包经营权是农民的财产权中重要的一项，除此之外，农民还有宅基地使用权、集体收益分配权，这些都是法律赋予农民的财产权利，也是农民权益的重要保障。如果这些权利不明确，就不利于农民进行土地流转等事情，不利于土地作为生产要素在更广阔的市场平台得到充分配置。

新华网报道，安徽省六安市金安区马头镇黄店村村民沈少群家承包合同上有 6.7 亩耕地，但这些年，他实际种植加开垦出的土地超过十亩。因为没有准确的确权登记证，他迟迟不敢把土地流转出去，因为他担心自己的权益无法得到保障。①

2013 年 3 月 5 日，温家宝在政府工作报告中指出，农村土地制度关乎农村的根本稳定，也关乎中国的长远发展，其核心是要保障农民的财产权益，底线是严守 18 亿亩耕地红线。温家宝说，强化农业农村发

① 马扬等：《两会经济观察：中国政府工作报告首提保障农民财产权益》，2013 年 3 月 5 日，见新华网。

展基础,推动城乡发展一体化。近些年是中国农业发展最快、农村面貌变化最大、农民得到实惠最多的时期。当前,农业农村发展进入一个新阶段,呈现出农业生产综合成本上升、农产品供求结构性矛盾突出、农村社会结构深刻变动、城乡发展加快融合的态势,全面建成小康社会的重点难点仍然在农村。

国家发展改革委宏观经济院副院长马晓河指出,当前,大量农民资产长期低效运行,并没有为农民增收发挥有效作用。他说:"用好用活这些资产和资源,既是发展农业农村经济的需要,也是保护农民和农村集体财产权利的要求。"①

近年来,政府在保护农民财产权益上做了大量工作,2012 年召开的中共十八大提出,改革征地制度,提高农民在土地增值收益中的分配比例;今年的中央一号文件又提出,要用 5 年时间基本完成农村土地承包经营权确权登记颁证工作。

——建立新的农业生产经营主体不能单兵突进,必须与农村产权改革结合起来。他们进一步指出,其中,在农地制度改革中,关键是不断扩大和积极保护农民的土地权利。而建立农村产权交易市场,可启动农村沉睡资本,也可实现城市资金流向农村。农村产权制度改革是为农民确权的关键,其核心是建立符合市场经济规律的归属清晰、产权明确、保护严格、流转顺畅的现代农村产权制度,促使农业土地"还权赋能"功能的有效实现。当前我国农村产权制度改革深入人心,确权工作推进成功;搭建起了产权流转平台,产权实现功能初步实现;构建了促进农业产业化发展的机制,有效推动农业规模经济发展。

——准确界定集体土地所有权,明确集体土地所有权的主体代表

① 马扬等:《两会经济观察:中国政府工作报告首提保障农民财产权益》,2013 年 3 月 5 日,见新华网。

资格。保障农民权益还要开展农村房屋确权颁证和明确集体资产权属主体,同步推进农村集体经济组织建设,建立新型的股份经济合作社或股份经济合作联社等,保证农民土地收益公平实现。

——可以探索在法律层面上放宽对农民财产发展权的限制,包括土地、宅基地抵押贷款等,把农民理论上的财产转变为货币和资本形态的财富。在国家、集体和农民个人之间合理分配土地增值收益也是保障农民权益的重要方面。在“18 亿亩”红线和粮食安全的前提下,由市场机制来复归、凸显和兑现土地本源和潜在价值,把农民理论上的财产转变为货币和资本形态的财富。

——要充分发挥农民在产权改革中的主体作用,实行由农民民主选举代表全程参与确权改革,将确权改革方案从制定到实施都交由农民代表讨论决定,并把调查摸底结果、办证程序、确权办证情况等每一环节工作都上墙公示,全面接受农民群众监督,成功地解决了一些诸如权属不清、人口变化等历史遗留问题。同步开展会议培训,新闻媒体等采用灵活多样的宣传形式,促进农村产权制度改革相关政策入村入组、入户入心,有效调动了农民群众参与改革的主动性和积极性,使改革具备了坚实的群众基础,有力地推动了确权工作的成功开展。①

——完善基层治理机制,以促进“还权赋能”功能的实现。基层治理机制是充分发挥农民参与自治的积极性和主动性,推动农民代表参与村经济社会事务管理的有效形式,并通过依法扩大基层民主,有效将基层民主政治建设与经济社会发展相结合,集中民智搞建设,凝聚民心促发展。有效发动组织成员对村社各项事务和决策进行讨论,充分发挥了普通党员、干部和村民代表对村、社事务的监督作用,促进了村组

① 《关于保障农民土地财产权的提案及答复》,见 2013 年 1 月 17 日,吉林省人民政府网站。

干部服务发展意识和为民办事能力的提高，极大地调动了村组织全体成员参与管理村、社事务的积极性和主动性，增强了村两委会在群众中的凝聚力和感召力，较好地将全村力量拧成了一股绳，形成了群策群力促进发展的强大合力。①

① 《关于保障农民土地财产权的提案及答复》，见2013年1月17日，吉林省人民政府网站。

55 稳定物价——让百姓不再受“涨”字困扰

2013 年 2 月 5 日，在扬州四季园农贸市场，市民张大妈惊喜地发现猪肉价格降了，“之前肋条肉价格还 14 元一斤呢，今天就只有 13 元了，每斤降了 1 元！还有肋条肉、五花肉等猪肉价格普遍下降了 0.5—1 元。”当时恰逢春节前夕，正是猪肉需求旺季，扬州市区生猪日供应量一直在 2000 头的高位徘徊。记者了解到，为了平抑猪肉价格，扬州市组织了 5 万头生猪活体储备，一旦猪肉价格发生异动，可随时调运，平抑肉价。所以，在春节出现了猪肉价格不升反降，与 1 月中旬相比，售价每斤降了 1 元。①

物价跟老百姓的吃穿用直接相关，物价稳定直接关系到老百姓的生活质量。纵观 2012 年的物价指数，我们看到的大部分是物价指数走低：年初因为翘尾因素影响，1 月份居民价格消费指数（CPI）同比增长达到 4.5%的年内高点，此后随着经济增速下滑、消费投资减弱，CPI 也一路急转直下。自 2012 年 6 月份以后，CPI 更是一直在 3%以下徘徊，至 10 月份达到 1.7%的年内低点，11 月份才重回 2%以上。在 2012 年与 2013 年交替之际，国内物价上涨的现象不断浮现。在 2012 年 12 月，受极寒天气影响，国内多个地方的蔬菜、猪肉、水果等食品价格上

① 《春节期间猪肉价格“稳” 5 万头生猪储备随时调运》，《扬州晚报》2013 年 2 月 5 日。

涨。以对物价影响较大的猪肉价格为例,监测数据显示,2013 年年初猪肉价格已回升至 2012 年 3 月底的水平。

国家“十二五”规划纲要指出,经济社会发展的主要目标,第一条就是经济平稳较快发展,包括保持价格总水平基本稳定,国际收支趋向基本平衡,经济增长质量和效益明显提高。

国家统计局党组书记、局长马建堂在十二届全国人大一次会议开幕前接受媒体采访时表示,今年有条件实现物价总体稳定。他解释,今年经济增长算不上有压力,但今年物价走势仍然要控制好,其中工业生产有供大于求的问题,粮食价格亦需控制好,“在今年维持稳定货币政策之下,有条件实现总体物价水平稳定”。与此同时,他在回应记者“今年 CPI 压力比去年会小一些吗”的提问时说:“好像还不好这样讲。”他进一步分析,2013 年物价的涨势受两方面因素影响:一方面,推升物价的因素存在,比如,输入性通货膨胀因素的影响,很多发达经济体采取量化宽松政策,去年物价变动的一些影响,对这些因素不能掉以轻心。另一方面,也有一些因素和条件能把物价控制在合理水平。比如,粮食连续几年增产,相当多的工业制成品供大于求,继续实施稳健的货币政策等。总的看,有条件实现 2013 年物价总体稳定的目标。①

国家发改委官员表示,政府将从五方面采取措施稳定物价。第一,要大力发展生产,特别是农业生产,尤其是粮食生产。第二,要搞好储备吞吐的调控。第三,做好流通环节的工作,减少流通环节、降低流通成本。第四,要加强市场监管。对囤积居奇、串通涨价、哄抬价格的现象,要坚决依法进行打击和治理。第五,要控制好流动性。合理地控制信贷的规模,创造稳定价格的货币条件。

---

① 朱宝琛:《今年有条件实现物价总体稳定》,《证券日报》2013 年 3 月 6 日。

56 深化收入分配制度——发展成果惠及全体人民

2013年2月1日,人民网和人民日报政治文化部第12次联合推出“十大热点问题调查”。关于收入分配,74.0%的被调查者认为,当前收入分配存在的最为突出的问题是“工资增长和GDP增长不同步”。长期以来,中国的政府财政收入增长大大快于GDP增速,而工资收入则慢于GDP增长。国务院规定“十二五”最低工资增速不低于13%,五年复合增长接近100%,涨工资几乎是人人乐意的事,不过涨工资需要建立在经济增长、企业赚钱的基础上。规定要最终落到实处,还要看企业盈利。因此,如何创造出工资增长与GDP增长同步的经济发展环境,是其中关键。①

调查显示,参与分项调查的网友当中,81.1%认为当前收入差距大,贫富分化严重;36%希望个税调整速度与人均收入增速保持一致,进一步提高个税起征点;76%的人认为现行最低工资线普遍过低。对于如何缩小收入差距,21.6%的网友认为应提高工资标准,并设立工资正常增长机制;20.9%的网友认为应切实查处贪污腐败等行为;20%的网友认为应加大对高收入者的征税,此三项措施投票数最高。

“收入分配制度是经济社会发展中一项根本性、基础性的制度,是

---

① 唐黎明:《2013两会热点调查线下结果出炉　专家解读数据》,2013年3月1日,见http://people.com.cn。

社会主义市场经济体制的重要基石。”收入分配问题是2013年两会中热议的焦点话题,政府工作报告对收入分配改革作出重要表述。2013年3月5日,时任国务院总理温家宝在政府工作报告中指出:“我们已经制定了深化收入分配制度改革若干意见,要抓紧研究制定具体政策,确保制度建设到位、政策落实到位,有效解决收入分配领域存在的问题,缩小收入分配差距,使发展成果更多更公平地惠及全体人民。”

国家“十二五”规划纲要指出,坚持和完善按劳分配为主体、多种分配方式并存的分配制度,初次分配和再分配都要处理好效率和公平的关系,再分配更加注重公平,加快形成合理有序的收入分配格局,努力提高居民收入在国民收入分配中的比重,提高劳动报酬在初次分配中的比重,尽快扭转收入差距扩大趋势。

2012年2月8日,国务院发布《关于批转促进就业规划(2011—2015年)的通知》指出,“十二五”时期我国将健全劳动关系协调机制和企业工资分配制度,深入推进工资收入分配制度改革。将形成正常的工资增长机制,职工工资收入水平合理较快增长,最低工资标准年均增长13%以上,绝大多数地区最低工资标准达到当地城镇从业人员平均工资的40%以上。

——深化工资制度改革:按照市场机制调节、企业自主分配、平等协商确定、政府监督指导的原则,形成反映劳动力市场供求关系和企业经济效益的工资决定机制和增长机制。

——健全工资支付保障机制。完善最低工资和工资指导线制度,逐步提高最低工资标准,建立企业薪酬调查和信息发布制度,积极稳妥扩大工资集体协商覆盖范围。要加强企业工资支付保障制度建设,完善工资保证金、欠薪应急周转金,以及清偿欠薪的工程总承包企业负责制、对拒不支付劳动报酬的行政司法联动打击机制和政府属地管理负责制等制度。

——改革国有企业工资总额管理办法,加强对部分行业工资总额和工资水平的双重调控,缩小行业间工资水平差距。针对煤炭、电信、电力等垄断行业的高收入遭到公众诟病的问题,规划强调要改革国企工资总额管理办法,对部分行业工资总额和工资水平实行双重调控,缩小行业间工资水平差距。严格规范国有企业、金融机构高管人员薪酬管理。

——完善公务员工资制度。完善符合事业单位特点、体现岗位绩效和分级分类管理的事业单位收入分配制度。

——收入分配改革可能成为约束性指标。两会期间,全国人大代表、民盟中央经济委员会主任、中国人民大学教授郑功成提出,收入分配改革也应该成为考核政府行为的约束性指标。最好像国家"十二五"规划纲要一样有相应表格(可以插入或附表)来列举部分指标,即将2015年、2020年要达到的收入分配改革量化目标进一步明示,以便给公众一个清晰的预期,并作为约束性或预期性指标来考核各级政府政绩的基本依据。

57 加强食品安全——让百姓吃得放心

在十二届全国人大一次会议召开之时,农业部部长韩长赋在回应记者问及的食品安全问题时表示,要加强监管,对非法添加这些问题要保持高压态势,要严加监管,要严格执法,存在问题的绝不姑息。韩长赋还表示,负责任地说,中国的粮食安全是有保障的,这些年由于中央政策好、各级努力,农民有积极性,粮食实现了九连增,2012 年粮食产量达到了 11791 亿斤。按照国际的粮食安全人均标准线人均 400 公斤,已经达到了人均 435 公斤。所以说现在国内的粮食应该说库存增加,供应充裕,价格也是比较稳定的。总的来讲现在农产品质量的安全水平应该是稳定的,也可以说是向好的。但是确实还存在着很多问题,包括大家关心的残留问题,也包括奶业和奶粉的问题。①

多年来,食品安全已经是国家高度重视的问题了。2009 年 6 月 1 日,《中华人民共和国食品安全法》正式实施。2010 年 2 月 6 日,我国首次特别设立了食品安全工作高层次议事协调机构——国务院食品安全委员会,成员包括国务院 29 个部委中的 15 个。2011 年 10 月 27 日,为进一步加大卫生系统食品安全工作力度,卫生部成立食品安全工作领导小组,组长由卫生部部长陈竺担任。

具体来说,以地沟油为例。地沟油被曝光以后,2011 年 8 月,公安

① 韩长赋:《对农产品及食品安全问题绝不姑息》,中新网 2013 年 3 月 6 日。

部统一部署,全国公安机关组织开展了打击“地沟油”犯罪破案会战。3个多月来,共侦破利用“地沟油”制售食用油犯罪案件128起,抓获违法犯罪嫌疑人700余名,查实涉案油品6万余吨。12月13日,国家食品安全风险评估中心第二次公开征集“地沟油”检测方法,因为之前已经征集到的检测方面特异性不强。20多天的时间里,共收到700余条建议。2011年公布的国家“十二五”规划就保障食品安全明确规定:制定和完善食品药品安全标准。建立食品药品质量追溯制度,形成来源可追溯、去向可查证、责任可追究的安全责任链。健全食品药品安全应急体系,强化快速通报和快速反应机制。加强食品药品安全风险监测评估预警和监管执法,提高监管的有效性和公信力。继续实施食品药品监管基础设施建设工程。加强检验检测、认证检查和不良反应监测等食品药品安全技术支撑能力建设。加强基层快速检测能力建设,整合社会检测资源,构建社会公共检测服务平台。强化基本药物监管,确保用药安全。

2012年2月8日,时任中共中央政治局常委、国务院副总理、国务院食品安全委员会主任李克强主持召开国务院食品安全委员会第四次全体会议,审议了《2012年食品安全重点工作安排》,并强调,做好今年食品安全保障工作,治乱需用重典,要坚持严字当头。之后,最高人民法院、最高人民检察院、公安部联合下发《关于依法严惩“地沟油”犯罪活动的通知》。要求对于明知是“地沟油”而予以销售的,追究刑事责任;对于制售“地沟油”情节恶劣、危害严重的犯罪分子,罪当判处死刑的,要坚决判死刑,且要严格把握适用缓刑条件。

除了“地沟油”外,还有很多不安全食品,仅在2012年上半年,内地先后发生了“染色馒头”、“毒豆芽”、“香精包子”、“瘦肉精”等多宗食物安全问题,如此频繁和恶劣的食品安全事件让内地民众对食品安全感到惶惶不安。中国经济现在规模已是全球第二,如果连基本的食品安全、药品安全都不能保证，说明老百姓在这些问题上已经对相关监管部门有极大的不信任。某种程度而言，这已经上升为一个严重的民生问题。食品安全问题解决的成效如何，一方面显示出对基本民生的关注，另一方面也有助于重建老百姓对监管部门的信任。

2012年6月23日国务院印发了《国务院关于加强食品安全工作的决定》提出了我国食品安全的阶段性目标，计划用3年左右的时间，使我国食品安全治理整顿工作取得明显成效，违法犯罪行为得到有效遏制，突出问题得到有效解决；用5年左右的时间，使中国食品安全监管体制机制、食品安全法律法规和标准体系、检验检测和风险监测等技术支撑体系更加科学完善，生产经营者的食品安全管理水平和诚信意识普遍增强，社会各方广泛参与的食品安全工作格局基本形成，食品安全总体水平得到较大幅度提高。

——完善食品安全监管体制。进一步健全科学合理、职能清晰、权责一致的食品安全部门监管分工，加强综合协调，完善监管制度，优化监管方式，强化生产经营各环节监管，形成相互衔接、运转高效的食品安全监管格局。按照统筹规划、科学规范的原则，加快完善食品安全标准、风险监测评估、检验检测等的管理体制。县级以上地方政府统一负责本地区食品安全工作，要加快建立健全食品安全综合协调机构，强化食品安全保障措施，完善地方食品安全监管工作体系。结合本地区实际，细化部门职责分工，发挥监管合力，堵塞监管漏洞，着力解决监管空白、边界不清等问题。及时总结实践经验，逐步完善符合我国国情的食品安全监管体制。

——健全食品安全工作机制。建立健全跨部门、跨地区食品安全信息通报、联合执法、隐患排查、事故处置等协调联动机制，有效整合各类资源，提高监管效能。加强食品生产经营各环节监管执法的密切协作，发现问题迅速调查处理，及时通知上游环节查明原因、下游环节控制危害。推动食品安全全程追溯、检验检测互认和监管执法等方面的区域合作，强化风险防范和控制的支持配合。健全行政执法与刑事司法衔接机制，依法从严惩治食品安全违法犯罪行为。规范食品安全信息报告和信息公布程序，重视舆情反映，增强分析处置能力，及时回应社会关切。加大对食品安全的督促检查和考核评价力度，完善食品安全工作奖惩约束机制。

——强化基层食品安全管理工作体系。推进食品安全工作重心下移、力量配置下移，强化基层食品安全管理责任。乡（镇）政府和街道办事处要将食品安全工作列为重要职责内容，主要负责人要切实负起责任，并明确专门人员具体负责，做好食品安全隐患排查、信息报告、协助执法和宣传教育等工作。乡（镇）政府、街道办事处要与各行政管理派出机构密切协作，形成分区划片、包干负责的食品安全工作责任网。在城市社区和农村建立食品安全信息员、协管员等队伍，充分发挥群众监督作用。基层政府及有关部门要加强对社区和乡村食品安全专、兼职队伍的培训和指导。

58 实现安居乐业——加强和创新社会管理

2013年3月5日,在第十二届全国人民代表大会第一次会议上,温家宝作了政府工作报告。在报告中指出:加强和创新社会管理。改进政府提供公共服务方式,加强基层社会管理和服务体系建设,完善村民自治、城市居民自治制度,保证人民群众依法直接行使民主权利,管理基层公共事务和公益事业。改革社会组织管理体制,引导社会组织健康有序发展。建立健全维护群众权益机制,完善人民调解、行政调解、司法调解联动的工作体系,健全法律援助制度,推动涉法涉诉信访工作改革,畅通和规范群众诉求表达、利益协调、权益保障渠道,健全重大决策社会稳定风险评估和突发事件应急管理机制,维护社会公共安全,促进社会和谐稳定。食品药品安全是人们关注的突出问题,要改革和健全食品药品安全监管体制,加强综合协调联动,落实企业主体责任,严格从生产源头到消费的全程监管,加快形成符合国情、科学合理的食品药品安全体系,提升食品药品安全保障水平。强化公共安全体系和企业安全生产基础建设,遏制重特大安全事故。

加强和创新社会管理,事关巩固党的执政地位,事关国家长治久安,事关人民安居乐业,对继续抓住和用好我国发展重要战略机遇期、推动党和国家事业发展、实现全面建成小康社会宏伟目标具有重大战略意义。加强和创新社会管理需要全方位构建精细化社会管理新机制,坚持把维护社会和谐稳定作为加强和创新社会管理的第一责任,着力提高群众的安全感。可以从以下几个方面着手：

第一，充分发挥党委、政府的领导核心作用

各级党委要把领导社会管理创新放在更加突出的重要位置，总揽全局、把握方向、统筹各方，切实提高引领社会、组织社会、管理社会、服务社会的能力。进一步强化政府的社会管理职能。各级政府及其职能部门要严格依法行政，切实发挥好政府在社会管理中的主导作用。要进一步转变行政管理理念和管理方式，寓管理于服务中，加快推进以保障和改善民生为重点的社会建设，着力打造服务型政府。要进一步健全依法科学民主决策机制，着力提高决策质量和效率。要建立和完善社会管理考核机制，研究制定科学的社会管理考核指标，把考核结果作为政府及其工作人员奖惩和使用的重要依据。

第二，建立网格化社会面防控机制

使网格化社会服务管理模式成为统筹社会建设和社会管理的有效机制，网格工作力量成为维护区域安全稳定的基础力量。如北京东城区改革原有的警务模式，将社区民警、消防干警下沉配置到网格中，同时逐格实名配备群防群治力量，实行全天候、全覆盖、24 小时值守，形成“网格化布控、精细化防控、信息化支撑、社会化参与”的新机制，群众“见警率”和民警“管事率”大幅提升。今年以来，万人发案率、百户发案率均保持全市较低水平，火灾警情同比下降 15.9%。建立特殊重点人群服务管理机制。通过网格动态掌握流动人口、矫正帮教人员等各类特殊重点人群的不同情况、不同需求，逐一匹配工作力量，逐一落实针对性措施，实现社会服务管理无盲点、全覆盖。建立社会矛盾多元调解机制。注重源头预防，形成人民、行政、司法调解和信访代理制有效衔接的大调解工作格局，努力将矛盾纠纷发现、化解在最基层。如景山街道钟鼓社区成立“家和万事兴”群众调解之家，发挥网格内老党员、老主任等老同志的积极作用，让居民的事情居民自己解决，化解了许多邻里纠纷的“小事”。今年以来,全区信访总量同比下降 13.7%,集体信访量同比下降 10.1%。四是建立社情民意收集反馈机制。借助网格化信息系统,详细记录“民情日志”,对各种社情民意“早知道、早化解、早回复”,实现了管理对象动态过程中的“底数清、情况明”,做到了 85%的问题解决在社区网格,实现了“身边事不出网格、小事不出社区、矛盾纠纷不上交”,促进了社会和谐稳定。

第三,充分发挥各类社会组织的协同配合作用

加强以城乡社区为重点的基层基础建设。按照“一村(社区)一站”的原则,建立社区工作站。如重庆市渝北区建立和完善社区党组织、居委会、业主委员会和物业服务企业协调机制,探索社区自助式物业服务管理模式。以和谐社区创建为基础,着力打造特色社区,广泛开展“星级社区”创建活动。积极推动包括社会团体、行业组织、中介机构、志愿者团体等在内的各种社会组织发展壮大,推进社会组织参与社会管理和公共服务,加强政策引导和依法管理,推动社会组织健康有序发展。

第四,积极引导人民群众参与社会管理

如重庆市渝北区,通过党务公开、政务公开等形式,积极引导公民依法理性有序参与社会管理。提高基层群众自治组织自我管理、自我服务、自我教育、自我监督能力,加快组建专业社会工作者队伍,大力推行社区志愿服务,在每个社区组建 1 支以上各具特色的志愿者服务队伍。以社区为单位开展社区志愿者注册工作,城市社区、农村社区注册登记志愿者人数分别达到户籍居民总数的 10%和 5%以上。

59 简政放权,优化配置——推进大部制改革

2013年3月10日,在第十二届全国人民代表大会第一次会议上,审议通过了《国务院机构改革和职能转变方案》。国务院正部级机构减少4个,其中组成部门减少2个,副部级机构增减相抵数量不变。改革后,除国务院办公厅外,国务院设置组成部门25个,迈出了推进大部门制改革的坚实步伐,充分体现了改革发展的新要求和人民群众的新期待。

这次改革,以更大力度,在更广范围、更深层次上加快政府职能与角色的转变。将充分利用各方面有利条件,坚定推进一些重点领域的机构调整;同时要充分考虑当前经济社会发展面临的复杂形势和各种风险挑战,保持国务院机构总体相对稳定。对有些长期存在、社会高度关注的问题,通过职能调整解决,或适时通过必要的机构调整解决。改革的重点是,紧紧围绕转变职能和理顺职责关系,稳步推进大部门制改革,实行铁路政企分开,整合加强卫生和计划生育、食品药品、新闻出版和广播电影电视、海洋、能源管理机构。[①] 具体内容是:

实行铁路政企分开。将铁道部拟订铁路发展规划和政策的行政职责划入交通运输部。交通运输部统筹规划铁路、公路、水路、民航发展,

---

① 凤凰网:《国务院机构改革将启动组成部门减至25个 铁道部拆分》,见http://nb.ifeng.com/gngj/detail_2013_03/10/625037_0.shtml,2013年3月10日。

加快推进综合交通运输体系建设。组建国家铁路局,由交通运输部管理,承担铁道部的其他行政职责,负责拟订铁路技术标准,监督管理铁路安全生产、运输服务质量和铁路工程质量等。组建中国铁路总公司,承担铁道部的企业职责,负责铁路运输统一调度指挥,经营铁路客货运输业务,承担专运、特运任务,负责铁路建设,承担铁路安全生产主体责任等。

组建国家卫生和计划生育委员会。将卫生部的职责、国家人口和计划生育委员会的计划生育管理和服务职责整合,组建国家卫生和计划生育委员会。主要职责是,统筹规划医疗卫生和计划生育服务资源配置,组织制定国家基本药物制度,拟订计划生育政策,监督管理公共卫生和医疗服务,负责计划生育管理和服务工作等。将国家人口和计划生育委员会的研究拟定人口发展战略、规划及人口政策职责划入国家发展和改革委员会;国家中医药管理局由国家卫生和计划生育委员会管理。

组建国家食品药品监督管理总局。将国务院食品安全委员会办公室的职责、国家食品药品监督管理局的职责、国家质量监督检验检疫总局的生产环节食品安全监督管理职责、国家工商行政管理总局的流通环节食品安全监督管理职责整合,组建国家食品药品监督管理总局。主要职责是,对生产、流通、消费环节的食品安全和药品的安全性、有效性实施统一监督管理等。将工商行政管理、质量技术监督部门相应的食品安全监督管理队伍和检验检测机构划转食品药品监督管理部门。

组建国家新闻出版广播电影电视总局。将国家新闻出版总署、国家广播电影电视总局的职责整合,组建国家新闻出版广播电影电视总局。主要职责是,统筹规划新闻出版广播电影电视事业产业发展,监督管理新闻出版广播影视机构和业务以及出版物、广播影视节目的内容和质量,负责著作权管理等。国家新闻出版广播电影电视总局加挂国家版权局牌子。

重新组建国家海洋局。将现国家海洋局及其中国海监、公安部边防海警、农业部中国渔政、海关总署海上缉私警察的队伍和职责整合，重新组建国家海洋局，由国土资源部管理。国家海洋局以中国海警局名义开展海上维权执法，接受公安部业务指导；设立高层次议事协调机构国家海洋委员会，国家海洋委员会的具体工作由国家海洋局承担。

重新组建国家能源局。将现国家能源局、国家电力监管委员会的职责整合，重新组建国家能源局，由国家发展和改革委员会管理。主要职责是，拟订并组织实施能源发展战略、规划和政策，研究提出能源体制改革建议，负责能源监督管理等。

所谓大部制改革，就是要将那些职能相近、业务范围趋同的部门集中成一个部门统一管理，减化行政审批，提高政策执行效能，降低行政成本。此次大部门制改革一定要走出“一个部门管不了、多个部门管不好”的恶圈。政府将适当放权，不再大包大揽。大部门制改革的精髓和宗旨在于提高行政效率，降低行政成本，消除监管盲区，形成监管合力。

大部制改革是我国行政体制改革的又一次大动作，是“深水区”的作业，面临着权力整合难、人员分流难、机制磨合难、运行监督难等难题。大部制下，相关几个部的权力重新洗牌，统筹整合，考验着改革者的政治智慧和管理水平。国家行政学院副院长周文彰指出，这次改革与以往最大的不同，是更加强调“职能转变”。他说：“职能转变，就是要明确权力界限和各自的职能，把该管的事情全力管起来，把不该管的事放下，交给社会，交给企业。”

推进大部门制改革的关键在于真改革。一要在“分权”上推进，即要深入推进政企分开、政资分开、政事分开、政社分开；二要在“转职能”上推进，即要以转变职能为核心，继续简政放权、推进机构改革、完善制度机制、提高行政效能，稳步推进大部制改革，同时改革工商登记制度、改革社会组织管理制度，等等；三要在"减权"上推进，即要减少和下放投资审批事项、减少和下放市场经营活动审批事项、减少资质资格许可和认定，等等。这些改革，对于我们进一步处理好政府与市场、政府与社会、中央与地方的关系，深化经济政治等各个领域的改革，具有重要的现实意义。①

在第十二届全国人民代表大会第一次会议闭幕后，李克强总理在答记者问时坚定地说："推进行政体制改革，要有壮士断腕的决心，决不能明放暗不放"。国务院副总理马凯指出，"深化国务院机构改革和职能转变，要按照建立中国特色社会主义行政体制目标的要求，以职能转变为核心，继续简政放权、推进机构改革、完善制度机制、提高行政效能，加快完善社会主义市场经济体制，为全面建成小康社会提供制度保障。"总之，大部制改革是一个长期过程，不可能一蹴而就。在做好顶层设计的基础上，排好时间表，系统推进、步调一致，努力做到既要大刀阔斧，又要心细如丝，力争实现平稳过渡，无缝衔接。

---

①　学优高考网："2013 两会热点解读"，见 http://www.gkstk.com/article/38635774.html，2013 年 3 月 20 日。

60 全民共享，人人都有出彩机会
——实现伟大中国梦

2012年11月29日，新一届中央领导集体走进国家博物馆，参观大型展览《复兴之路》。参观过程中，习近平总书记提出了引发广泛共鸣的“中国梦”话题，表达了新一届中央领导集体对于建设富强民主文明和谐的社会主义现代化国家的目标和信心。

2013年3月17日，在第十二届全国人民代表大会第一次会议闭幕会上，中共中央总书记、国家主席习近平同志发表了重要讲话，系统阐述了中国梦。他不仅回答了什么是中国梦，如何实现中国梦，同时又围绕中国梦向全国各阶层各界人士提出了殷切期望。他强调，实现全面建成小康社会、建成富强民主文明和谐的社会主义现代化国家的奋斗目标，实现中华民族伟大复兴的中国梦，就是要实现国家富强、民族振兴、人民幸福。全国各族人民一定要牢记使命，心往一处想，劲往一处使，用13亿人的智慧和力量汇集起不可战胜的磅礴力量。

实现中国梦必须走中国道路。这就是中国特色社会主义道路。这条道路来之不易，它是在改革开放三十多年的伟大实践中走出来的，是在中华人民共和国成立六十多年的持续探索中走出来的，是在对近代以来一百七十多年中华民族发展历程的深刻总结中走出来的，是在对中华民族五千多年悠久文明的传承中走出来的，具有深厚的历史渊源和广泛的现实基础。中华民族是具有非凡创造力的民族，我们创造了伟大的中华文明，我们也能够继续拓展和走好适合中国国情的发展道路。全国各族人民一定要增强对中国特色社会主义的理论自信、道路自信、制度自信,坚定不移沿着正确的中国道路奋勇前进。

实现中国梦必须弘扬中国精神。这就是以爱国主义为核心的民族精神,以改革创新为核心的时代精神。这种精神是凝心聚力的兴国之魂、强国之魂。爱国主义始终是把中华民族坚强团结在一起的精神力量,改革创新始终是鞭策我们在改革开放中与时俱进的精神力量。全国各族人民一定要弘扬伟大的民族精神和时代精神,不断增强团结一心的精神纽带、自强不息的精神动力,永远朝气蓬勃迈向未来。

实现中国梦必须凝聚中国力量。这就是中国各族人民大团结的力量。中国梦是民族的梦,也是每个中国人的梦。只要我们紧密团结,万众一心,为实现共同梦想而奋斗,实现梦想的力量就无比强大,我们每个人为实现自己梦想的努力就拥有广阔的空间。生活在我们伟大祖国和伟大时代的中国人民,共同享有人生出彩的机会,共同享有梦想成真的机会,共同享有同祖国和时代一起成长与进步的机会。有梦想,有机会,有奋斗,一切美好的东西都能够创造出来。全国各族人民一定要牢记使命,心往一处想,劲往一处使,用13亿人的智慧和力量汇集起不可战胜的磅礴力量。

中国梦归根到底是人民的梦,必须紧紧依靠人民来实现,必须不断为人民造福。我们要坚持党的领导、人民当家作主、依法治国有机统一,充分调动人民积极性;要坚持发展是硬道理的战略思想,不断夯实实现中国梦的物质文化基础;要随时随刻倾听人民呼声、回应人民期待,不断实现好、维护好、发展好最广大人民根本利益;要巩固和发展最广泛的爱国统一战线,最大限度团结一切可以团结的力量。

习主席对"中国梦"的深情阐述,语言朴实,耐人寻味,催人奋进,展现了中华儿女不懈追求幸福生活的美好愿景,揭示了中华民族内心深处的集体意识,道出了中国梦最为本质的核心内容。

有梦想,就有力量。用梦想凝聚全党全国各族人民的力量,努力实现国家富强、民族振兴、人民幸福。我国仍处于并将长期处于社会主义初级阶段,改革开放至今,很多社会问题和社会矛盾浮出水面。一些利益集团与利益阶层的出现,不仅影响着国家宏观经济的发展,也同样影响着每个家庭和每一个人的发展,影响着共同享有人生出彩的机会。实现中国梦,创造全体人民更加美好的生活,任重而道远,需要我们每一个人继续付出辛勤劳动和艰苦努力。

"中国梦"既是个体梦又是国家梦。在当今中国,国家理念与人民期盼同声相应,个人梦想与民族梦想一脉相承。与强调个人奋斗的"美国梦"相比,"中国梦"是建立在爱国主义与集体主义基础上的梦想,国家好,民族好,大家才会好。中国特色社会主义将个人的奋斗发展与全体人民、全民族的奋斗发展有机统一起来,充分发挥人民群众的积极性主动性创造性,让人民群众自己当家作主实现自己的发展,使发展成果更多更公平惠及全体人民。

实现中国梦,道出了全国各族人民的心声,凝聚着全国各族人民的共识。中国梦不是空中楼阁,更不是纸上谈兵,需要脚踏实地的努力。实现中国梦必须走中国道路,必须弘扬中国精神,必须凝聚中国力量。让我们在以习近平同志为总书记的党中央坚强领导下,务实创新、锐意进取、一心为民,全力开启实现中国梦的新征程,奋力夺取中国特色社会主义新胜利,共同创造中国人民和中华民族更加幸福美好的未来!

实 践 篇

农民工是我国在工业化、城镇化进程中涌现出来的一支新型劳动大军，是推动我国经济社会发展的重要力量，为我国农村发展、城市繁荣和现代化建设作出了重要贡献。目前全国有农民工2.62亿人。随着经济社会的发展，产业的转型升级，全面提高农民工素质的重要性和紧迫性日益凸显。

当前，深入学习贯彻党的十八大和最近召开的全国“两会”精神，是全党和全国人民的首要任务。为帮助引导农民工学习、领会、掌握党的十八大和“两会”精神，团结动员亿万农民工为实现“中国梦”而贡献力量，实践篇针对当前社会关注的突出热点问题以及农民工的迫切需求和愿望，联系农民工的工作生活和思想实际，以深入浅出的形式对党的十八大和“两会”精神进行了重点解读和回答，文字通俗易懂，贴近农民工需要，便于农民工学习掌握。

1　怎样加强生态文明建设?

2013年春节前后,全国不同地方相继出现多次严重的雾霾天气。“两会”召开期间,净化大气环境,加强生态文明建设再次成为广大百姓和代表委员热议的话题。

党的十八大报告提出建设“美丽中国”,并将生态文明建设上升到经济建设、政治建设、文化建设、社会建设“五位一体”的高度。在刚刚闭幕的“两会”上,温家宝在政府工作报告中进一步指出“要顺应人民群众对美好生活环境的期待,大力加强生态文明建设和环境保护”,明确要求经济增长要与“生产要素的供给能力和资源环境的承受能力相适应”,“下决心解决好关系群众切身利益的大气、水、土壤等突出环境污染问题”。十八大报告和“两会”政府工作报告提出的这些论断和要求,是基于对人与自然关系深刻反思的科学判断,对于建设美丽中国、实现中华民族伟大复兴具有重要指导意义。

那么,如何加强生态文明建设呢?

第一,要尊重自然。尊重自然,就是人与自然相处时应秉持的态度,要求人对自然怀有敬畏之心,尊重自然界的一切创造、一切存在和一切生命。历史上,在生产力相对低下时,人类曾崇拜自然、畏惧自然。但近代以来,随着科学技术的迅速进步和改造自然能力的大幅提高,人类开始轻视自然、藐视自然,甚至以征服者、占有者的姿态面对自然,为满足自身需要向大自然不断索取,使人类赖以生存的自然环境遭受严重破坏,环境污染、生态危机日益严重。反思过去,正视现实,只有尊重自然才是人与自然相处的科学态度。尊重自然,就要深刻认识到人只是自然界的一分子,人属于自然,而不是自然属于人;尊重自然,就要深刻认识到自然是人类赖以生存发展的基本条件,人类所需要的一切均直接或间接来自自然,人类对自然应怀敬畏之心,决不能凌驾其上;尊重自然,就要深刻认识到一切物种均有生命,均有其独特价值,均是大自然大家族中不可缺少的部分,人类应该尊重一切生命。

第二,要顺应自然。顺应自然,就是人与自然相处时应遵循的基本原则,要求人顺应自然的客观规律,按照客观规律办事。“不以伟大的自然规律为依据的人类计划,只会带来灾难。”包括人类在内的自然界是一个完整有机的生态系统,有自身运动、变化和发展的内在规律,不以人的意志为转移。人利用和改造自然的实践活动只有适应自然规律,才能做到人与自然和谐相处。顺应自然,一方面要科学认识大自然中的各种规律,尽量避免因为无知而违背自然规律。另一方面要以制度约束人的行为,防止因为明知故犯而违背自然规律。像竭泽而渔、焚林而耕、杀鸡取卵和因个人贪欲而违背自然规律这种明知故犯的行为必须通过制度加以约束。

第三,要保护自然。保护自然,就是人与自然相处时应承担的重要责任,要求人发挥主观能动性,在向自然界索取生存发展之需的同时,保护自然界的生态平衡。自然界供给人类生存发展所需,人类也理应对自然担负责任,这个责任就是保护自然。保护自然也是确保人类社会永续发展的迫切需要。保护自然,首先要改变人类的发展方式,着力推进绿色发展、循环发展、低碳发展,形成节约资源和保护环境的空间格局、产业结构、生态方式和生活方式。其次要实施重大生态修复工程,增强生态产品生产能力、推进荒漠化、石漠化、水土流失综合治理,扩大森林、湖泊、湿地面积,保护生物多样性。再次要加强环境保护制度建设,把资源消耗、环境损害、生态效益纳入经济社会发展评价体系,建立体现生态文明要求的目标体系、考核办法、奖惩机制。

2　如何做到收入分配合理公平？

据人民日报和人民网开展的“2013两会热点调查”统计，截至3月2日17时，共有117万网民参与投票，网友留言1.7万多条。“收入分配不公，贫富差距过大”成为今年公众最关注的第二大热点话题。公众意见最多的是收入分配“三高一低”问题。

一高是：国企高管薪酬高。百姓对民营企业家收入高主要是羡慕嫉妒，而对国企高管收入高主要是“愤愤不平”。许多人质疑，国企高管很可能“转身成为政府官员，那么企业高管到底是公职人员还是企业家”？另外，很多人认为，国企挣钱太容易，国企高管的收入也不合理，应该限制。

二高是：隐性收入、非法收入高。相比于工资、福利的差距，隐性收入对公众容忍底线的挑战更为直接。许多公职人员，依靠权势攫取大量隐性收入，由此产生的腐败问题为百姓所深恶痛绝。

三高是：垄断行业收入过高。尽管我国目前没有对垄断行业的清晰界定，但大部分人都将烟草、电力、石油、金融、通讯等列为垄断行业。而且不少人认为，要对垄断企业改革难度很大，似乎垄断企业在人们心目中已成为实力雄厚、待遇优厚、背景深厚的硬骨头，调节“垄断行业”的收入已经成为众人高喊，却始终不见回音的老大难问题。

一低是：普通职工收入低。许多农民工说，我们是二等公民，干最苦最累的活儿，挣最少最低的工资。不少低收入者，尤其是民营企业中普通劳动者，对收入倍增缺乏信心。有人认为，政府只能对机关事业单位和国企的收入进行调整,但涉及民企,政府很难有作为。“富者愈富,穷者愈穷”,收入差距只能越拉越大。

收入差距是社会矛盾的主要源头,收入分配制度改革事关全局。温家宝在政府报告中指出,要将收入分配制度改革作为一项基本型、根本性制度,“抓紧研究制定具体政策,确保制度建设到位、政策落实到位”。深化收入分配制度改革,是一项十分艰巨复杂的系统工程,涉及方方面面的利益调整,不可能一蹴而就。因此,一定要突出重点,逐步推进,务求实效。

第一,对部分过高收入行业的国有及国有控股企业,严格实行企业工资总额和工资水平双重调控政策,逐步缩小行业工资收入差距。建立与企业领导人分类管理相适应、选任方式相匹配的企业高管人员差异化薪酬分配制度,综合考虑当期业绩和持续发展,建立健全根据经营管理绩效、风险和责任确定薪酬的制度,对行政任命的国有企业高管人员薪酬水平实行限高,推广薪酬延期支付和追索扣回制度。缩小国有企业内部分配差距,高管人员薪酬增幅应低于企业职工平均工资增幅。对非国有金融企业和上市公司高管薪酬,通过完善公司治理结构,增强董事会、薪酬委员会和股东大会在抑制畸高薪酬方面的作用。

第二,逐步实行公职人员财产公示制度,使其收入在阳光下公开透明。官员财产公示既是世界潮流,也为实现十八大提出“三清”所必须,也是官员通过主动公示财产,给民众一个明白,还自己一个清白的有效措施。公权力的所有权是人民,使用公权力的人理应受到民众约束,其收入财产理应放在阳光下曝曝光,晒晒账,做到公开透明。由于我国初步实施官员财产公示,可以逐步推进,在实际操作中可以划定人群、划定层次,对申报和公示的方法进行细分,逐步达到实际效果。同时要全面落实《关于领导干部报告个人有关事项的规定》,严格执行各级领导干部如实报告收入、房产、投资、配偶子女从业等情况的规定,对隐报瞒报、弄虚作假等行为，通过抽查、核查、检举、媒体曝光等手段，及时纠正，严肃处理。继续规范领导干部离职、调动、辞职或退（离）休后的个人从业行为，严格按照有关程序、条件和要求办理兼职任职审批事项。

第三，建立健全国有资本收益分享机制，限制垄断行业高收入。要全面建立覆盖全部国有企业，分级管理的国有资本经营预算和收益分享制度，合理分配和使用国有资本收益，扩大国有资本收益上交比例，新增部分的一定比例用于社会保障等民生支出。

第四，增加普通劳动者收入，控制高收入者。一是建立劳动力市场供求关系和企业经济效益的工资决定及正常增长机制，完善工资指导线制度，建立统一规范的企业薪酬调查和信息发布制度。根据经济发展、物价变动等因素，适时调整最低工资标准。研究发布部分行业人员最低工资标准，以非公有制企业为重点，积极稳妥推行工资集体协商和行业性、区域性工资集体协商，逐步解决一些行业企业职工工资过低的问题。二是加强个人所得税调节。加快建立综合与分类相结合的个人所得税制度，完善高收入者个人所得税的征收、管理和处罚措施，将各项收入全部纳入征收范围，建立健全个人收入双向申报制度和全国统一的纳税人识别号制度，依法做到应收尽收，取消对外籍个人从外商投资企业取得的股息、红利所得免征个人所得税等税收优惠。三是改革完善房地产税等。完善房产保有、交易等环节税收制度，逐步扩大个人住房房产税改革试点范围，细化住房交易差别化税收政策，加强存量房交易税收征管。扩大资源税征收范围，提高资源税税负水平。合理调整部分消费税的税目和税率，将部分高档娱乐消费和高档奢侈消费品纳入征收范围。研究在适当时期开征遗产税问题。

3 如何使新农保更好地惠及广大农民群众?

一个国家的现代化程度不取决于其城市大厦的高度,而取决于其对全体国民的保障程度。建立新农保制度是我国经济社会发展到现阶段的一种必然趋势,是逐步缩小城乡差距、打破城乡二元结构、推进公共服务均等化的基础性工程,从而使中国农民感受到了国家发展温暖,成为“农民四大喜”(种地不交税、上学不付费、看病不太贵、养老不犯愁)中的“压轴之喜”,赢得了广大农民的衷心拥护和支持。

温家宝在政府报告中明确提出,要不断扩大社会保障覆盖面,提高统筹层次和保障水平,加强各项制度的完善和衔接,增强公平性,适应流动性,保证可持续性。

那么,新农保如何可持续发展,更好惠及广大农民群众?

第一,切实落实好各项政策。新农保能否可持续发展,关键在于政策的落实。首先,要抓好养老金的发放,试点县(市、区)要认真落实基础数据,张榜公示,接受群众监督,确保不漏一人、不多一人,对于行动不便等特殊人员,经办机构要上门服务。其次,要突出重点,全面推进,抓好实施办法的制定完善工作,结合当地实际,及时出台具体的实施办法,使农民早日得到实惠。最后,要加强基层经办服务平台建设,抓好经办人员的业务培训,科学设置工作流程,提供好政策咨询、参保登记、待遇享受等一条龙服务。同时要加快省级统一的信息管理系统建设,将其纳入“金保工程”建设,建立覆盖城乡的信息网络,实现信息化管理。

第二,继续加大财政投入,保证新农保制度的可持续发展。关键是要保证财政资金及时拨付到位,宁可少上一些项目、压缩其他方面的开支,也要让农民得到实实在在的好处。同时,要加强宣传,让农民充分理解参加新农保的好处。要保证新农保制度的可持续发展,努力使全体人民"老有所养",政府就必须继续加大公共财政的投入,避免各级政府补贴资金不到位,明确市、县对参保人缴费补贴的分担比例,明确对农村重度残疾人等缴费困难群体的政府代缴比例,明确对中青年农民长期参保缴费的具体激励政策,鼓励有条件的市、县提高政府补贴标准,对不同年龄的农民采取不同的参保缴费补贴。

第三,建立高效安全的基金管理模式,确保基金的保值增值。针对农保基金管理模式存在的基金管理层级不统一、管理部门不统一、基金运作不统一,基金运营政策渠道单一、过分狭窄等问题而严重影响基金有效管理和保值增值,需要做好如下工作:一是农保基金由省级集中管理;二是由专家、管理人员、监督部门人员等组成的基金理事机构负责专项基金的保值增值运营;三是适应资本市场的开放,适当拓宽基金运作的政策渠道,为基金保值增值创造政策条件;四是健全和完善基金的安全管理机制,从制度上保障基金的安全和完整,要充分发挥审计监督、社会监督的作用,确保基金安全完整、保值增值。

4　怎样发展新型城镇化建设?

城镇化,一个上下关注的热门话题,一种风起云涌的发展热潮,随着"两会"的召开而再度升温。升温之余,人们也在深思:什么是城镇化? 如何建设城镇化?

温家宝在 2013 年政府工作报告中指出,城镇化是我国现代化建设的历史任务,要遵循城镇化的客观规律,积极稳妥推动城镇化健康发展,坚持科学规划、合理布局、城乡统筹、节约用地、因地制宜、提高质量。那么,究竟什么是城镇化呢? 所谓城镇化,应包括四方面的内容:一是搞好城市布局,工业化、信息化、城镇化、农业现代化协调互动,并通过产业发展、科学进步和产城融合,实现统筹城乡和农村文明延续的城镇化;二是加强城市基础建设,提高城市的承载能力,使人口、经济、资源和环境相协调,建设生态文明的美丽中国,实现中华民族永续发展的城镇化;三是以城市群为主体形态,大、中、小城市与小城镇协调发展,展现中国文化自信的城镇化;四是实现人的全面发展,体现人口积聚、"市民化"和公共服务协调发展,建设和谐社会和幸福中国的城镇化。简单地说,城镇化就是农村人口转为城镇人口的过程。

改革开放三十多年来,中国的城镇化率从 1978 年的 18% 提高到 2011 年的 51%,处于世界平均水平。目前,全国有 2.62 多亿农民工,他们离别故乡追寻梦想,投奔到陌生的城镇辛勤劳作,他们的愿望是"学有所教、劳有所得、病有所医、老有所养、住有所居",过上跟城镇人一样有尊严的生活。

然而，尽管农民工已将生活工作的城镇看成了自己的“家”，但城镇似乎还没有完全准备好容纳他们，在平等就业、住房、社会保障、子女教育、医疗养老这些基本民生问题上，尚有许多阻碍。

城镇化是13亿中国人的共同愿望，城镇化带来的社会进步只有让全社会成员共享，才能兑现普惠全民的初衷。因此，如何让农民感受到城镇化所带来的实惠，是中国发展城镇化的首要任务。

一是要有好的规划。当前，一些地方对中小城镇的建设随意性很大，一任领导一个思路，今天建明天拆，建城不像“城”，有的甚至成为形象工程。从我国推进城镇化的历程看，我们还缺少一个科学布局、分步实施的整体规划。由于我国地域差异性大，所以规划必须坚持因地制宜，按照科学发展观的要求，坚持以人为本的理念，建设一批适宜人居的小城镇。

二是要有好的定位。我们的祖先尚知道结合当地的地形、地貌、风俗习惯、气候状况、经济条件以及历史文化等创造出各具特色的城镇来，让人过目难忘。反观今日，厂房遍布、楼宇林立，大城小镇一个样，千城一面，缺少个性和魅力。因此，在推进城镇化过程中，要突出各地自身的科学定位，不盲目攀比跟风，做出“新、奇、妙”，走出一条“人无我有，人有我优”的路子，多打造一些风格各异的中小城市。

三是要有好的产业。城镇化不是简单地建几栋楼、修几条路，而是要研究如何把城镇的产业发展起来，不至于变成一座“空城”、“死城”。产业聚集和发展是城镇化的基础。如果没有合适的产业，农民就难以在城镇就业。不能就业，农民身份就无法转变，我们期盼的城镇化就不会实现。

四是要有好的服务。与大城市相比，小城镇功能明显滞后。教育、医疗、交通、金融和社会保障等公共服务还不齐全、不配套，城镇的承载能力脆弱,无法容纳更多待转移的农村劳动力。因此,必须通过各种渠道加大对城镇的基础设施投入,千方百计地健全城镇的服务功能,让小城镇真正变成城市样,真正成为百姓乐于生长于此的宜居所在。

5 如何培养高素质的蓝领农民工?

勤劳是中国人给世界的最深刻印象,正是千千万万的普通劳动者撑起了中国崛起的大业。但普通劳动者在今天很多中国人的眼中,却变得不如往昔耀眼。

其实,把职业人为地分为白领和蓝领早已是过时的分法,是传统生产方式、传统社会结构的遗留。纯粹的白领技术人员和蓝领技工都已经不能满足现代生产的需求,现代生产需要的是大量的"灰领人才"。所谓"灰领人才",是指既具备专业知识,有一定理论水平,同时又具有动手和解决实际问题能力的复合型人才,这就是国家人才发展纲要中所提出的高技能人才、应用型人才。例如电脑工程师、机械工程师、设备操作员、编程员、建筑工程师、服装设计师等。如果说十几年前一个计算机专业的本科毕业生一定会是白领的话,那么现在大部分都会成为灰领,因为毕业所从事的工作很可能是网管、编程员。

目前,我国蓝领的主体是农民工,约有 2.62 亿人,而在这些蓝领中又有 60%以上是 80 后、90 后的新生代。这些新生代农民工在文化基础、消费观念、求知欲望、价值取向等方面都明显与上一代不同。初中以上文化程度的占 90%以上,远远高于上一代。他们爱挣钱,更爱花钱。另外,新生代农民工缺少与土地的直接联系,对土地的感情远没有上一代那么深。他们对快节奏而新鲜时尚的城市文化耳濡目染,不再想做城市的打工仔,而是希望成为城里人的一员。

可以说,新生代农民工,除了户口和与之相关的福利不同外,他们已经算得上是一名城市居民了。然而，由于新生代农民工与城市同龄人的成长环境差异很大，精神、心理、生活、行为等方面也存在着巨大差别。城市缺乏对他们的认同感，他们自身也存有先天不足的自卑感。从心理上讲，无根无靠，一旦工作不顺或经济上遭遇低谷，他们就会首先成为被波及的群体，其中有些人还可能成为影响社会稳定的不确定因素。

因此，要想解决农民工问题，切实维护好他们的根本利益，就得从新生代农民工入手，大力加强职业教育培训，逐步把他们培养成高素质的新型蓝领工人。

第一，开展全员全方位的职业培训。一是加强岗前培训，对初次就业的农民工，应普遍进行就业前的职业技能专业知识培训，实行严格的就业准入制，未经培训不能上岗；二是加强在岗培训，采用企业培训方式学习新的职业技能，通过完善职业技能鉴定和职业资格证书制度引导农民工加强学习、提升职业技能；三是加强转岗培训，在我国结构性失业人数增加的情况下，应适时调整和完善失业保险制度，提高失业保险金用于下岗失业农民工再就业培训的比例，提升培训奖励补贴；四是加强创业培训，帮助农民工自谋职业、自主创业或联合创业；五是坚持培训与市场挂钩，实行“订单式”培训，按照企业需求设计课程，增强培训的针对性、技术性、实用性。

第二，加大政府和用人单位对职业培训的资金投入。按照《职业教育法》规定，应明确财政收入的1%投入职业教育，针对当前各级政府就业专项资金的使用情况，应提高职业技能鉴定补贴标准，扩大补贴对象范围，支持实训基地建设，资助贫困农民工接受职业教育和培训。要引导企业建立定期培训制度，督促企业依法按照工资总额的1.5%—2.5%计提培训经费，将其中的60%用于生产一线职工。大力鼓励社会各界及公民个人对农民工职业教育提供资助和捐赠，其资金可在应纳税额中全额扣除。

第三,理顺职业培训工作机制。一是按照“政府主导、个人自愿、市场运作、各方参与”的原则,进一步强化政府、企业、学校以及社会有关方面对农民工职业教育的联动;二是以“实际、实用、实效”为基准,进一步整合培训资源,合并相同培训项目,统一制定培训计划,扩大培训规模,提高培训效率;三是推行职业培训工作联席会议制度,建立人保、财政、教育、科技等相关部门和工青妇等人民团体协作配合的农民工培训管理体系,使农民工职业培训工作取得更大的成效。

6　如何解决农村“空心化”？

随着我国工业化、城镇化的快速发展，大量农村人口尤其是青壮年劳动力不断“外流”，农村常住人口逐渐减少，很多村庄出现了“人走房空”现象，并由人口空心化逐渐演化为人口、土地、产业和基础设施整体空心化。

农村空心化是对我国农村转型过程中出现的一些现象的概括，主要表现为：农业生产缺乏吸引力，农村生活缺乏活力，村庄格局缺乏协调性，乡土文化缺乏连续性，以及由此导致的农村劳动力非农化、资金非农化和土地非农化。

农村空心化给农村带来了深刻影响：

一是农村年轻人比例下降。当前，土地承包权流转市场上的土地承包权供给明显低于需求，通过土地流转形成适度规模经营的可能性很小，致使广大农户难以安心从事农业生产。由此引发大量农业劳动力外出，部分村庄里的中青年尤其是年轻人越来越少。伴随着城镇化的滚滚洪流，年轻人远游寻梦，老年人孤独无依。我国目前有60岁以上的农村留守老人4000万，占农村老年人口的37%。放不下的农活，生不起的病，孤独守望，日夜思念，农村留守老人的生活，让许多身在城里为人子女的农民工朋友一想起来就心痛。

二是村庄建设用地浪费严重。农民外出引起的“人走房空”由个别现象逐渐扩宽为普遍现象，导致村庄房屋大量闲置。很多农户改善居住条件时建新不拆旧，一户多宅，造成村庄布局混乱。在人口大量外出的背景下，村庄建设用地规模继续扩大，耕地资源减少和房屋闲置增多并存。

三是乡土文化被边缘化。在交通体系改善、人员互动增多和信息网络覆盖面扩大等因素影响下，外部文化渗透农村的速度加快，乡土文化趋于边缘化，家庭意识趋于淡化，恋土情节趋于弱化，延续几千年的乡土文化有逐渐消失的危险。

四是现代生产要素的过度使用不利于农业永续发展。农村劳动力的大规模转移，引发农业机械和现代化生产要素对劳动力的替代，单位耕地上的劳动投入量和劳动强度都显著下降。然而，化肥对有机肥的替代、除草剂对除草作业的替代等加剧了农村土地的污染，影响农业永续发展。

为此，2013年中央1号文件指出，农村劳动力大量流动，农户兼业化、村庄空心化、人口老龄化趋势明显，农民利益诉求多元，加强和创新农村社会管理势在必行。

第一，要从优化土地利用规划入手，提高农村建设土地利用效率。应根据政府和农户都认可的规划，做好村庄空间布局、产业配置和组织发育工作，促进村庄内聚式发展；创新土地配置制度和管理制度，依法有序推进土地资源合理配置，实现土地的资产化，使其能产生效益；加强农村宅基地管理，杜绝乱批乱占宅基地现象，将一户一宅的制度落实到实处；探索农村土地整治技术体系与政策体系，特别是可复制性强的整治模式。

第二，要从扩大经营规模和培养新型农民入手，改善农业发展环境。部分村庄的消失、居住在农村的年轻人的减少，是工业化、城镇化过程中的阶段性现象，并非是需要马上解决的问题。真正紧迫的问题是，如何在这个过程中使务农的吸引力越来越大，使留在农村的新型农民平均素质越来越高，使农业的竞争力越来越强。为此，应扩大农业经营规模,保障新型农民充分就业;实施绿色证书制度,把素质高的农村劳动力留下来,进而确保耕地经营权流向技术水平高、经营能力强的新型农民手里;开展全面培训,使新型农民的平均素质显著高于转移人员的平均素质。

第三,要从开发农业新功能和发展农村旅游业入手,传承和弘扬乡土文化。积极探寻乡土文化传承的新方式,加强对反映农耕文化特点的物品、民居、民俗、民间艺术、祠堂等的保护,保持和营造独具特色的乡土文化氛围。把文化项目与民生项目结合起来,使乡土文化融入村民的日常生活之中。开发农村旅游市场,让城市居民感受乡土文化的魅力,参与乡土文化的保护、传承和建设。

7　如何使青年农民工有一个温馨的家？

一头是再也回不去的乡村，一头是无法融入的城市。广大的新生代农民工就这样在社会上漂泊了多年，但这样的漂泊也将难以为继。那么，他们的家又在哪里呢？

新生代农民工已经走出了父辈沉重的背影。与父辈相比，他们都有明确的职业目标，看重自己未来的发展。他们并不以单纯的打工挣钱为目的，他们还会追求不错的工作条件和环境，更讲究生活的丰富与新潮。他们也不会有那种执着的落叶归根的情意，繁华的城市比乡村对青春的他们更有魔力，甚至他们婚恋对象也早已摆脱其所在乡村的局限而扩展到全国范围内。

新生代农民工是城市里一个庞大而独特的社群，已经有其相对固定的生活圈、娱乐圈、社交圈。然而，城市并未准备好如何去接纳他们。与城市的整体文化社会生态相比，他们的生存与发展显得另类不融。子女入学、医疗、住房、社保种种，对他们中的大多数人而言，还比较遥远。面对大城市里房价高、看病贵、上学难，当腰包鼓起来的速度远追不上物价的涨幅，对进城能否实现梦想，他们就会或多或少地产生怀疑和彷徨。

如果说乡村是父辈们可以退守的田园，但显然他们找不到这样的心灵港湾。农耕之事，他们和城里人一样不懂，也基本没有再回乡间务农的心理准备。家乡带给他们的，更多的只是一种故乡的情愫。即便是每年春节回去一趟,也只是因为老家有年事已高的父母倚门望归,有聚少离多的妻子独守空房。门前的海棠是否依然茁壮?天真的孩童是否忘了父亲的模样?儿时的朋友天各一方,只有春节才能相聚,把酒当歌,互叙往事。

目前我国新生代农民工,80年代以后出生的已有1.6亿,而今他们中大部分人开始进入结婚生育的时期。如果说他们的青春曾经以漂泊和流浪为自由痛快,那么显然他们已逐步告别不羁的烂漫,开始向往岁月静谧的时光。也许,当他们突然放慢青春的脚步,做些人生未来的思考时才发现,他们的住所还是一个被叫做工厂宿舍之类的地方,他们的社保与城市居民还有很多差别。当异地高考被热议的时候,再过若干年他们才会明白,原来他们才是主体。当新市民的话题被屡屡提及的时候,他们还需要一些时间才能真切明白,他们是无法与市民划等号的。

因此,首先政府要通过推进农民工的市民化,稳定农业转移劳动力在城镇的就业。目前1.6亿青年农民工在城市没有获得城镇户籍,享受的基本公共服务不完全,他们在城镇的就业并不稳定。政府要制定相应的政策来保障新生代农民工逐步融入城市社会,使他们在就业、住房、社会保障、公共服务等方面能够享受到与城镇居民同等的权利,切实解决他们在城市工作生活中遇到的问题和困难。事实上,政府正在做着不懈的努力:调控楼市、抑制物价、社会保障均等化……进步一点点积累,成绩一分分取得,越来越多的农民工在城里买了房、安了家。从长远看,随着户籍、收入分配、社会保障等各项制度不断改革,逐步完善,也有助于新生代农民工在精神上消除异乡人的不安全感和疏离感。

其次,城市要全面规划,预先把农民工的家考虑进来。仅仅在理念上确定他们是“产业工人的主体”是不够的,也不仅仅是为他们提供城市力所能及的入学、医疗、社保等同等待遇。这里的关键是,新型城镇化从一开始，就应当为他们做一系列必选项。城市对他们的接纳，应当是一种文化与心理的认同。什么时候，新生代农民工的文化生活也能成为城市文化的一部分，他们眼里的城市不会被视为"你们的城市"，而会被认为是"我们共同的城市"，他们的青春在城市才会真正拥有属于他们的"家"。

再次，青年农民工朋友也要宽容，为城市建设乐于吃苦、甘于奉献。当城市被迫走上摊大饼式发展之路，当城市的公共资源开始过载运营的时候，农民工朋友不能一味地埋怨城市对他们的歧视与无情。城市的承载极限，决定了农民工中的相当一部分人，可以把城市当作他们青春的舞台，却未必能在这里找到适合他们停靠青春的宿地。而且，生活从来不是一帆风顺的坦途，跨过一道槛，就得到一次升华；翻过一座山，就跃上一个台阶。当新生代农民工发现了这块梦想的土壤，又树立了宽容、奉献和吃苦的观念，他们就会转化为参与城镇化建设的强劲力量。

家，是心灵的驿站，是人生的港湾。每一次停泊都是一次充电，短暂的歇息，是为了让未来的奋斗更有力量。愿我们每一位青年农民工朋友都拥有自己温馨的家，衷心希望未来的日子更红火、生活更幸福。

8　青年农民工如何找到合适的工作?

一个偶然的机会,在北京火车站遇到了从成都来北京打工的小伙子李某。闲聊中知道了小伙子一段不平凡的打工经历。

李某今年 23 岁,成都人。15 岁初中一毕业,就跟父母说要做厨师,经熟人介绍,怀揣着梦想来到了遥远的北方——石家庄。可是,因工资低,干了不到半年就辞职回了成都。

回到成都后,听说"学电子轻巧,都是手上的活儿,将来进厂子不会很累,工资又高"。于是自费到一家职业学校学习电子技术,学成之后,李某于 2008 年再一次离开成都,来到广东中山一家空调制造厂打工,每月 1300 元工资。由于当地生活消费水平较高,除去房租、吃饭,每月所剩无几。2009 年又回到了成都,在一家餐厅开始上班,月薪 1300 元,但离自己的理想工资还差不少,于是又"跳槽",来到一家快捷酒店,一年后工资涨到 2700 元,基本满足了个人要求。后来听说在北京大饭店工作,每月能拿到四五千元工资,于是又动心了,就"闪辞"来到北京,想要实现自己的梦想。

李某在几年时间里,"跳槽"不下五六次,像李某这样频繁"跳槽"的农民工不在少数。据调查,新生代农民工三年内变动两次以上工作的占 57%,其中变动三次以上的占 32%。

自由选择职业是公民的基本权利,合理的人才流动是社会发展所需。"跳槽"不一定是坏事,但"闪辞"未必是好事。"跳槽"非儿戏,尤其“闪辞”对于农民工来说,更应“三思”而“跳”。

一思职业选择是否科学。科学的职业选择是人生前行的方向。你是乐于搞技术还是善于做服务,每个人心中都有一张美丽的蓝图,蓝图能否实现,首先取决于蓝图是否科学。卖茶叶蛋的老想去搞导弹显然不现实,对技术一窍不通的农民工却老惦记着开机器的高薪也很痛苦。要根据自己的爱好和条件,科学进行职业选择,这是走向成功的前提。一些青年农民工频繁跳槽的原因之一,就是始终不明白自己想干什么,能干什么,迷茫中不得其所。

二思能否积极面对现实。对环境的适应能力是成功者的必备素质。对于职场,有人发出“理想很丰满,现实很骨感”的感叹。既不想放弃“丰满”的理想,也不愿面对“骨感”的现实,“跳槽”就成了一些农民工不二的选择。职场主张“适者生存”。尽快融入企业团队,尽快适应工作要求,在条件允许的范围内,充分发掘自身潜力,将自己承担的工作做好,这是积极的态度。经验和教训告诉我们,“现实”中有催人奋进的“正能量”,也有指向平庸无为的“负能量”。如果总被“负能量”蒙蔽可能心灰意冷,丧失激情,只有被“正能量”激活,才能成就自己的未来。

三思本事是否真正到家。常言道“行行出状元”、“是金子总要发光”、“艺高人胆大”。立足本职,抓住一切机会苦练本领、提升自己的竞争力是职场打拼的“王道”。如果我们能充分利用现有平台,做个有心人,苦练本领、提升素质,大胆创新,在平凡的岗位同样能做出非凡的成绩。这方面的成功事例不胜枚举。如果自以为是,甚至“半桶水晃荡”,这样的人到哪里都将“吃不开”。

“跳槽”要三思,并非是鼓励大家安于现状,不思进取,而是提倡科学选择自己的职业,慎重对待眼前的工作。毕竟,干好任何一项工作、干成任何一项事业,都有一个积累的过程。经验的积累、知识的积累、资源的积累,甚至教训的积累。常言道,“树挪死,人挪活”。其实,人挪得过于频繁会失去许多机遇。当然,如果用人单位能更多地为青年农民工成长着想,提供更多有益的指导,搭建更加广阔的平台,那么,就不会有那么多农民工频繁“跳槽”。

9 农民工朋友如何实现“中国梦”?

“中国梦”,从习近平总书记在参观《复兴之路》展览时提出来,到最近召开的“两会”上,依然是代表委员、广大百姓的关注热点。这个梦为什么如此让人牵挂?因为它凝聚了几代人的夙愿、无数人的期盼,既是对中国人共同命运中凝聚的感情和力量的表达,也是对普通人希望和追求的表达。

“中国梦”是全民族的,也是每个人的。它沉甸甸,又激昂浪漫。它是历史的,却也是一次最新点燃。最重要的是,它不再遥不可及,不再仅仅是实现中国社会动员的一个口号。今天的民族复兴已是现实洪流,它的追求者和参与者是全体中国人民,当然也包括我们数以亿计的农民工朋友。

回顾历史,我们清楚看到,实现中华民族伟大复兴取得的每一个胜利,都是靠全民族埋头苦干取得的;展望未来,实现中华民族伟大复兴的梦想仍然要靠全国人民脚踏实地的劳动。正如习近平总书记指出:“全面建成小康社会要靠实干,基本实现现代化要靠实干,实现中华民族伟大复兴要靠实干。”

个人是小,国家是大。广大农民工朋友该如何实现民族伟大复兴“中国梦”呢?

第一,用辛勤劳动铸就“中国梦”。“人世间的一切幸福都要靠辛勤的劳动来创造”,实现中华民族伟大复兴的“中国梦”,同样离不开全体中国人民的辛勤劳动。热爱劳动、辛勤劳动是中华民族代代相传的优秀品质。汗水浇开幸福花,劳动铸就“中国梦”。人世间的一切梦想,只有通过辛勤劳动才能实现;发展中的一切难题,只有通过辛勤劳动才能破解。全面建成小康社会、加快推进新型城镇化、夺取中国特色社会主义新胜利,是我们中华民族伟大梦想。梦想要靠全国各行业的人们脚踏实地的辛勤劳动来实现。

第二,用诚实劳动扮美“中国梦”。诚实劳动是美丽的,它所折射出的思想和行为正是社会主义核心价值观的体现和践行,是实现强大凝聚力、向心力,以及为此而奋斗不息的强大的统一意志和行动。诚实劳动体现了崇高的社会公德、职业道德和个人品德,弘扬真善美、贬斥假恶丑,引导人们自觉履行法定义务、社会责任、家庭责任,营造劳动光荣、创造伟大的良好社会氛围,培育知荣辱、讲正气、作奉献、促和谐的崇高风尚,因而诚实劳动也是高尚的、美丽的。

第三,用创造性劳动提升“中国梦”。对于一个矢志复兴的民族来说,创造性劳动是实现生产方式根本转变、提升发展质量和效益、实现可持续发展的关键之举。很大程度上讲,“中国梦”是以开拓创新为支撑的。从这个意义上说,“中国梦”也是人类社会前所未有的一个崭新的梦。伟大的事业离不开万众一心的奋斗,美好未来需要更加脚踏实地的创造性劳动。因此,这就要求我们不能满足于寻常的做法,更不能因循守旧,而要以开拓创新的劳动精神寻找新方法、探索新途径、积累新经验、用创新走出新路,用创新实现新梦。

实现中华民族伟大复兴的“中国梦”,目标已经明确,部署已经启动,我们每一位农民工朋友,都要响应习近平总书记“实干兴邦”的号召,从我做起,积极投身到时代的大潮之中,在实现中华民族伟大复兴的“中国梦”的历史进程中,争取新光荣、新骄傲。

10 进城务工需要做好哪些准备？

十八大报告提出，要引导劳动者转变就业观念，鼓励多渠道、多形式就业，做好以高校毕业生为重点的青年就业工作和农村转移劳动力就业工作。我国人口众多，经济相对落后。在改革开放和加快城镇化建设的过程中，农村富余劳动力向非农业和城镇转移已成必然趋势。党和政府大力支持、鼓励、帮助农村富余劳动力向城镇转移。农村富余劳动力可以到本地乡镇就业，也可以到城市务工或从事多种经营。进城务工能开阔眼界，增长见识，摆脱贫困，走向富裕，创造幸福未来。那么，面对进城务工的形势和机遇，进城前农民朋友应做好哪些准备？

一、要有吃苦受累的思想准备

许多农民工在家乡种地，日出而作，风吹雨打，遇上灾年，收成减少，经济拮据，这是一种苦累。可是，进城务工，常常会食无定时，居无定所。伴随你的，可能将是方便面、地下室、小工棚。而劳动强度超常，精神压力大，常常遇到困难，有时甚至受到欺侮，孤立无援。这种苦累与在家种地的苦累不一样。“在家日日好，出门时时难”，说的就是离家外出的不易。你能战胜这种困难，经受住考验吗？如果没有这种吃苦受累、战胜困难的思想准备，即使进了城也很难站住脚。

二、要有能力的准备

首先,要具备一定的技能。常听农民工朋友抱怨说:“我们年轻力壮,工作就是不好找。”目前城市里好的工作岗位,大都要求从业人员具有较高的文化水平和必要的职业技能,特别是经济发达地区的城镇,缺少的是高技能人才,他们的报酬也较高。因此,就业的难易,报酬的高低,都同你掌握的技能有关。如果光有力气,没有技能,就只能干装卸、挖掘、清扫等吃苦力的粗活脏活累活,甚至还会找不到工作。如果你掌握了一两门城市建设需要的技术、技能,找到理想的工作就比较容易了。其次,要有职业资格证书。虽然并不是每位农民工都必须获得职业资格证书,但如果你有了职业资格证书,就一定不会吃亏,它会帮你更加容易找到一份稳定的工作。进城务工前,可以根据自身的需要选择真正合法的培训机构进行培训。培训合格后,当地政府劳动保障部门将会发给职业资格证书。表明劳动者具有从事某一职业必备的专业知识和技能,成为用人单位招聘、录用劳动者的主要依据。

三、要有必要的证件准备

农民工朋友需要办理以下证件:1.身份证。在户口所在地公安派出所办理。2.婚育证。在户口所在地县级人民政府计划生育行政管理部门或乡(镇)人民政府、街道办事处办理。3.外出人员就业登记卡。在户口所在地县以上劳动保障部门办理。受县级以上劳动保障部门委托,乡镇劳动保障管理站(所)也可以办理。4.暂住证。在务工暂住所在地公安派出所办理。有工作单位的,一般由单位办理。5.外来人员就业证。被用工单位招用后,由用工单位在务工地劳动保障部门办理。

6.健康凭证。在务工地卫生行政部门认定的医疗卫生机构办理。

另外,如果你有初中或高中、职业技术学校的毕业证书,也应带上,因为有些用工单位要求务工人员提供学历证明。

四、要把握外出机遇的准备

1.正确选择务工地点和地区。首先,要了解进城务工地经济发展水平、收入和消费等情况。不但应该知道自己打算从事的工作一年能挣多少钱,而且还要弄清在该地一年必要的生活开支是多少钱。因为你务工的纯收入等于你的毛收入减去你的生活开支。然后,根据纯收入的多少作进一步的选择,挑出纯收入较高的几个地方作为进一步选择的对象。其次,有利于自己的发展。优先考虑那些能够发挥自己特长和技能的地方。如果你没有什么特长和技能,那么就看看哪些地方有你能干得了或感兴趣的工作。待你初步选择了几个地方后,再考虑其他问题。第三,有利于个人的学习进步。进城务工不能只考虑能挣钱,还要考虑学习更多的东西,不断提高自己的素质,这样才能挣更多的钱。如果觉得对自己掌握技能不满意,可以选择到自己想从事的行业比较发达的城市务工。

2.正确选择务工地的方法。说到选择务工地区,人们往往会想到去外地,实际上,本地企业也能提供较多的务工机会。况且在本地城镇务工,还有许多在外地打工所没有的好处和便利,比如节省路费、生活方便、环境熟悉等。如果想到外地务工,就要先对务工地招用外地人员的情况有所了解,并对务工地的就业机会进行分析。一般来说,城市越大,容纳的就业人数就越多,所提供的就业机会就可能多些。但也应当看具体情况,如果该城市的务工人数已趋于饱和,甚至大大超过就业机会,就不能说城市越大,务工机会就越多了。相反,一些新兴的工业城市或沿海开放城市，城市虽不大，但因其经济较发达，务工机会相应地就多些。

在了解务工地的就业信息，并进行分析之后，可以选择两至三个务工地，采用征求意见法或考察体验法进行决策。征求意见法是指向你的家人或亲朋好友征求意见，或者到当地就业管理部门和劳动力市场进行咨询。考察体验法是指你直接到务工地了解相关情况，或从事短期职业亲身感受一下。

3.正确掌握出行时机。一是意向不明不行动。进城务工要避免盲目性和随从性，对进城务工地的基本情况要有大体了解，自己想从事的职业在务工地有何要求，不能盲目外出。二是避开交通拥挤期。交通拥挤时期出行十分不便，如春节期间，出行将面临购票难、座位少、人多拥挤等问题，甚至在转车的过程中买不到下一班次的车票，滞留在途中，遇到麻烦。三是心情愉快再上路。出行前要妥善安排好家里的各项事务，力求做到无后顾之忧。在进城务工时保持愉快的心情，有助于克服生活上的不便、环境不熟等困难，减少精神上的压力。

11　如何才能租到称心舒坦的住房？

每到春节后，又有不少农民朋友怀揣梦想离开家乡，来到陌生的城市打拼。对他们来说，租房住是在大城市立足的第一道关口。然而，房租贵、房源紧、位置偏、中介公司服务差、居住环境恶劣……租房难困扰着无数农民工兄弟。

在城市里，无论是自己租，还是合租，无论是租楼房、平房，还是挤在地下室，租房是大多数人在城市里落脚的第一步。近年来，城市的房租连年上涨，当高房价让买房梦想遥遥无期，逐年上涨的租金也让很多“漂泊客”倍感“压力山大”。

面对强势的房东、不规范的中介，即使是身经百战的租客也难免碰一鼻子灰：房东随意调涨租金，中介总是混水摸鱼，看房时说得天花乱坠，收了定金、赚了差价后便当起了“甩手掌柜”，退房时则以种种借口扣下大部分押金……各式花招迭出，将租房者一步步置于“坑你没商量”的处境。

所以，租房子是令人头疼的大麻烦。如何更好地规避这些不利因素，让租来的“家”住得更舒心？

找房东还是找中介？

租房可以自己（包括通过熟人、网上等）完成，也可以委托中介公司。自己操作可节省费用，但耗时耗力，需要通过各种渠道找房、约时间、看房。时间和精力有限的租房者，更适合委托具有专业资质的中介公司。这样可以在短时间内获得大量房源信息，而且看房过程中有中介陪同,相对安全。当然也需要支付一定的中介代理费用。

无论通过哪种方式租房,都需要先了解有意向地区的租房市场均价。一般情况下,房租采用“押一付三”的方式支付。如果一套房子的房租明显低于市场价,并要求年付或者半年付,需提高警惕。同时,要检查房产证和业主本人身份证原件。如果房东本人无法到场,一定要看到业主本人手写的委托书。签订租房合同之前,不要交任何费用。

代理房源可信吗?

代理房源是目前很多中介提供的一种服务方式,即业主和中介双方签订合同,把房子委托给中介出租。在这个过程中,中介会审查业主所有的证件,并先支付一定期限的租金。然后,由中介负责寻找租房者,双方再签订租赁合同。

代理房源一般是因为业主有特殊需求,比如说出国、上班时间紧张等。正规中介公司的代理房源一般都是可信的。需要注意的是,在租住这种类型的房源时,一定要检查中介与业主的协议以及业主房产证和身份证的复印件。

看房重点检查哪些事项?

看房时应该重点检查三类事项:一是周围环境以及配套设施。检查房子是否临近马路,注意门窗旁边的卫生情况,观察房屋前面是否有高楼而影响采光等。另外,可以询问房东以及邻居周边生活配套设施的情况,比如菜市场、公交路线、就医条件等。二是重点关注门窗,比如防盗门性能如何,窗户是否完好等。如果不符合要求,可以向房东提出更换。同时检查水管是否通畅、电路是否老化、是否能够满足大功率电器的使用要求等。三是检查屋内配置。主要是家具、家电方面,看是否老化、是否超过了规定的使用期限;了解使用燃气用具、淋浴器等物品的注意事项。

交接房屋需要注意什么?

首先，要注意检查一些固定设施，比如马桶、热水器、炉灶、抽油烟机等物品是否能够正常工作。如果不能正常运转，可以要求房东进行维修。而如果房东承诺更换，有必要在合同中约定。其次，物业交验应作为合同附件。如果通过中介租房，交接时中介公司会提供一张物业清单作为合同附件且注明损坏程度；如果是自行租房，同样需要记录下水、电、气三表的具体数值、内部电器的使用情况、业主暂存物品的状况等，并作为合同附件一一说明。第三，应尽快更换房门锁，为减少安全隐患，房屋交接后最好尽快更换锁芯。正式入住后，如碰到屋内设施正常使用中出现故障等情况，应第一时间跟房东或者中介联系，避免承担不必要的经济损失。

12 如何找到合适的工作?

找到一份称心如意的工作,这是每位农民工朋友最大的追求。如何才能找到合适的工作呢?

一、选择正确的寻找工作的途径

就业途径是人们实现自己就业目标的渠道。进城务工的就业途径主要有以下几种:

一是劳务输出。主要由务工人员输出地之间,通过协议的形式建立起劳动力交流合作关系,根据用工单位的用工要求,由务工人员输出地劳动就业管理机构通过市场运作,组织输送务工人员。

二是由劳动人事部门职业介绍机构介绍。这一类职业介绍机构由劳动人事部门主管,是非营利性单位,包括各级政府部门设立或举办的就业服务机构、职业介绍服务中心(所)、人才交流中心、人力资源公司等。

三是由社会职业介绍机构介绍。这类职业介绍机构属非官方中介,是由社会团体、街道社区、企业法人以及社会个人举办的职业介绍或兼办职业介绍业务,其合法开展业务活动的前提是必须符合国家有关法律规定,取得劳动保障部门颁发的《职业介绍许可证》。

四是亲戚朋友或老乡介绍。这些人有的已在外地某一用工单位工作,对所在地区的招工用工情况比较熟悉;有的自己就是某个单位的招工负责人或包工队的负责人。只要他帮你找好工作,你按照要求前去上班,一般不会落空。

五是媒体、广告招工。通过电台、电视、报刊、网络等媒体了解用工信息,直接到用人单位应聘等。

二、避免求职被骗

有很多进城务工人员因急于找到工作,或被一些用工单位宣称的条件待遇蒙蔽,或被一些不法职业中介机构的“诱饵”所诱惑,结果上当受骗,不仅浪费了时间和钱财,而且身心还受到了伤害。这就要求广大务工人员提高警惕,切莫受骗。避免上当受骗的最好办法,首先是到当地的就业服务部门,如乡(镇)就业服务站或县(市)就业服务机构,或到劳动人事部门依法登记的职业介绍所了解信息或求职。其次是到职业介绍所求职,查看该机构是否有劳动人事部门颁发的《职业介绍许可证》,查看有没有合法有效的招工简章和招工单位出具的招工委托代理书,并留心收费标准,如果收费标准没有公布上墙,而且收费过高,就值得怀疑了。如果发现哪家职业介绍所可疑,可以向当地劳动人事监察部门举报。第三是通过已在外找到工作的亲朋好友或家乡的其他人介绍进城务工的人员,也应增强维护自身合法权益的意识,注意了解有关情况。

三、细心寻找适合自己的工作

1.建筑行业工作。在建筑行业务工的,一类是掌握了安装、照明、木工、瓦工、架子工等技术的人员,这类人员可做一些技术要求稍高的工作;另一类是无任何技术的普通务工人员,这些人可做挖掘、搬运、清理等体力劳动。到建筑工地务工,应注意劳动安全,严格遵守建筑工地的各项安全规定和操作规程。

2.家政服务工作。主要是为所服务的家庭操持家务,照顾儿童、老人、病人,管理家庭有关事务。一般要求是:有操持家务的能力,身体健康;诚实、细心、讲卫生;掌握一定的膳食营养方面的常识;能看护儿童、老人和病人,能对起居室进行保洁、布置和美化,有一定的安全防护知识;掌握必要的人际交往技巧,能与所服务的家庭成员和睦相处。

3.小时工工作。为多个家庭提供清扫、育婴、接送孩子、护理老人、病人、做饭、保洁、家电设备维修、蔬菜配送等某些专业化上门服务,但不像家政服务。一般以计件或计时的方式取酬。居民家庭一般通过劳务公司、家政公司或劳务市场寻找家庭小时工。想从事这项工作,最好的办法是参加各地妇联或社区举办的家政服务组织,单打独干不会有充足的活源,因而影响个人收入。

4.餐饮服务工作。餐饮服务工作可分为两类,一类是厨师助手,包括采购等;另一类是柜台服务员和杂工。餐饮服务业对务工人员的要求是:有良好的修养,能够做到热情、礼貌、服饰整洁;有良好的卫生习惯;身体健康,不能有任何可能传染他人的疾病。

5.保安工作。主要为公司、居民小区、物业、商场、娱乐场所等的安保工作。一般要求是:身材较高、视力较好、五官端正、衣着整洁的青年;有很强的责任心和纪律性;经过着装、纪律、搏击等专门培训,并有相关的培训结业证书或其他专业证书。

6.加工行业工作。电子、服装鞋帽、皮革、食品、玩具等加工行业吸收的务工人员数量较多,特别是沿海新兴工业城市,用工需求比较大。加工行业需要的条件是:经过专门培训,掌握生产线工艺;有组织纪律性,遵守工厂纪律和操作规程;身体健康,无任何传染病,而且有良好的卫生习惯。

四、充分做好面试准备

寻找合适工作,做好面试准备很关键。一是了解应聘单位情况。通过实地参观、询问工作人员等方式和阅读报刊、收看电视等途径,了解应聘单位发展史、经营状况、企业文化、人才理念等,以便面试回答问题时有针对性。二是调整好面试心理。面对激烈的就业竞争,有部分进城务工人员常常产生自卑心理。应当扬长避短,善于展示自己的优点、长处,相信自己的能力。三是衣着得体。衣着整洁得体,会给招聘单位留下良好的第一印象,同时衣着也要与应聘的岗位相适合。

面试成功与否,技巧很重要。第一,要诚实。如果你没有做过某项工作,应该如实说明,不要胡编乱造,因为所有的谎言都会不攻自破。如果你做过某项工作是断断续续的,但都属于同一性质的岗位,那你可以把这些间断的工作并在一起加以说明。第二,要注意自己的形象。不妨让自己严肃认真一些,说话要谦虚、大方,对主考人要尊重。第三,不要紧张。有的农民工遇到提问就紧张,说话结结巴巴,有些本来还能回答的问题也答不出来,为此丧失了被录用的机会。没有一个招聘者会欣赏遇事紧张的人,要想不紧张,可以加强提前练习。第四,适当提出自己的条件。谈论报酬待遇是你的权利,这无可厚非,关键是看准时机。一般在对方已有初步聘用意向时,再委婉地提出来。“你们的待遇怎么样?”“你们管吃住吗?”有些农民工朋友一见面就急着问工资多少,会让对方反感,产生“工作还没干就先提条件”这样不好的印象。第五,面试不是在走出用人单位办公室后就结束了,而是面试后经常与招聘者保持一定联系。你可以利用和他联系的机会,加深他对你的印象。但要做到得体,不要造成逼迫人家答复的错觉。

13 为什么要签订劳动合同?

目前,一些农民工在找到工作后,不想与用人单位或者雇主签订劳动合同,认为那是可有可无的东西,反正有钱挣就行了。殊不知,不签订劳动合同,会使你处于非常不利的地位。比如,老板随时可能炒你鱿鱼,你的社会保障权益可能受到侵害,发生劳动争议也无据可查,等等。因此,农民工要想维护好自己的合法权益,一定要签订劳动合同。

1.什么是劳动合同呢?劳动合同就是务工人员与用人单位签订的一份协议,它用来证明你和用人单位双方的权利和义务,确立务工人员与用人单位之间的劳动关系。劳动合同的作用是:劳动合同一经签订,你和用人单位之间就确定了劳动关系;劳动合同明确规定了保护务工人员和用人单位双方的权利和义务,是维护双方合法权益的依据;劳动合同同时约束务工人员和用人单位,如果双方发生劳动争议,劳动合同将成为解决劳动争议的法律依据。

2.劳动合同的内容。劳动合同的主要内容有:一是劳动合同期限。就是劳动合同的有效时间,分为三种:固定期限、无固定期限和以完成一定的工作为期限。二是工作内容。包括从事的工种、岗位、生产或工作应完成的任务(数量、质量等)。三是劳动保护和劳动条件。包括劳动场所和劳动安全卫生和劳动防护措施,以及工时、休息休假等。四是劳动报酬。包括劳动报酬的标准、工资的支付形式、支付期限等。五是劳动纪律。包括上下班纪律、工作时间纪律,遵守安全生产规程,保密、防火等。六是劳动合同终止条件。就是指农民工与用人单位协商确定的在什么情况下可以终止劳动合同的内容,不包括法定终止的情形;七是违反劳动合同的责任。即在法律规定的范围内明确双方的违约责任。

另外,还可以与用人单位协商约定试用期、培训、保守商业秘密,补充保险和福利待遇等事项。但请注意,试用期不得超过6个月,而且试用期包括在劳动合同期限内。

3.无效劳动合同。无效劳动合同是指不具有法律效力的合同。劳动合同无效的情形主要表现在以下几个方面:一是劳动合同是用人单位和劳动者订立的,双方都是劳动合同的主体。什么是主体资格不合法呢？比如未满16周岁务工人员,由于我国法律是禁止使用童工的,所以就不具备签订劳动合同的合法主体资格。二是劳动合同的内容违反法律或者行政法规的规定。如约定不提供社会保险,工作中受伤概不负责等。三是用人单位采取欺诈、胁迫的手段订立的劳动合同,如用人单位以虚假的高薪欺骗务工人员,或者威胁务工人员如果不干就找人伤你等。

如果由于用人单位的原因订立无效劳动合同,给农民工造成损害的,用人单位应依照法律规定和劳动合同约定予以赔偿。

4.违反劳动合同应承担的责任。劳动合同一旦依法订立就具有法律约束力,农民工和用人单位都必须履行劳动合同规定的义务,如果违反了合同的约定,就要承担法律责任。

农民工如果违反了劳动合同的约定,给用人单位造成了经济损失,应对以下损失进行赔偿:用人单位招收录用时所支付的费用;用人单位为农民工支付的培训费用;对生产、经营和工作造成的直接经济损失;劳动合同明确约定的其他赔偿费用。

用人单位如果违反劳动合同或有关规定,应对农民工造成的损失进行赔偿:一是用人单位违法解除劳动合同或者故意拖延不与农民工订立劳动合同,对农民工造成损害的,应当承担赔偿责任。二是因为用人单位原因订立的无效劳动合同,对其造成损害的,应当承担赔偿责任。三是克扣或者无故拖欠其工资,除全额支付其工资外,还须加发相当于其工资报酬的25%的经济补偿金。四是低于当地最低工资标准支付其工资的,除补足低于最低工资标准的部分,还要支付相当于这部分1—5倍的赔偿金。五是解除与其签订的劳动合同后,依法应付给农民工经济补偿金而未给的,除全额发给其经济补偿金外,还需按经济补偿金数额的50%支付额外经济补偿金。

5.劳动合同的终止和解除。签订了劳动合同,标志着农民工和用人单位已建立了劳动关系,如果要结束这种劳动关系,可以通过终止或解除劳动合同这两种途径来完成。

终止劳动合同。终止劳动合同有两种:一是劳动合同期限界度;二是双方约定的劳动合同终止条件出现。

解除劳动合同。用人单位在下列情况下可以解除与农民工签订的劳动合同:在试用期间被证明不符合录用条件;严重违反劳动纪律或者用人单位的规章制度;因严重失职,营私舞弊,给用人单位利益造成重大损失;被追究刑事责任;因生病或非因工伤,医疗期后不能从事单位安排的工作;无法胜任用人单位安排的工作;签订劳动合同时客观情况发生重大变化,原合同单位已无法履行,与单位无法协商变更劳动合同;用人单位依法裁减人员。

如果农民工对自己工作的单位不满意,只要与单位协商一致,就可以解除劳动合同。单位不同意的话,农民工书面通知单位后,过30日也可解除劳动合同。另外,在下列情况下,农民工朋友还可以随时通知用人单位解除劳动合同:在试用期内,用人单位采用粗暴、威胁或者非法限制人身自由的手段强迫农民工劳动以及没有按照劳动合同约定支付劳动报酬或者提供劳动条件。

农民工朋友要切记,如果在以下几种情况下解除劳动合同的,用人单位应当依据国家有关规定给予农民工一定的经济补偿金:一是与用人单位协商一致解除劳动合同的;二是因生病或非因工伤不能从事单位安排的工作时被解除劳动合同的;三是无法胜任单位安排的工作被解除劳动合同的;四是订立劳动合同时客观情况发生重大变化,原合同已无法履行,与单位无法协商变更劳动合同时被解除劳动合同的;五是用人单位依法裁减人员时解除与农民工订立的劳动合同的。

14 如何计算工资收入?

工资是指用人单位依据国家有关规定或劳动合同的约定,以货币形式直接支付给劳动者的劳动报酬,一般包括计时工资、计件工资、奖金、津贴和补助,延长工作时间的工资以及特殊情况下支付的工资等。工资是农民工劳动收入的主要组成部分,但不是你所有的劳动收入都属于工资范围。以下的劳动收入就不属于工资范围:一是单位支付给你的社会保险福利费用,如病伤假期救济费、生活困难补助费等;二是劳动保护方面的费用,如用人单位支付给你的工作服、解毒剂、清凉饮料等;三是按规定未列入单位工资总额的各种劳动报酬及其他劳动收入,如国家规定发放的创造发明奖、中华技能大奖等。

最低工资保障制度,是指农民工在法定的工作时间或依法签订的劳动合同约定的工作时间内提供了正常劳动的前提下,其所在的用人单位应当支付的最低劳动报酬。所谓法定工作时间是指国家工作制度规定的时间,也就是通常所说的每日工作不超过 8 小时,每周工作不超过 40 小时。所谓正常劳动是指按依法签订的劳动合同在约定的工作时间内从事的劳动。以下几项一般不作为最低工资的组成部分:1.加班加点工资;2.中班、夜班、高温、低温、井下、有毒有害等特殊工作环境和条件下的津贴;3.国家法律法规和政策规定的福利待遇。

按国家法律法规和政策规定,正常工作日延长工作时间或法定带薪节假日加班的,应支付给劳动者加班工资。加班工资的计算办法是:正常工作日延长工作时间的,支付不低于工资 150% 的工资报酬;休息日安排加班但不能安排补休的，应支付不低于工资 200% 的工资报酬；法定带薪休假日安排加班的，应支付不低于工资 300% 的工资报酬。另外，加班加点工资报酬的计发基数也根据不同情况来确定。实行岗位工资制的，为本人月岗位工资、技能工资两项之和；实行技能工资制的，为本人月基本工资；实行计件工资制的，应根据计件单位计算基数；实行其他工资制的，为用人单位与你约定的工作标准。

农民工的工资是受法律保护的，任何人、任何单位不得侵害。但有下列情形之一的，用人单位可以代扣：一是由于务工人员过失造成事故，使单位或他人财产遭受损失时，按规定应赔偿的损失；二是应当偿还用人单位的债务；三是本人违反劳动纪律旷工或事假超过一定期限，按本单位有关管理制度应扣除的一定数额的工资；四是应当缴纳的个人所得税；五是应当由个人缴纳的社会保险费；六是法院裁判、裁定中要求代扣代缴的抚养费、赡养费；七是法律、法规规定可以从其工资中扣除的其他费用。另外，按照劳动合同约定农民工给用人单位造成经济损失应当赔偿的这部分赔偿费用可以从本人的工资中扣除，但扣除部分不得超过其当月工资的 20%，且扣除后的工资不得低于当地最低工资标准。

工资应当以法定货币支付，不得以实物或有价证券代替货币支付。我国用于流通的法定货币是人民币。用人单位应将工资支付给本人。本人因故不能领取工资时，可委托他人代领，用人单位也可委托银行代发工资。用人单位支付工资时应向农民工提供一份工资清单，上面要有本人的姓名、支付的工资项目、工资数额、时间等；最后由本人签字。

工资至少每月支付一次，而且要在务工时约定的日期支付，如遇节假日、休息日，则应提前到最近的工作日支付。农民工在依法享受年休假、探亲假、婚假、丧假、产假期间，用人单位应按合同规定的标准支付工资，但事假期间可以不支付工资。如果非劳动者的原因单位停工，在一个工资支付周期内,应按劳动合同规定的标准支付给劳动者工资。在法定工作时间内依法参加社会活动期间,用人单位应视同提供了正常劳动而支付给工资。如果依法解除或终止劳动合同,用人单位应在解除、终止劳动合同时一次性付清劳动者的工资。

按照法律规定,用人单位应当将工资以货币的形式按月支付给务工人员,不得克扣或者无故拖欠。当用人单位克扣或者无故拖欠农民工的工资时,劳动者可以向劳动保障行政部门反映,由劳动保障行政部门依法责令用人单位支付劳动者劳动报酬,并可以责令支付相当于劳动者劳动报酬 1—5 倍的赔偿金和 25%经济补偿金。

15 农民工为什么要参加社会保险?

社会保险是依法强制实施的,用人单位和个人必须参加,农民工和用人单位都必须按照规定的费率缴费。社会保险涉及每个单位和每个劳动者的利益,如果不通过法律强制实施,社会保险就不可能普遍实行,就不能保障所有因故不能获得劳动报酬的劳动者的基本生活,就不利于社会的安定和经济的发展。社会保险费用一般由国家、单位、个人三方负担,建立社会保险基金,使社会上参加了社会保险的劳动者在基本生活上得到切实的保障。俗话说,天有不测风云,人有旦夕祸福。人的一生,生、老、病、死、伤在所难免,如果你在生产中丧失或者暂时丧失劳动能力,失去了生活来源,由于你参加了社会保险,就可以得到社会保险提供的物质帮助,解决单靠你个人和家庭难以解决的困难。因此,农民工朋友参加社会保险是必须的,也是必要的。

社会保险有以下5类险种:

1.基本养老保险。我们每个人将来都会面临年老丧失工作能力的情况,仅靠个人和家庭的力量是难以承担的,这需要国家、社会、用人单位和个人共同分担,通过大家的缴费建立统筹基金,共同负担。基本养老保险就是通过其互济功能,保障你有一个安稳的晚年生活。参加基本养老保险需要注意以下几点:一是我国所有城镇企业及其职工以及城镇个体工商户及其帮工都应参加基本养老保险。不管你在用人单位工作时间长短,哪怕只工作了一个月,只要你提供了劳动,用人单位支付了工资,你就属于参加基本养老保险的对象,用人单位就应为你缴纳基本养老保险费。二是缴纳基本养老保险费的比例,国家规定一般在企业工资总额的20%左右,你个人缴纳基本养老保险的比例,最终达到你本人缴费工资的8%。三是你参加基本养老保险后,如果符合国家规定的退休条件,从你办理退休手续之月起,就可以按月领取基本养老金。四是如果你在城里工作的时间较短,缴费年限低于规定的按月享受养老待遇的年限(一般是15年),可以将你个人的缴费额包括利息一次性结算给你本人。五是如果你与企业解除或者终止劳动关系,可以到社会保险经办机构请求封存你的养老保险关系,等你再次就业时,前后缴纳年限可累计计算。

2.基本医疗保险。目前农民工最怕的就是因生病而陷入贫困。基本医疗保险虽然不能满足你全部的医疗需求,但可保证你的基本医疗需求。参加基本医疗保险,农民工需要着重了解以下几点:一是如果与城镇用人单位订立了劳动合同,建立了劳动关系,就可以和城镇职工一样随用人单位统一参加基本医疗保险。参保期间,你发生的医疗费用由社会保险经办机构按规定支付。如果个人账户不够支付时,则由个人现金支付。二是基本医疗保险费由用人单位和你个人共同缴纳。你的个人缴费全部划入个人账户,单位缴纳的30%左右也划入你的个人账户,个人账户的本金和利息归你个人所有,可以结账使用和继承。三是你的个人账户主要用于支付你因病诊疗时,需要个人负担的医疗费用,如门诊、急诊的费用,到定点药店买药的费用,统筹基金起付标准以下的费用。

3.工伤保险。在城里工作,难免会受到职业伤害。国家建立工伤保险制度,就像是为广大职工建立了"职业安全网"。如果你参加了工伤保险,受了工伤,可以享受以下待遇:一是你可在工伤定点医疗机构治疗,符合规定范围的医药费等金额报销,工伤医疗期间本人原工资照发,住院期间由单位按出差标准的70%发给住院伙食补助费。二是伤残等级被鉴定为一至四级的，保留劳动关系，退出工作岗位，按伤残等级发给一次性伤残补助金，按月支付伤残津贴，伤残津贴不得低于当地最低工资标准。到龄办理退休后，停发伤残津贴，享受基本养老保险待遇。三是伤残等级被鉴定为五六级的，按伤残等级支付一次性伤残补助金，保留与用人单位的劳动关系，由用人单位安排适当工作。难以安排工作的，由单位按月发给伤残津贴并给你缴纳各项社会保险费。如果你想解除或终止劳动关系，由单位支付一次性工伤医疗补助金和伤残就业补助金。四是伤残等级被鉴定为七至十级的，按伤残等级支付一次性伤残补助金，劳动合同期满终止，或者你提出解除劳动合同的，由单位支付一次性工伤医疗补助金和伤残就业补助金。

4.失业保险。如今，谁也不敢说能端上铁饭碗，老板随时有可能炒你"鱿鱼"，你也可能随时炒老板的"鱿鱼"。当农民工非本人意愿中断了就业，又一时找不到工作时，失业保险会帮你忙。你虽然是从农村到城市工作的，但你也为城市的建设和发展作出了自己的贡献，所以当失业时，你也可以按规定享受失业保险给你的帮助。你如果在单位持续工作满一年，单位已缴纳失业保险费的，劳动合同期满未续订或者提前解除劳动合同时，由失业保险经办机构根据你工作时间长短，支付一次性生活补助。

5.生育保险。妇女生育是人类自身的再生产，是给人类社会发展作贡献。生育保险帮助生育女职工恢复劳动能力，重返工作岗位，体现了国家和社会对妇女在这一特殊时期给予的支持和爱护。你如果是女职工，只要你工作的地区已将农民工纳入了生育保险范围，单位也参加了生育保险并缴纳了生育保险费，你在符合国家计划生育规定的情况下生育时，就能享受生育保险待遇。一是产假期你本人原工资照发，由生育保险基金以生育津贴形式对企业或你本人予以补偿。二是怀孕后，在规定的医疗、保健机构就诊，因生育或者流产所需的符合规定的有关费用由生育保险基金支付。三是在产假期间,因生育引起疾病的医疗费,由生育保险基金支付。四是因计划生育需要,实施放置(取出)宫内节育器、流产术、引产术、绝育及复通手术的医疗费用,由生育保险基金支付。

16 农民工如何维护自己的合法权益？

当前，用人单位侵害农民工合法权益的现象十分严重，如不签订劳动合同，拖欠克扣工资，不缴纳社会保险费，随意解除劳动合同，不支付工伤、职业病治疗费，等等。当这一切降临到农民工朋友头上时，你该怎么办？是忍气吞声、躲避退让，还是勇敢地拿起法律的武器，维护自己的合法权益？显然，应理直气壮地维护自己的合法权益。那么，你可以通过哪些途径来维护自己的合法权益呢？

一、申请劳动争议仲裁

劳动争议，又叫劳动纠纷，是劳动关系当事人之间因劳动权利和义务产生分歧而引起的争议。劳动争议只能发生在存在劳动关系的用人单位和被录用人之间，没有劳动关系存在，劳动争议就不可能发生。

1.申请劳动争议仲裁。农民工与用人单位之间发生下列劳动争议，就可以向有管辖权的劳动争议仲裁委员会申请仲裁。一是因企业开除、除名、辞退农民工或其辞职、自动离职而发生的争议；二是因执行国家有关工资、保险、福利、培训、劳动保护的规定发生的劳动争议；三是履行劳动合同发生的劳动争议；四是法律法规规定的其他争议（如履行集体合同发生的争议等）。

2.受理劳动争议仲裁的条件。劳动争议仲裁委员会受理农民工提出的仲裁申请，必须同时具备以下条件：一是要与本案有直接利害关系；二是要有明确的被诉人及具体的申诉请求、理由和相应的证据；三是仲裁申请属于《企业劳动争议处理条例》规定的受理范围；四是申诉的时间符合申请仲裁的实效规定，也就是说应当在你的权益被侵害之日起60日内提出仲裁申请；五是与用人单位发生的劳动争议属于该仲裁委员会管辖范围。

3.解决劳动争议的程序。农民工与用人单位发生劳动争议后，可以按照以下程序解决：一是双方自行协商解决。农民工和用人单位在自愿的基础上进行协商，达成协议。二是调解解决。不愿自行协商，或者经过协商达不成协议的，农民工和用人单位可以自愿申请企业调解委员会调解。三是仲裁解决。农民工和用人单位都可以直接向劳动争议仲裁委员会申请仲裁。仲裁庭先行调解，调解不成的，再作出裁决。四是诉讼解决。农民工或者用人单位对仲裁裁决不服的，在收到裁决书之日起15日内，可以向人民法院提起民事诉讼。

二、向劳动保障监察机构投诉举报

劳动保障监察是各级劳动保障行政部门依法对用人单位遵守劳动保障法律、法规和规章进行监督检查的行政执法活动。农民工对用人单位侵害其合法权益的违法行为有权举报，劳动保障监察机构将依法做出处理，纠正用人单位的违法行为。

1.哪些行为可以举报？一是未依法与农民工订立劳动合同或非法解除与农民工订立的劳动合同；二是非法招用农民工，包括招用童工等；三是向农民工收取风险抵押金等不合理费用或者扣押其证件的；四是无故克扣、拖欠农民工的工资或者支付给农民工的工资低于当地最低工资标准；五是不遵守工作时间和休息休假的法律规定；六是违反女职工、未成年人特殊劳动保护规定和残疾人劳动权益保障规定；七是违反社会保险登记和申报义务；八是非法从事职业介绍和职业技能培训、鉴定；九是违反招用技术工种从业人员的规定。

2.如何向劳动保障监察机构举报？农民工可以直接到劳动保障监察机构举报用人单位的违法行为，也可以采取电话举报、信函举报等形式，但要注意尽可能提供与你举报的违法行为有关的事实和证据材料。凡符合规定的举报，劳动保障监察机构在7日内立案受理。不符合规定受理范围的举报，劳动保障监察机构应当告知农民工向有处理权的部门反映。农民工有权要求告知举报的受理和查处结果。劳动保障监察机构和监察员有义务保护举报人。农民工向劳动保障监察机构举报用人单位的违法行为，劳动保障监察机构应为其保密。

三、寻求工会组织帮助

工会是职工群众自愿参加的组织，依法维护职工权益是工会组织的基本职责。工会监督法律、法规特别是劳动法律、法规的实施，是群众监督或社会监督的重要组成部分。党的十八大报告提出，要充分发挥工会组织的桥梁纽带作用，更好地维护群众合法利益。随着我国社会主义民主建设的不断发展，工会的监督范围越来越广泛，它对于实现法律、法规规定的职工的各项权益，具有重要作用。因此，当农民工的合法权益受到侵害时，可以要求工会组织帮助。

1.寻求工会帮助、指导签订劳动合同，并监督劳动合同的履行。《劳动法》规定，用人单位濒临破产进行法定整顿期间或生产经营状况发生严重困难，确需裁减人员的，应当提前30日向工会或者全体职工说明情况，听取工会或职工的意见。《劳动法》还规定，用人单位解除劳动合同，工会认为不适当的，有权提出意见。如果用人单位违反法律法规或者劳动合同，工会有权要求重新处理。农民工申请仲裁或者提起诉讼的,工会应当依法给予支持和帮助。这些规定,为工会监督劳动合同的履行,维护农民工的合法权益提供了法律依据。

2.寻求工会在劳动安全卫生方面代表和维护合法权益。生命安全和健康是工会维护农民工权利的重要方面,也是劳动保护的重要内容,特别是农民工的生命安全,更应当放在劳动和生产的首位。工会在发现重大事故隐患和职业危害,危及职工生命安全时,行使紧急处置权,能有效地保护农民工的生命安全和健康。当伤亡事故和其他严重危害职工健康的事件发生后,工会通过参加调查,有要求追究直接负责的行政领导人和有关责任人员的责任,要做好善后工作,维护职工的合法权益。

3.寻求工会对用人单位遵守劳动法律的情况进行监督。用人单位违反劳动法律法规,往往造成对职工合法劳动权益的侵害。工会维护职工的劳动权益,其主要手段之一就是监督法规、法律的实施,发现违法行为,立即向有关部门提出意见,要求有关部门认真查处,督促行政方面予以纠正。

17　农民工在安全生产中有哪些权利、义务和责任？

广大农民工远离家乡，来到城里务工，不仅仅需要一份合适的工作，更需要安全与健康。目前，农民工已成为各类安全生产事故高发的主要群体。一起伤亡事故，会给一个人、一个家庭带来巨大的伤害和无法挽回的损失。所以，广大农民工朋友要认真学习安全生产和劳动保护方面的知识，提高安全生产意识，远离事故和危险，避免意外和伤害，拥有平安和幸福。

一、农民工人员拥有的安全生产权利

为了保障农民工享有安全的生产劳动条件和环境，确保其在劳动过程中的安全与健康，国家制定了劳动安全卫生方面的法律法规，对生产经营单位做出了严格的要求，也赋予农民工在安全生产方面应享有的基本权利。

1.农民工安全生产基本权利主要内容包括：一是有权了解其所在的作业场所和工作岗位存在哪些危险，可能发生哪些事故和伤害，如何防范和施救。二是有接受安全生产教育和培训的权利，以掌握本职工作所需的安全生产知识，提高安全生产技能和事故预防、处置能力。三是有权获得保障自己安全与健康的劳动条件和防护用品。四是有权对本单位安全生产管理工作提出自己的想法和建议。五是有权对本单位安全生产工作中存在的问题,提出批评、检举、控告,单位不得进行打击报复。六是当用人单位违章指挥和强令冒险作业时,农民工有权拒绝。七是在发生直接危及自身安全的紧急情况时,农民工有权停止作业,或者采取相应的应急措施后撤离作业现场。八是因生产安全事故受到伤害或患职业病时,农民工除依法享有工伤保险待遇外,还可依照民事法律的相关规定,向本单位提出赔偿要求。

2.女职工的劳动保护权利。如果你是一个女性农民工,你除享有一般的劳动安全保护以外,还依法享有一些特殊的劳动保护权利。《劳动法》和《女职工劳动保护规定》等法律法规规定:单位禁止安排女职工从事矿山井下、森林伐木、登高架设、特别繁重体力劳动、有毒有害岗位劳动以及连续的大强度的负重作业等。同时,对女工的"四期"保护也作了相应的规定,即:一是月经期保护。单位不得安排从事高处、低温、冷水和重体力劳动强度的劳动。二是怀孕期保护。单位不得安排从事重体力劳动和有毒有害作业,不得安排加班加点;产前检查应当算作劳动时间,工资照发;怀孕 7 个月以上,单位一般不得安排上夜班;单位不得以女职工怀孕为由解雇女工。三是产期保护。享有不少于 90 天的产假,产前休息 15 天,产假期间工资、福利待遇不变,单位不得以此为由解雇。四是哺乳期保护。单位不得安排从事重体力和有毒有害作业,不得安排加班,一般不安排夜班;单位要在每班劳动时间内给予两次哺乳时间,每次 30 分钟,不得以此为由扣发工资。

3.未成年工的劳动保护权利。如果你已满 16 周岁而未满 18 周岁,那么你就是个未成年工,国家对未成年工实行特殊劳保。保护事项有:单位不得安排其从事电工、焊工、起重工等特种作业;单位不得安排其从事矿山下井、有毒有害、森林伐木、登高架设、繁重体力劳动以及其他对其发育成长有影响的作业;单位应当及时对其进行健康检查,包括上岗之前、工作满一年以及年满 18 岁并距前一次体检时间已超过半年，都要安排其进行体检。

二、农民工安全生产基本义务

法律规定农民工在安全生产方面享有基本权利的同时，也规定了农民工在安全生产方面的基本义务。

一是遵守国家有关安全生产的法律法规和规章；二是在作业过程中，应当严格遵守本单位的安全生产规章制度和操作规程，服从安全生产管理；三是在作业过程中，应当正确佩戴和使用劳动防护用品；四是应当自觉接受生产经营单位有关安全生产教育和培训，掌握所从事工作应当具备的安全生产知识；五是在作业过程中发现事故隐患或者其他不安全因素时，应当立即向现场安全生产管理人员或单位负责人报告。

三、违反安全生产的责任

安全生产不仅关系到农民工个人的安危，而且因其一次小过失，可能给企业、他人甚至社会带来灾难。根据国家有关法律规定，对安全事故责任人员要追究责任。

1.生产经营单位违反安全生产法律规定应负的责任。用人单位的劳动安全设施和劳动条件不符合国家规定或者未向农民工提供必要的劳动保护用品和劳动保护措施的，必须改正。违反安全生产规定发生安全生产事故，造成人员伤亡的，应承担赔偿责任。对事故隐患不采取措施或强令农民工违章冒险作业，造成严重后果的，对责任人员依法追究刑事责任。

2.农民工违反安全生产法律法规规定应负的责任。作为企业的员工,不服从管理,违反安全规章制度和安全操作规程,可由生产经营单位给予批评,并对其进行有关安全生产方面知识的教育。也可依照有关规章制度,对其进行处分,这要根据单位内部奖惩制度而定。如果由于农民工不服从管理或违章操作,造成了重大事故,构成了犯罪,将依照刑法有关规定对其追究刑事责任。

18 如何维护农民工的职业安全健康?

职业安全健康是职工权益的重要内容,保障和实现农民工的劳动安全卫生权益,尤其是关注他们的健康,这不仅关系到企业持续发展,也关系到社会公平和稳定。

据统计,目前我国约有2亿劳动者受到各种职业病危害,其中农民工大多工作在一线,直接接触有毒有害物质,是职业病的高危人群。进城谋生的农民工,由于受到文化素质、技能水平的限制,往往从事的是苦、脏、累、险、差、有毒、有害的工种、工作超强度、工时超长度。加上他们普遍受教育程度低,缺乏足够的医疗保健知识,农民工成了卫生健康方面的弱势群体。作为家庭收入"顶梁柱"的农民工,如果他们一倒,可能会使整个家庭崩溃,进而产生一系列的社会问题,严重影响社会和谐。

因此,做好农民工职业病防治工作,切实保护他们的职业安全,必须积极采取措施改善企业劳动环境,努力实现企业发展水平与安全生产水平共同提高,企业经济效益与职工健康权益同步发展。应着力解决好五个问题。

第一,加强立法执法工作。加快制定相应的法律法规,保护高危行业从业人员的身体健康和生命安全,提高其工资水平和福利待遇水平;规定企业必须定期为职工进行健康检查,建立职业危害监测、检查、管理和治疗康复与疗休养制度。

第二,加强安全监督检查。一些企业经营者对农民工较多的岗位在防护设施和防护用品方面投入严重不足,生产工艺落后,作业环境恶劣,对这些企业,必须从健全职业卫生监督管理机制入手,积极消除职业病隐患,防治职业病的发生。要建立用人单位负责、行政监督管理的机制,加大用人单位职业病防治的主体责任,同时也要加强相关监管部门作为职业病监管主体的责任,严厉惩处危害劳动者身心健康的劳动用工行为,督促企业改善劳动安全条件。

第三,建立和完善市场准入制度。职业病防治工作应该坚持预防为主、防治结合的方针,在企业安全生产条件、劳动保护措施、安全教育培训、职业病防治、职工健康检查等方面建立严格而明确的国家标准,并对企业执行标准的情况进行严格监察,坚决制止一切损害劳动者安全和健康权益的劳动用工行为。

第四,充分发挥工会组织的作用。工会组织要积极维护农民工的生命健康权益,推动改善农民工的劳动条件。应加强对劳保监督人员的培训和管理,提高其能力,发挥其作用;要深入开展"安康杯"竞赛,在职工中普及安全生产和职业病防治知识,提高农民工的劳动安全卫生防控意识和能力;加强对高危行业劳动安全卫生情况的群众监督,推动政府落实监管责任,督促和协助企业落实职业病防治主体责任。

第五,提高农民工的安全防护意识和普及职业病防治知识。绝大多数农民工缺乏职业病防护知识和维权意识,工作中自我防护意识缺乏。有的农民工为了图方便,连企业配发的一些防护用品也不使用,参加体检的农民工也明显少于城镇职工。上述种种都为农民工的职业安全埋下了隐患。因此,要通过媒体的宣传、职业服务机构和工会组织的教育,让每一个农民工都了解职业病危害的严重程度,让他们意识到职业病的危害对健康的影响,从而从自身做起,做好个人的预防工作。

19 农民工需要掌握哪些安全生产基本知识?

农民工朋友进入工作岗位后,就要和各种机器、工具、建筑物、原材料打交道,这些机器、工具、建筑物、原材料可能存在各种意想不到的危险性,即不安全因素。如果你在生产劳动过程中不注意安全或不懂得正确的操作方法,就可能引发工伤事故,造成人员伤亡和财产损失。因此,在生产过程中,一定要树立强烈的自我保护意识,掌握安全生产知识和正确的操作方法。

一、识别安全标志

在生产作业现场,针对危险物、不安全处及容易发生事故的设施和部位,都设立了安全标志。这些标志是不说话的安全监察员,在默默地提醒和告诫你注意安全。常用的安全标志大体有下列几类:

1.禁止标志。是禁止或制止人们不安全行为的图形标志。如禁止明火作业,禁止吸烟,禁止戴手套,禁止通行等。

2.警告标志。是提醒人们对周围环境引起注意,以预防和避免可能发生的危险和事故的图形标志。如当心火灾,当心坠落,当心机械伤人等。

3.命令标志。是强制人们必须遵守并做出某种动作或采取防范措施的图形标志。如必须戴安全帽,必须戴防护眼镜,必须系安全带等。

4.提示标志。是提供目标所在位置与方向或其他信息的图形标志。如指示安全通道、灭火器、消防栓等。

对于安全标志,首先要做到熟悉和识别,然后做到认真自觉地遵守。当事故发生后,可以在标志的指引和帮助下,安全地疏散和撤离,确保自己的安全。绝对不可以因为安全标志的“默默无闻”就置之不理,这样的结果就可能是事故来报复你。《安全生产法》明确规定:生产经营单位应当在有较大危险因素的生产经营场所和有关设施、设备上,设置明显的安全警示标志。如果未设置安全标志,员工可以向企业提出,要求设立安全标志。如得不到答复,可向当地安全生产监督管理部门反映,督促企业尽快整改。

二、劳动防护用品

生产过程中存在的各种危险和有害因素,会伤害到农民工的身体和健康,有时甚至会导致死亡。在工作中,佩戴劳动防护用品是保护农民工在生产过程中安全与健康的一种辅助措施。《劳动法》中规定,用人单位必须为劳动者提供符合国家规定的劳动安全卫生条件和必要的劳动防护用品。

1.防护用品的种类。主要分为:

头部防护用品,主要指安全帽,它能使冲击力分散,并能使空中坠落物向外侧偏离,减轻伤害的程度。

呼吸器官防护用品,如防尘罩和防毒面具等。

眼、面防护用品,如防护眼镜和电焊面罩等。

听觉器官防护用品,如耳罩和耳塞等。

手和足防护用品,主要指手套和防护鞋。如绝缘手套、耐酸(碱)手套、焊工手套、橡胶耐油手套、绝缘皮鞋、胶面防砸安全靴等。

防护服装，如灭火应穿的阻燃工作服，从事酸（碱）作业应穿戴的防酸（碱）工作服，以及静电工作服等。

高处坠落防护用品，如安全带、安全绳、安全网等。

2.如何拥有合格有效的劳动防护用品。首先要根据《劳动防护用品配备标准》，看你所从事的岗位和工种需要配备何种防护用品。其次要看配备的劳动防护用品合格不合格，主要看生产和经营劳动保护用品的单位是否持有安全生产监管部门颁发的安全生产许可证和经营许可证。你所在企业必须使用有生产许可证的单位生产的劳动防护用品，或必须从有经营许可证的单位购买劳动防护用品。只有切实保证劳动防护用品的质量，才能使其真正发挥作用。

3.使用劳动防护用品需注意哪些事项。一是正确配穿工作服。很多工作都需要穿工作服。工作服要整洁，这标志着人有朝气、有精神；穿着要合身，做到“三紧”（即工作服的领口紧、袖口紧、下摆紧），防止敞开的袖口或衣襟被机器卷夹，禁止赤膊工作。二是戴好安全帽。人的头顶和帽体内顶部的空间至少有32毫米才能使用；使用时不要将安全帽歪戴在脑后，帽带不能系太松；要注意定期检查，如发现帽子有裂缝、下凹或严重磨损时，应立即更换。三是戴好防护手套。为防止劳动过程中对手部的伤害，如磨损、刺伤、焗烫、酸碱腐蚀等，必须戴防护手套，才能上岗操作。常见的有纱手套、帆布手套、皮手套、乳胶手套等。对手套要经常检查，如有老化、破损应及时更换。特别是绝缘手套，一旦老化，将严重影响其绝缘性，引发触电事故。此外，在从事金属切割、车床操作时，一般严禁戴手套，以避免被机床上的转动部件缠住或卷进而引发事故。

20 如何防止生产安全事故发生?

广大农民工朋友,从农村来到城市,进入到大大小小各类企业中工作,这些企业分别属于采掘业、制造业、建筑业、交通运输业、商业、服务业等不同行业。每个行业因为其自身特点、原材料、生产工艺、生产过程各不相同,人们在生产过程中的危险性及可能受到的伤害程度也不尽相同,因而对岗位操作安全的要求也是不同的。农民工在工作中需要了解和掌握以下岗位操作安全知识。

一、安全操作

1.操作前的检查。工作前,必须对所操作的设备、装置、工作物等进行检查。各种设备、装置等都必须处于正常状态下才能使用,堆放物体、挖沟埋管都必须牢靠稳固。如果发现问题,应立即通知有关人员检修。从事拆建房屋、修路埋管等建筑施工的农民工,应在施工前对建筑物体进行仔细查看,查看有无倒塌等可能,只有在确保安全后才可进行施工。

2.严守操作规程。这是保证安全生产的前提条件,绝不可为了图省事、赶进度,而违反规定的操作程序。

3.警惕异常现象。在生产过程中遇到机械发生故障,应向管理人员报告,请专门检修人员修理,不可自行拆装。在物体吊运中,不可以用手或脚纠正物体歪斜,或拔拉吊索。出现异常情况,物体周围人员应撤离危险区,待运动中的物体放稳以后,再予纠正,恢复安全状态。从事高空作业时脚下不可踩踏在摇晃、承受力不足、支点不牢固的物体上,以免发生高空坠落事故。

二、制止违章作业

对违章作业或不安全的行为,企业管理人员有责任加以制止,同时操作工人也应相互提醒和制止,以杜绝事故的发生。对下列行为必须加以制止:

1.操作机械、移动物体的方法不正确。如开动冲床时,将手伸进危险区域,直接在冲模上拿取或装卸零件;物体支撑物不坚固牢靠。

2.进入操作危险区域。如靠近正在运转的机器;起重机工作时,在作业区域,如起重臂、吊钩和被吊物下面站立、工作或通过;对正在运转的机械装置进行清扫、加油、移动或修理;在无安全信号和许可的情况下,突然开动机械或移动车辆、物体等。

3.使用有缺陷的工具、吊索具、机械装置。如使用老化锈蚀的钢丝绳、出现裂纹的吊钩、磨损严重的轮滑等。

4.私自拆除机械安全装置,使安全装置失效。从事非本人所从事的工作,特别是电工、焊接、吊运、车辆、电梯、搭脚手架等危险性较大的特种作业;登上运转中的机械,或跳上、跳下正在运行中的车辆,用手代替规定的工具作业;不穿戴规定的劳动防护用品,或劳动防护用品不符合安全要求。

三、防止触电事故

随着科技的发展,电气技术的应用越来越广泛,极大地提高了劳动生产率,改善了劳动和生活条件。但用电不当也可能给你带来伤害。因此,要了解安全用电知识,防止发生触电事故。

1.电灯不亮或电气设备发生问题,如果不是电工,就千万不要盲目去摆弄;要是发生线路故障,应请电工排除,不得随意处理或拖接临时线;严禁使用损坏的插头、插座,严禁使用绝缘体磨损的电线;接地线不得随意拆除。

2.用电前须检查漏电保护器或防触电装置是否正常;移动电气设备前,应先切断电源。

3.在潮湿地或有水作业区操作,应事先检查线路是否漏电,线路周围物体是否导电;在高压架空电线附近工作时,须特别小心,要保持一定的距离,绝对不可触碰。

4.电工作业时,不得赤膊、赤脚、穿拖鞋,应按规定穿戴好防护用品和使用专用电工工具及用具。在停电检修时,必须在闸刀处挂上"正在检修,不得合闸"的警告牌。

四、防止机械操作事故

各类机械设备在运转中,都可能发生对人体的伤害事故,这类伤害主要表现为:碰伤、压伤、轧伤、卷缠等,因此,要格外注意安全防范。

1.对于机械伤害的防护,最主要是要将全部运转零件遮挡起来,做到"转动有罩,转轴有套,区域有栏",从而消除身体任何部位与其接触的可能性,防止衣袖、发辫和手持工具被绞入机器。

2.操作时穿戴的工作服必须领口紧、袖口紧、下摆紧。夏天不能赤膊或披着衣服,冬天严禁戴围巾,女工需将发辫盘在工作帽里,在车床上操作时严禁戴手套。检修或清扫时,必须先断电关机,待机器停妥后方可检修、清扫,加油应当使用长注油器。

3.不是自己操作的机械,或不懂操作方法,千万不要随意开动机器。加工零件一定要紧固牢靠,防止飞出伤人。

4.严格实行工前检查制度,在确认设备、加工件符合安全需求的情况下,才能开机操作。机器周围的环境应卫生整洁,保持通道畅通,不要把各种物品乱七八糟堆在机器旁边。

五、防止火灾、爆炸事故

俗话说水火无情。一旦发生火灾、爆炸,其危害性是十分严重的。每个从事生产劳动的人都应该掌握必要的防火防爆知识。

1.从事易燃易爆作业的人员必须经消防安全培训,并考试合格后方可上岗。

2.要严格执行生产经营单位制定的防火防爆规章制度,禁止违章作业。严禁在易燃易爆品储存场所吸烟或乱扔烟头等火种。生产、使用、运输、储存易燃易爆物品时,一定要严格遵守安全操作规程,切不可盲目乱干。

3.在工作现场动用明火,须报主管部门批准同意,并做好安全防范工作。不要将能产生静电火花的电子产品,如手机、寻呼机带入易燃易爆危险场所。对于车间配备的一般性防火防爆器材,应学会使用,并且不要随便挪用或损坏。

六、防止坠落事故

需要登高作业的工作很多,如拆房建楼、装卸检修等。坠落事故的伤害一般较为严重,因此,你必须认真防止坠落事故的发生。

1.作业场所预留孔洞必须架设牢固盖板、围栏或架设安全网。脚手架的材料和脚手架的搭设必须符合规程要求,使用前必须经过检查和验收。使用有防滑条的脚手板,钩挂牢固,禁止在玻璃天窗、凉棚、石棉瓦屋面、屋檐口或其他承受力差的物体上踩踏。

2.凡施工的建筑物高度超过 10 米,必须在工作面外侧搭设 3 米宽的安全网。施工人员在高空作业时,必须戴好安全帽、系好安全带。使用安全带前应检查安全带的缝制和钩挂部分是否完全可靠,如发现磨损要及时修理或更换。安全带应系于腰部,挂钩应扣在不低于作业者所处水平位置的固定牢靠处,特别危险场合还要系好安全绳。

3.使用梯子前应检查强度,特别需要注意有无缺档、裂纹、腐蚀和防滑垫。梯子靠的角度为 75 度左右,支靠时梯子顶端伸出去的长度应为 60 厘米以上。梯子上下部分应用绳索固定,不能固定时,下面须有人扶住。操作人员上下梯子时面朝内,不得以不稳定姿势作业。

21 农民工如何消除安全生产隐患?

2012年,安徽省高考作文题目《不用时请将梯子横放》引发人们的高度关注。题目的说明材料是:某公司的车间角落竖放着一架工作使用的梯子,为了防止倒下伤着人,工作人员特意在旁边贴了一个条幅“注意安全“来提醒大家,这事谁也没有放在心上。有一次,一位客户前来洽谈合作事宜,当他走到贴有条幅的梯子前时驻足良久。之后,他提出建议,将条幅改成“不用时请将梯子横放”。不久,人们多年的习惯做法得到了改变,不管谁用完梯子,都会自觉地把梯子横放在原处,竖放的梯子随时都有可能倒下砸伤人的隐患不复存在了。

同样是强调安全,不同的是,前者只停留在一般性的提醒上,而后者则彻底把潜在的危险因素排除了。前者反映了管理人员具有较强的安全意识,意识到梯子倒下可能会伤到人,但仅仅停留在提醒的层面上,并没有提出防止梯子倒下砸伤人的措施,隐患依然存在。而后者则提出了解决问题的办法,彻底消除了梯子倒下砸伤人的可能。这一前一后本质上的不同,杜绝安全隐患的作用便立竿见影。因此,前者是治标,后者则是治本。

谈到隐患,便想起“特洛伊木马”的故事:古希腊传说中,希腊斯巴达王为攻克特洛伊城,以报夺妻之恨,便设计制作留下一具巨大木马在城下,当特洛伊人把木马当作战利品拖进城内、准备欢庆胜利时,藏在木马中的士兵悄悄溜出,打开城门,放进埋伏在城外的军队,致使特洛伊城一夜之间化为废墟。这个故事告诉我们,事故背后有征兆,征兆背后有隐患，隐患不除则安全难保。所以，班组抓安全必须从排查安全隐患开始。

第一，要构建安全思想“防火墙”。毫无疑问，班组是排查安全隐患的主战场，要确保安全生产，思想必须先行。回想电视、报纸等媒体报道的各种安全事故，有多少事故是因职工为了多干点活多挣点钱而盲目赶工引起的；有多少事故是因职工对隐患的危害认识不够、过于侥幸乐观引起的；又有多少事故是因职工自认经验丰富、技术精湛从而麻痹大意引起的。综观这些引发事故的原因，我们不难发现，安全问题思想上不重视，必然会导致安全事故。为此，我们必须建立“安全就是一切”、“安全就是生命”、“隐患无小事”的层层思想“防火墙”，为安全提供强有力的思想保障。

第二，要进行安全系统“升级”。一方面要对恶劣的作业环境、落后的工艺流程、破旧的机器设备加大科技投入，引进信息化、自动化机器设备，以代替部分岗位靠人力、靠体力的现状，使职工从“急、难、险、苦、累”的工作环境里解放出来，真正实现体面工作、轻松工作、安全工作。另一方面，通过对农民工安全技能和安全意识的培训，开展消防训练和紧急事故演习活动，不断提高农民工的操作技能和处理突发事故的能力，并且加大安全宣传力度，打造班组安全文化，培养本质安全型员工。

第三，要进行安全程序“杀毒”。安全生产中即使存在微小隐患，也可能发生重大的事故。因此，岗位上有一点点小隐患也要及时彻底铲除。要通过建立企业、车间、班组、个人四级安全管理机制，采取职工自查、班组互查、车间抽检、企业督查等形式，全面落实班前、班中、班后安全“三确认”制度，精心构筑横向到边，纵向到底的安全隐患查处体系，做到有疑必探、有患必除，使生产过程始终处于可防可控状态。对查出的安全隐患马上整改；对有些不能马上整改的，要明确整改期限和责任人。

第四，要勤补安全“漏洞”。在一些企业班组，注意安全的提醒随处可见，安全生产规章制度也很健全，安全生产举措也很完善，各种安全教育也从不放松，但为什么安全事故还是频发呢？归根结底，就是因为有“梯子立起来摆放”这样类似的事情存在着。要想清除农民工头脑里的这种惯性，必须对隐患原因深查深究。是规章制度不够合理完善，还是机器原本就有问题？是农民工工作马虎、心不在焉，还是思想有情绪工作状态不佳？这些问题都要逐个摸清，开出“药方”，定期“复查”，彻底堵塞安全漏洞。

企业的安全规章规程都是用鲜血总结写成的，不系好安全带就有人在高空作业时坠落伤亡，不戴好护目眼镜就有人会伤了眼睛，不穿好劳保鞋就有人被刺伤碰伤脚……无数事实证明：杜绝“三违”是多么重要！我们必须不折不扣地执行安全操作规程，按照规程要求去审视、对比、排查隐患，及时有效地进行绝杀，不让一个隐患从我们班组职工手下“逃生”。

22 农民工如何克服习惯性违章操作?

习惯性违章操作是指在日常的生产、生活中,为求方便,已经习惯了的潜意识违章行为。明明知道要按规章操作,可一干起活来则以自己习惯为主,一些与安全规章相悖的习惯也不改正,再加上数次过后并没有出问题,因此胆子便越来越大,直到发生事故。克服习惯性违章操作一直是企业多年来安全管理工作的难点。可以说,企业一般都强调反对习惯性违章,都查习惯性违章,安全监管人员、生产管理人员也经常在现场巡视,即使这样,习惯性违章行为仍难以彻底杜绝。其原因主要有以下几个方面:

一是图省事嫌麻烦。有些农民工嫌安全措施多余、麻烦,作业中想怎么干就怎么干,怎么方便就怎么来,随意性很大。长期如此,便养成了错误习惯,作业中只想图省事。

二是心存侥幸,冒险蛮干。有的农民工在工作中违章,但没有出过事,便认为照此下去也不会发生事故。一旦环境、设备、人员发生变化,就很可能引发事故。有的农民工操作方法简单粗暴,不拘小节,把遵章守制放在脑后,明知违章还蛮干。

三是不知不觉,麻痹大意。有的农民工对工作程序和规章制度知道不多,甚至根本就不了解,或一知半解,工作起来凭感觉和习惯,工作起来马马虎虎,心不在焉。

四是得过且过,贪图安逸。有的农民工在工作中缺乏积极性,做一天和尚撞一天钟,发现安全工具有问题,也不及时更换或修理,自我保护意识差;有的农民工在工作中不求上进,不注意学习,技术较差,跟着别人一起干活还可以,如果单独工作哪怕是简单的工作都可能会出事故。

五是整治习惯性违章不力。管理人员对习惯性违章行为视而不见,见而不管,管而不严。

要杜绝习惯性违章,必须全面提高农民工的素质,养成良好的安全生产习惯。

一、预防是前提

一是提高反习惯性违章的思想认识,把反习惯性违章工作的重点放在事前预防,预则立,不预则废。二是做好基础工作,进行超前预防,加强对农民工的安全教育,提高他们的安全观念和安全技术水平,严格劳动纪律,培养农民工遵章守纪的良好习惯,为预防习惯性违章打下坚实的基础。三是要善于抓苗头,举一反三,把习惯性违章消灭在萌芽状态。四是把预防工作做到每一个作业环节、每一个岗位、每一个人身上,贯穿于企业生产经营的全过程,特别要关注重点人群和薄弱环节。五是要摸索规律,掌握预防的主动权。习惯性违章行为有一定的规律性,预防的重点应放在检修施工现场、特种作业人员和换季时节。

二、认识是重点

习惯性违章行为表面上看起来简化了操作步骤,既简单又方便。但"违章不一定出事故,事故必然出自违章",这一规律表明习惯性违章的最终后果必然是事故。这就要求我们必须认清习惯性违章的本质及其危害性,全面了解习惯性违章的特点,认识到安全规程及其相关规程的科学性和严肃性,不是可有可无,更不是多余的,只有严格遵守,对照执行,才能确保平安。

三、坚持是关健

一是明确安全生产责任制,提高责任感。企业、车间的行政领导作为安全第一责任人,要亲自抓,负总责,坚定反习惯性作业的决心。二是开展安全生产标准化作业。全员发动,根据不同情况制定详细的安全操作规程,要求每位农民工都熟记会背,做到上标准岗,干标准活,办标准事。三是将班组作为反习惯性违章的前沿阵地,每周进行一次“班组安全日”活动,每天坚持10分钟的班前班后安全会,对工作场所进行危险预知教育,推行联保互保制度。采用电视、广播、网络、报纸等传媒手段对习惯性违章行为予以曝光。四是加大惩罚力度。对严重习惯性违章人员,要根据情况培训学习、让其下岗、留厂查看、直至解除劳动合同。对遵章守纪,并能及时纠正习惯性违章行为的农民工给予表扬或奖励。要加强经常性安全教育和安全检查,使农民工增强自觉性,牢固树立安全第一的观念。

23　发生事故后需采取哪些应急措施？

尽管我们制定了许多的安全生产法律法规和规章措施，做了广泛的安全生产教育来普及安全生产知识，千方百计避免发生事故和人身伤害。然而，事故和伤害很难做到绝对不发生。一旦发生事故，如果处理不当，就会带来不可挽回的损失。例如，有人触电，就急忙上前去拉，结果自己也同样触电；一听到着火，没有搞清火源，一拥而上，结果又发生爆炸，造成更大伤亡；发生坠落或淹溺事故后，不懂如何救护，延误了救治的时间，使本来可以救治的而没能救治，失去了宝贵的生命，等等。所以，事故发生后采取恰当的应急措施非常重要。

一、发生事故后采取应急措施的原则

1.事故发生后，不要惊慌失措，要保持情绪稳定。慌乱只会使自己束手无策。在采取应急措施时，要预先估计可能产生的后果。

2.听从领导、安全管理人员或有经验人员的指挥和安排。

3.要根据不同的事故现场及人员伤势情况，采取不同的措施，如立即停机、停电等，使受害人脱离现场和致伤物。抢救触电人员时，必须在切断电源后进行，并注意保护受伤者受伤部位，进行伤口止血、包扎、固定、人工呼吸等抢救，并立即联系车辆，送往医院。发生化学灼伤，灼伤的皮肤或眼部应立即用水冲洗，然后再送往医院治疗。

4.发生事故，不管是轻微伤害还是无伤害，都要按规定报告单位领导或有关部门，绝不能隐瞒。

二、发生火灾、爆炸后应采取的措施

1.一旦发生火灾、爆炸，千万不要惊慌失措，应根据现场情况立即组织附近人员投入灭火抢救工作，并迅速打电话给消防队报警，讲清发生火灾的正确地址及附近的通道情况。

2.正确使用灭火器材或水来灭火。下列情况的火灾不能用水扑救：一是遇水燃烧的物质（如碱金属等）和灼热物质（如铁水、熔渣等）着火引起的火灾；二是电器着火，在电源未切断之前；三是非水溶性、比水轻的可燃性易燃液体着火，如苯、甲苯；四是遇水能产生有毒气体的物质着火，如磷化锌、磷化铅等。

3.遇水燃烧物质或电源着火时，不能用泡沫灭火剂扑灭；发生火灾或爆炸时，遇到有毒气体散发出来，一定要带上防毒面具才能去抢救。

三、发生触电时的现场急救措施

如果在工作现场发现触电，应立即进行现场急救。请记住，这时争取一分钟甚至可以挽救一个人的生命。现场急救应该注意的事项是：

1.使触电者迅速脱离电源。发生触电事故时，切不可惊慌失措，首先要迅速切断电源，这是能够抢救成功的主要因素。

2.当伤员触电后，身上有电流通过，如抢救错误，不注意自身安全，抢救者同样会触电。必须先使伤员脱离电源，现场人员方可施救。救护人员不准直接用手去拖拉触电者，不准用其他金属或潮湿的物体作为救护工具，应使用绝缘工具，并防止在场其他人员再次触电，使用绝缘工具以单手操作为宜，在伤员未解脱电源之前，不准触碰触电者身体。

3.要防止处于高处的触电者在脱离电源后，可能出现的坠落摔伤，引发二次事故，应考虑防坠摔伤的安全措施。即使在平地也要注意伤员倒下时的方向。

4.触电者脱离电源后，应区别情况立即对伤员做有关急救处理，并迅速送往医院抢救治疗。

四、出现外伤现场的急救措施

1.止血。成年人大约有5000毫升血液，当伤员出血量达2000毫升左右，就会有生命危险，必须紧急对伤员止血。止血的方法有直接压迫止血法、加压包扎法、填塞止血法，指压动脉止血法（用手掌或手指压迫伤口近心端动脉）。止血用品要干净，防止污染伤口；止血带使用不能超过一小时，不能用金属丝、线带作为止血带。

2.包扎。包扎是为了保护伤口，减少污染，止血止痛，固定敷料。包扎材料可用绑带、三角巾或干净的衣服、床单、毛巾等。

3.固定。固定是为了防止骨折部位移动（骨折端部移动时会损伤血管、神经、肌肉），减轻伤员痛苦。固定时动作要轻，固定要牢，松紧要适度，皮肤和夹板间要垫一些衣服或毛巾之类的东西，防止因局部受压而引起坏死。在伤员休克和大出血时，先要（或同时）处理休克；刺出伤口的骨头不要送回伤口，这样会加重感染的可能。

4.搬运。要特别小心保护受伤处，不能使伤口创伤加重；要先固定好再搬运；对昏迷、休克、内出血、内脏损坏和头部创伤的，必须用担架或木板搬运；尤其是对颈、胸、腰段骨折的伤员，一定要保证受伤部位平直，不能随意摆动。

搬运是急救的重要步骤，搬运方法要根据伤情和具体情况而定。如果搬运方法不当，极有可能加重伤者的伤势，给以后的医治带来困难。

24　如何预防职业危害?

农民工朋友离开家乡进城务工,赚钱固然重要,但安全健康的工作环境同样不可忽视。广大农民工从事的工作,有些可能职业危害较大、可以引发多种职业病、严重损害健康、诱发癌症等恶性疾病,导致身体残疾甚至死亡。所以一定要高度重视这个问题,尽量减少危害,正确认识和判断作业场所有哪些危害因素,并有效控制、减少和消除危害。

一、产生职业危害的主要因素

1.与生产过程有关的职业危害因素。包括生产性毒物(如铅、苯、汞、砷、酚、有机农药等),生产性粉尘(如矽尘、煤尘、石棉尘、金属粉尘、有机性粉尘等),不良的工作条件(如高气温、高湿度、高气压、低气压等),辐射(如紫外线、红外线、高频、微波、激光、电离辐射等),生产性噪音和某些生物性因素(如微生物或寄生虫、炭疽杆菌、森林脑炎病毒等)。

2.与劳动过程有关的职业危害因素。如果你所在的企业劳动组织或制度不合理,如劳动时间过长、休息制度不健全等,劳动强度过大或作业的安排与劳动者的生理状态不适应,长期处于某种不良体位或长时间单调、重复动作,个别器官或系统过度紧张等,这些都会损害你的健康和安全。

3.与作业场所的卫生技术条件不良或生产工艺及设备、设施落后等有关的有害因素。生产场所设计不符合卫生标准和要求(如车间布置不合理);缺乏必要的卫生技术设施(如通风、照明等);缺乏防尘、防毒、防暑降温等设备或设备不完善;其他的安全防护和个人防护用品不足或有缺陷等。

二、预防职业危害的主要方法

要预防职业危害的因素对你造成伤害,主要是生产经营单位要从原料、工艺、设备等方面进行改进,降低职业危害因素的产生,减少农民工与职业危害因素直接接触的机会,这是最根本的措施。同时,要针对不同的职业危害因素进行防护。主要有以下几种方法:

1.粉尘的危害和预防。这里的粉尘是指能悬浮在空气中的固体微粒,是生产过程中所产生的粉尘。粉尘主要通过呼吸道侵入人体,时间长了会发生尘肺,就是大量的粉尘在肺部沉积,或是导致肺部纤维化,也可能引起支气管炎甚至呼吸系统肿瘤。有些可燃性粉尘分散在空气中,形成粉尘云,一旦引燃会引发爆炸,危害极大。有资料表明,即便粉尘作业场所采取了湿式防尘、通风除尘等措施,但总还是有一些粉尘未被除去,微细的但危害性极大的粉尘漂浮在车间空气中,这样使用个人防尘用品成了阻挡他们的最后一道关卡。这些用品有防尘口罩、防尘面具、防尘头盔等。

2.有毒有害物质的危害和预防。有毒有害物质的危害在于可能通过呼吸道、消化道和皮肤被人体吸收。人的肺泡总面积很大(70—90平方米),气体毒物和烟雾往往很快被吸入。消化道可能成为有毒有害物质侵入的途径。如毒物污染手或食物,毒物随食物入口;或发生意外,误将毒物吞食。有些毒物会通过皮肤吸收。一些毒物(如苯胺)在工作时污染衣服,可以经皮肤吸收引起中毒。有机磷农药在夏季喷洒时,暴露部位皮肤面积大,即有经皮肤吸收中毒的危险。

毒物的危害是:对皮肤或呼吸道产生强烈的刺激和腐蚀,阻止血液对氧气的吸收,降低身体的免疫能力,易发生多种疾病,如果对毒物的吸收达到一定的量,将直接导致死亡。

预防有毒有害物质的危害,必须监督和督促企业做到:在生产过程中尽量不用或少用有毒物质,应以无毒物、低毒物代替。凡使用有毒物质或会有有毒物产生的生产过程,设备均应封闭,以防有毒物质的泄漏。

3.要加强车间通风、隔离,降低有毒有害气体浓度,直至作业环境中的浓度降至国家规定的卫生标准。加强教育培训,使农民工了解工业卫生安全基本知识,定期为接触毒物的人员体检。

4.严格执行生产工艺规程,遵守个人卫生和个人防护规定,佩戴齐全个人防护用品,不应在可能被污染的地方存放食物,也不应在那里就餐、饮水和吸烟。下班后洗澡,换下的工作服等应放在固定的地方,不能和平时穿着的衣服混放。

三、噪声的危害和预防

噪声,简单地说就是你不喜欢的声音。它会引起听力损伤,破坏听神经。噪声过强不仅会造成听觉器官的受损,而且还会影响你的神经系统、消化系统和免疫系统,影响你的休息和睡眠,虽不致命,却会严重影响你的健康,分散你的精力,加大事故发生的可能。

噪声的预防通常采取吸声、消声、隔声、减振的方法,使其强度符合国家规定的要求。吸声是在工作场所内部设置吸收声音的装置,使噪声强度降低。隔声是利用隔声材料将噪声发生源包围,阻断造成的传入和传出。减振就是减少振动,从而降低噪声。

个人在生产过程中,要佩戴好耳塞、耳罩、帽盔等用品来保护听觉器官,做好个人防护。定期进行健康检查特别是听力检查,以便及时发现听力损伤。企业安全工作中适当安排工间休息,休息时工作人员应离开噪声环境。

四、其他职业危害预防

1.高温防护。通常采用隔热、通风、降温等措施,同时做好清凉饮料的发放,预防中暑。

2.紫外线防护。主要是冶炼、焊接等工作会遇到。在焊接作业时,采用自动或半自动焊接,佩戴专用的防护面罩、防护眼镜和防护手套,焊接时不能裸露皮肤,应使用可移动的遮挡材料屏蔽操作区,防止其他人员受到紫外线照射。

五、其他注意事项

1.要求生产经营单位为农民工配备有效的个人劳动用品,定期进行体检。

2.农民工应注意自觉穿戴好劳动防护用品,严格遵守安全操作规程,消除减少有害因素对自己的伤害,改变生活上的不良嗜好,如饮酒、吸烟会增加职业危害,应尽量减少。

3.当发现有害因素引发身体外表的改变,如皮肤色素沉着等,或有害因素降低身体对一般疾病的抵抗能力,表现为患病率增高或病情加重,或者造成特定的功能性或器质性病理改变等,都要引起高度重视,及时查找病因并医治,切不可麻痹大意。

25 你出游做到生态文明了吗?

党的十八大报告将生态文明建设上升到和经济、政治等建设“五位一体”的高度,充分说明了生态文明建设的重要性。

可是,有些人对空气污染、水污染很敏感,但对保护生态环境却麻木不仁,甚至认为人是万物的主宰,想怎么干就怎么干,结果使生态环境遭到严重破坏。

随着我国经济的快速发展和国民收入的提高,人们外出旅游已成为经济增长的新亮点。调查显示,2012 年中秋国庆黄金周期间,有 5.5 亿人出游。如此浩大的出游队伍,带来文明出游话题的热议。

在中秋国庆黄金周期间,有网友向媒体爆料,在陕西省太白县鳌山海拔 3000 米的草甸营地,碗口那么粗的松树被驴友砍倒十几棵,估计是因天气寒冷,有些驴友抵挡不住严寒,就将树木砍伐掉,用来生火取暖。这一事件被曝光后,令驴友蒙羞,也向在长假中出行的游客发出郑重提醒。

回顾以往,几乎每次长假都是一些游客不文明行为的一次集中爆发。不论是在城市的广场,还是在公园和大山名川的景点景区,总能毫不费力地捕捉到一些不雅行为。比如,有些游客一路走一路乱扔垃圾、瓜皮果壳、烟蒂纸屑、饮料瓶、食品盒、塑料袋,想扔在哪里就扔在哪里。又比如,一些游客随心所欲地攀枝折花,看到绿叶要揪几片,看到红花要摘几朵,不能踩的草坪偏要踩,足迹所过之处,花草受伤,树木遭殃。再比如,每到一地,还要人过留名,笔涂刀割“到此一游”,把景区的廊壁弄得满目疮痍。更有甚者,说“方便”就“方便”,把风景区当成了大厕所。还有一些男女青年,在各种纪念碑前排队合影,兴之所至就把风景区当成了伊甸园,自己则做亚当和夏娃,令众游客躲之惟恐不及……虽然很多人觉得这些行为不好,但人都有从众心理,你扔我也扔,你站在那个石头前合影,我也必须去合影,不然似乎就亏了,就像没来过一样。国人的很多出游恶习,随着逐年壮大的国外游队伍,也被带到了国外。一些国家对中国游客的印象,呈现负面评价攀升的势头。有调查显示,“全球最不受欢迎的游客,美国人排第一,中国人排在第二”。尽管对每年近亿出境游的中国人而言,有以偏概全的嫌疑,但这无疑成为国人文明素养的一记警钟。

党的十八大召开后,建设美丽中国已成为人们热议的话题,同时也努力去探讨实现美丽中国的路径。有人说政府要多增加环境保护的投入,有人说必须实现发展方式的转变,有人说需要加强制度建设,这些都很在理,但还有更重要的一点,就是人们生活方式和行为习惯的改变。其实,大力倡导生态文明,努力建设美丽中国,不仅需要从空间格局、产业结构与生产方式上着力,同样需要人们养成文明的生活方式和行为习惯。

良好的生态环境是一个社会持续发展的基础,碧水、蓝天、清新空气、洁净安全的食物、宜居的生活环境,美丽中国的这些元素,就是我们每个人最基本的要求。那种“到此一游”、乱扔垃圾,有钱便是爷的消费态度和不文明出游行为,难道不值得我们深刻反思?不应该抛弃吗?和谐富裕文明是美丽中国的本意,建设美丽中国并非提倡过苦行僧的日子。我们不赞成唯自然主义,而是提倡适度消费,追求文化与自然的和谐。从这个角度出发,检视我们现在的生活和行为,可以改变的其实很多。不要乱扔垃圾、随地吐痰,要找回手帕、提倡绿色出行、在消费中多些绿色选择、多一些亲近自然的行为,等等。在建设美丽中国的路上，需要你我他。

中国美，首先是人要美，人美重在心灵美。因此，首先寄希望于自己，自觉履行道德法则，努力提升个人修养，只有拥有一个健康积极的心态和良好的行为，才能创造中国之美，和谐之美！

26 你出行遵守交通规则了吗?

2012 年 11 月 18 日,国务院正式批复,同意自 2012 年起,将每年 12 月 2 日设立为“全国交通安全日”。之所以将 12 月 2 日定为交通安全日,是因为“122”是我国交通事故报警电话,大多数人都熟悉。同时,12 月份我国大部分地区已经进入冬季,道路安全受雨、雪、雾等天气因素影响,交通事故进入相对多发的阶段。将 12 月 2 日定为交通安全日,政府希望引起全社会的普遍关注。通过开展集中主题宣传活动,倡导文明交通理念,传播交通安全常识,旨在提醒广大交通参与者关注自己和他人的安全,进而有效地预防和避免道路交通事故。2012 年交通安全日的主题是“遵守交通信号,安全文明出行”。

据统计,截至 2012 年 10 月,我国机动车保有量为 2.38 亿辆,机动车驾驶员 2.56 亿人。近五年来每年平均新增机动车 1600 多万辆,新增驾驶员 2000 多万人,相当于 1991 年全国机动车和驾驶员保有量。2011 年,我国共发生道路交通事故 210812 起,造成 62387 人死亡,237421 人受伤,直接经济损失超过 10 亿元。道路交通伤害已取代自杀成为“伤害死亡”的第一原因。值得注意的是,80% 以上道路交通事故是由交通违法违章导致。

“见缝插针,乱穿马路的行人”比比皆是;“凑够一撮人就走,与红绿灯无关”,上演着“中国式过马路”;闯红灯、逆行、随意抢道、变道、横冲直撞的司机司空见惯,归纳起来约有十种不文明交通陋习:闯红灯;行人横穿马路,跨越隔离设施;行人、非机动车走机动车道;驾驶摩托不戴头盔；驾乘机动车不系安全带；驾驶机动车、非机动车时使用手机；驾驶机动车乱鸣喇叭；随意向车外抛洒杂物；驾驶机动车随意变更车道；乱停乱放车辆、违法占用道路。

现实生活中，这些不遵守交通文明的陋习，加剧影响了道路通行秩序和通行效率，并且严重威胁人民的生命财产安全。尽管我们熟知“红灯停、绿灯行”，但“中国式过马路”、“中国式驾驶”等一系列不文明的现象仍然屡见不鲜；尽管我们懂得“宁等三分，勿抢一秒”，可是闯灯、越线、抢行和占道，红绿灯依旧没能阻挡道路交通事故的频频发生。一幅幅惨不忍睹的画面，一个个痛苦挣扎的表情，一句句让人沉思的话语，每起交通事故都在吞噬着一个人鲜活的生命，折磨着一个个美好的家庭，也在不停地告诫我们，如果我们的安全意识更加牢固，再多去了解交通规则，再多亮亮心中的红灯，其实，很多事故是可以避免的。

生命，多么鲜活的字眼；安全，多么沉重的话题。近年来，随着道路通车里程和机动车、驾驶员数量以及交通流量的持续大幅度增加，人、车、路的矛盾越来越突出，“生命”与“安全”这两个字眼的关系也愈发紧密。

然而，上帝并没有吝啬，在制造了一个可怕的魔鬼——交通隐患的同时，也为世人创造了一个美丽的天使——红绿灯。如今，红绿灯是城市道路上最常见的交通标识，从它出现的那一天起，就担负着疏导交通流量、维护交通秩序、提高道路通行能力的重要作用。并且，它的永不停息，始终警示着广大交通参与者遵守交通规则，安全出行；它的交替闪烁，始终告诫广大交通参与者唯有走走停停，才能平平安安。

小小红绿灯，也是大民生。它看似小事，却深深影响着交通安全，影响着交通参与者的生命财产，影响着广大百姓的家庭幸福。公安部把首个“全国交通安全日”的主题定为交通信号，也是把交通信号灯作为民生工程来抓的结果。生命如此可贵，安全如此重要，每个人都只有一次生命，失去了就后悔莫及。为了广大农民工朋友的安全，请我们每个人时时点亮生命的红绿灯！

27　农民工应具有什么样的理想与信念?

“人的一生应该怎样度过?”这是每一个人都需要思考的问题。哲人说,未经思考的人生,不值得一过。而人的终极思考,就是信仰。然而,我们常常听到一些农民工朋友说,我们进城务工,只要有活干,有钱挣就行了,用不着什么信仰理想。此话差矣!

信仰是暗夜里的灯,是催人奋进的鼓。最近,中央领导同志语重心长地指出,理想信念就是共产党人精神上的“钙”,没有理想信念,理想信念不坚定,精神上就会缺“钙”,就会得“软骨病”。信仰理想是人类对崇高价值目标的敬仰和追求,它关乎一个人的精神境界,关乎一个政党的目标指向,关乎一个民族的兴衰存亡。90 年前,我们的革命先辈为什么不惜抛弃殷实的家庭、毁家纾难,甚至不惜抛头颅洒热血,率领万千民众赤手托起即将沉沦的中华大地? 因为他们坚信,党的事业是正义的事业,必有胜利的一天,也许他们自己看不到那一天,但他们都怀着必胜的信念为那一天而奋斗。有了如此坚定的信仰,他们在那艰难困苦的岁月中才充满了智慧、充满了勇气,才会绝处逢生、创造奇迹。诞生在那艘红船上的中国共产党,今天已经发展到拥有 8000 多万名党员,她的光辉历程反复证明:坚定的马克思主义信仰,是战胜一切艰难困苦,取得革命建设和改革开放胜利的根本保证。

那么,农民工朋友应该树立什么样的信仰理想呢?

首先,要树立中国特色社会主义共同理想。信仰理想,看上去很远，其实很近；看上去很虚，其实很实。实现中国特色社会主义是一个漫长的过程，需要全国人民长期奋斗，这就需要我们把远大目标与“达到这个目标的具体步骤和具体措施”紧密结合起来。在当前，建设中国特色社会主义就是全党全国人民的共同理想，党的十八大确定的目标、任务、方针、政策，无一不是为实现这一理想所采取的具体步骤和措施。对于广大农民工来说，就是要不断增强对中国特色社会主义的政治认同、理性认同和情感认同，找准理想与实践的结合点，自觉投身科学发展的实践，为全面建成小康社会、实现中华民族的伟大复兴贡献自己的力量。

其次，要为信仰理想付出辛勤的劳动和艰苦的努力。信仰理想是一个思想问题，更是一个实践问题。任何一种理想的实现，都要付出辛勤的劳动和艰苦的实践。然而现实生活中，我们往往发现一些农民工朋友为自己设计出了许多美好的理想蓝图，但却不愿付出艰苦的劳动，这山望着那山高；盼望自己能有一份收入高的工作，但又不肯下工夫学习；有人说起来头头是道，却没有脚踏实地的行动，总想付出最小的代价，而获得最大的效果。这样的人一天一个想法，当一天和尚撞一天钟，浅尝辄止，始终达不到理想的彼岸。因此，我们既要胸怀崇高理想，坚定理想信念，又要立定脚跟，脚踏实地，做好眼前的事情，干好最现实的工作。只要我们头顶着天，脚踩着地，挺直腰杆，就一定能够实现自己美好的理想。

最后，要爱岗敬业，爱一行，干好一行。爱岗敬业是一种工作态度，也是信仰理想的一种境界。当人们寻找生命的真谛，追求人生的价值时，就会审视脚下的每一步，思考存在的每一秒。而这每一步、每一秒的基础，就是我们的岗位、我们的工作。雷锋精神的一个闪光点就是爱岗。雷锋是一名普通的战士，他无论做什么工作，都有着“像夏天一样火热”的激情。他像一颗永不生锈的螺丝钉，党把他“拧”在哪里，他就在哪里坚守岗位,发挥作用。一个人是否有所作为,不在于他从事何种职业,而在于他是否尽心尽力把所从事的工作做好。"三百六十行,行行出状元"。这是一种人生理想信念,一种永无止境的追求。一个人,只有当他以应有的热情和全部的力量致力于自己所从事的职业时,才可以说无愧于社会,于愧于良心。一滴水,只有融入江河,才能展现它的力量;一个人,只有脚踏大地,勤奋工作,才能实现其人生美好的理想和价值。

28　如何对待委屈和吃亏?

农民工朋友从乡村来到城市,在陌生的环境条件下,难免会受到委屈,甚至还会吃一些亏。如何对待委屈和吃亏呢?

委屈,作为一种心理感受,一种情感体验,是任何人在人生历程中都不可避免的,既有日常生活中的大事小情,也有职业生涯中的进退留转。因此,如何对待委屈,体现了一个人的精神境界,也检验其道德素质修养。毛主席曾说过,许多同志可能遇到一些冤枉和委屈。对于那些不适当的处罚和错误的处置,可以有两种态度。一种态度是从此消极,很气愤,不满意;另一种态度是把它看作一种有益的教育,当作一种锻炼。这里说的消极和积极两种态度,展示了两种不同的觉悟、境界。

如果说经受磨炼是人生成长的必经环节,那么经受委屈就是催人进步、助人成长的重要力量。一个人受得了委屈,说明其胸襟大度,品德修养高;反之,说明其还不够成熟,需要继续接受锻炼、经受考验。毛主席在井冈山和中央苏区时期,就曾被撤销职务,一度连党支部会议都无权参加。种种不公正的待遇不仅没有消磨他的意志,反而令他愈磨愈勇,即使被迫在"养病"期间,他还是不急不躁,照常读书赋诗,研究问题。

我们说经受委屈是促人进步,助人成长的重要力量,还因为委屈是一副"试剂",它不仅能测出被测试人的气度高低,还能检验出其意志品质。气度宏大、心胸开阔的人,面对委屈不怨天尤人,而是忍辱负重,勇于担当,不计个人得失忘我工作,最终赢得组织和人们的尊重;反之,就会斤斤计较、自暴自弃，人事两空。“三起三落”的邓小平，面对每一次委屈、逆境甚至冤枉，他都没有灰心气馁，没有放弃作为共产党的人生信条，而是矢志不移，一心一意地为党和人民的事业而奋斗，最终带领全党和全国人民开辟了中国特色社会主义道路。因此，从一定意义上说，委屈也是一笔财富。经得住委屈，才是一个真正有希望的人。今天，我们正处在伟大变革的时代，我们也许会在工作生活中遭遇各种大大小小的委屈，不妨摆正心态，把经受委屈作为锻炼自己、提高自己、完善自己的重要方面，在委屈中砥砺意志，在委屈中负重拼搏，成就自己的追求和事业。

至于谈到吃亏，一个人生活在社会中，难免或得或失。得到了，感觉占了便宜，满心欢喜；没得到，心里总觉得吃亏，打不起精神，心情沮丧，牢骚满腹。面对得与失，是人生的一个考验和锻炼。在河南濮阳县庆祖镇西辛庄村，有一位叫李连成的村党支部书记，当时村里分宅基地，李连成主动挑了个大水坑，家人不解，责备他。他却说，咱是党员，是书记，咱和乡亲抢着争，你还当谁的书记。后来这个故事被改编成豫剧《村官李连成》。其中一首《吃亏歌》在群众中很流行。歌词是：“能吃亏自然就少是非，肯吃亏自然就有权威；吃亏吃得众心归，吃得你人格闪光辉。”逐句话细细琢磨，每一句都是吃亏的结果，都是一个基层党员干部基本素质和品行的重要体现。不是吗？少是非，增强的是群众的理解和宽容；有权威，反映的是党员干部的力量；有人追随，体现出党员干部的威信和人品；人格闪光辉，彰显出党员的人格魅力。

此话说起来容易，做起来难。我们常说某某人素质高，某某人素质低。高在哪里？低在哪里？其实很简单，高或低都看得见摸得着，都表现在每个人的言行上。光说不做，或者说的和做的不一致，别人就不会信任你。做了，反映在一点一滴小事上，某种程度上就得肯吃亏，勇于吃亏。其实，吃别人的“亏”，反而是占了“便宜”，“吃小亏占大便宜”，说的就是这个道理。在各种利益面前,荣誉面前不伸手,就能“减少是非”,就能“树立威信”,说话就有分量,就能得到人家的认可和信任。在一个肯吃亏人的身上,蕴藏着一种精神力量。正是这种精神力量,使那些肯于吃亏的人浑身闪耀着光彩,成为我们这个时代当之无愧的楷模。

可见,一个人是否有吃亏的精神,有吃亏的行动,关系到他的人格。勇于吃亏,甘于吃亏,应该成为我们应有的品质。做一个合格的农民工,优秀的农民工,就要自己多吃亏,不让别人吃亏。

29　劳动还光荣吗？

据一家媒体报道，2011年在一场有中国、丹麦、波兰三国产业工人参加的国际焊接大赛中，十多位欧洲普通工人对电焊这份在我们看来又脏又累的工作表现出了十分热爱。丹麦的一位55岁的电焊工人，从事焊接工作已有34年，如今却依然乐于做一线工人。他说，他在焊光四射的工作中享受到莫大的快乐，而且通过他的勤奋工作，足以供养他的妻儿，并有时间让他研究喜欢的园艺和烹饪，心里觉得非常的幸福和光荣。

然而，在我们国家，由于受"金钱至上"和"享乐主义"思想的影响，使得全社会对诚实劳动价值的认识产生了偏差，不少人已经从思想上背离了"劳动最光荣"的价值观。常常听到一些农民工朋友在教育孩子时说："不好好读书，以后考不上大学就送你去当工人！"

有记者曾就"如何看待劳动最光荣"的话题采访了几位劳动者。一位在某饭店打工的女工苦笑着回答："劳动最光荣，劳动者也最苦啊！像我们这些临时工，一个人干着两个人的活，每月工资也只有800元钱。病了没有医保，老了没有退休金。和正式工相比，总觉得低人一等，哪里能体会到光荣？"从这位女工说的一席话，反映了我国社会的一个现实，即劳动不"光荣"了，勤劳不致富了。

从20世纪五六十年代走过来的人，都经历过"劳动光荣、剥削可耻"的教育，而且对"劳动光荣"身体力行。那个年代是"劳模"辈出的年代，像老孟泰、时传祥、铁人王进喜等，都是人们学习的榜样。"谁养活谁呀,大家来瞧一瞧,没有咱劳动,棉花不会结成桃。""嘿! 咱们工人有力量!""是谁创造了人类世界? 是我们劳动群众",这些在20世纪五六十年代唱得最响的歌曲,歌颂的是"劳动光荣"的主旋律。时到今日,每当我们唱起这些歌儿时,依然禁不住热血沸腾。

劳动创造一切成就,劳动推动文明进步。我国从经济总量跃居世界第二、人民生活水平显著提高,到各项事业全面发展,改革开放30多年来取得的成就和进步,归根结底都离不开工人阶级和广大劳动群众的辛勤劳动。正如马克思所说:"劳动才是人的第一需要,任何一个民族,如果停止了劳动,不用说一年,就是几个星期也要灭亡。"可以说,一部人类的演进发展史就是一部光荣的劳动史。劳动创造了人类。人类祖先类人猿,是在长期的劳动实践中,才变成能制造工具的人。劳动之所以崇高,是因为劳动是财富之父,人类所享受的一切物质成果、科技成果、文化艺术成果,无一不是劳动的产物。

有人说,现在是高科技信息化时代,一线工人的劳动不那么吃香了,劳动者也不那么光荣了。此言差矣! 无论时代环境条件发生什么样的改变,无论技术进步和知识更新达到什么样的程度,无论经济社会发展达到什么样的水平,劳动始终是文明进步的重要源泉,劳动者始终是历史前进的根本动力。中国特色社会主义事业是前无古人的美好事业,推动事业发展,全面建成小康社会,必须立足于实实在在的劳动创造,必须紧紧依靠包括农民工在内的辛勤的劳动者,在全社会营造尊重劳动、尊重人才、尊重知识、尊重创造的良好氛围,激发广大农民工的首创精神和创造活力,激励他们安居乐业,在劳动中创造美好幸福生活。

农民工朋友,作为一名平凡的劳动者,不论你的工作变换了多少个岗位,不变的永远是你对劳动的那种勤恳、执着,这是值得安慰的。劳动为我们带来了工作的快感、生活的幸福、思维的飞跃,也使我们心底存留着青春之火,这是保证我们生命质量的根本。一个没有劳动欲望与追求的人,青春会躲避他,激情会远离他,思想会鄙视他,而只有注入青春活力的劳动,才是一种高境界的劳动。岁月可以侵蚀我们青春的容颜,却同时把我们的心灵之青春打磨得金光闪闪,拥有青春心理的一种劳动才使我们的人生更富有光彩。让我们共同唱响“劳动光荣”、“勤劳致富”的时代强音。

30 雷锋精神过时了吗?

"雷锋精神值多少钱?"始于20世纪80年代的这个疑问,今天又被许多人提了出来。雷锋精神过时了吗?市场经济时代还需要学雷锋吗?

之所以有这样的疑问和困惑,源自于人们对市场经济的片面理解。市场经济走进中国人的生活,是近三十年的事。正因如此,很多人对市场经济的印象,还停留在圈地运动"羊吃人"的阶段,认为"利益挂帅"的市场经济毫无道德可言,与雷锋精神格格不入。而伴随着市场化进程出现的诸多极端自私、享乐主义,更加深了人们的忧虑。

事实上,市场经济作为一种利益驱动型和竞争型的经济体制,尤其基于人道主义的道德基础。它不仅肯定在人格、个性、尊严和机会等各方面的平等,彰显个体价值,还鼓励以促进经济发展的方式去实现自身的全面发展,而并非简单地认同人们无限追求个人的物质利益。假如没有这些,我们就无法解释为什么市场经济国家同样有文明、合理、有序的社会规范,也无法理解为什么市场经济体制下的人们拥有较高的文明素养。正是在这样的意义上,社会主义市场经济强调以社会主义价值观去克服市场经济可能带来的消极因素,倡导艰苦创业、积极进取、自强不息、奋力拼搏的奉献精神,呼唤顾全大局、忠于职守、克己奉公、以国家和集体利益为重的主人翁态度,努力建设相互尊重、助人为乐、诚实守信、和谐融洽的社会风尚。

党的十八大报告提出,要深入推动学雷锋活动,使学习宣传道德模范常态化。雷锋，代表着一个时代的道德风尚。以中国传统道德标准来考量，雷锋的行为厚德载物、上善若水。他坚持的人生哲学是“为人民服务”，助人为乐、谦逊随和、坚持不懈，是典型的“善士”。以现代文明的眼光来评价，他是现实生活中的奉献者，也是和谐社会的倡导者。他的乐观、热情、真诚、平等、无私是文明社会里最受欢迎的品德。他的“一滴水只有放在大海里才能永远不干，一个人只有融入集体才能更有力量”的理念，体现着最好的协作精神；他干一行爱一行的“螺丝钉精神”，是最“职业化”的表现；而他对敌对友的“春夏秋冬”爱憎情怀，则体现了鲜明的原则性。

雷锋就是雷锋。他的精神超越了世俗，它的本质超越了时空。他践行“把有限的生命投入到无限的为人民服务之中”的理想，使他原本渺小而短暂的生命变得伟大和永久，成为一个时代的楷模。

在当下，尤其在我们看多了“毒奶粉”、“地沟油”、“人造牛肉”之后，尤其我们听多了“老人跌倒了没有人去扶”、“孩子被碾了没人敢管”、“英雄流血又流泪”等负面报道之后，尤其在我们感叹“缺乏安全感”、“信念缺失、信仰缺失”之后，我们期待更多的雷锋和雷锋式的英雄，以及拥有雷锋品质的人。

新时代的雷锋，被涵盖了更多的内容，赋予了更高的要求。如果雷锋能活到现在，他遇到老人摔倒的时候，一定会上前扶起，送去医院，即使冒着被误解或者被纠缠的风险，也不会舍老人在路上绝望而去；当他看到小孩被碾在车轮下时，他会第一时间冲上去，抱起小孩去抢救，这是作为一个人的最正常的反映，他会觉得漠然离去是一种耻辱，那是他的道德所不能允许的事情。同时他会说，我不是英雄，不过是做了应该做的事情，否则会良心不安。

在当下，我们的社会道德正在逐渐完善，雷锋并不孤独。为救学生而致高位截瘫的“最美女教师张丽莉”，不顾自身安危接住空坠女孩的

“最美妈妈吴菊萍”，用生命留下笔直刹车线的“最美司机吴斌”，还有最美乡村医生、最美警察、最美大学生……他们，都是雷锋式的普通人物、平民英雄。他们正在以弥足珍贵的品行，将社会之美汇流成海。

一个社会，一个时代，雷锋以及雷锋式的英雄，虽然斗转星移，世事沧桑，但在我们共有的精神家园里，总有一些东西“从来不需要想起，永远也不会忘记”。它是家园的基石，是大厦的梁柱，就如同雷锋精神之于中国大地，历久弥新，永垂不朽。

31　进城务工怎样才能得到别人的尊重?

据一家媒体报道,2012 年底,在某城市一辆公交车上,一位老太大声呵斥身旁风尘仆仆的农民工:“你穿得这么脏,就不应该坐公交车,应该自己走路回家!”当时车上的其他乘客无不对这位老太太的话感到愤怒。

其实此前类似的事情已有很多,譬如农民工因衣服脏而被公交车拒载,农民工在公交车上被他人暴打等等。这些事件无一不引起热议。“老太呵斥农民工”争议的焦点在于,对于农民工来说,虽然他身上脏,但其乘坐公交车的正当权益不能被任何人剥夺。但对于老太太来说,她希望有一个舒适的公共空间,也是正当的诉求。

当这两种权益发生冲突时,需要反省的并非一方。在公共场合中,每个人都应该讲公共道德,更应该互相尊重。公德既要求个人应保持干净整洁不影响他人,也要求面对一些场景个人应有宽容之心。

对于城市居民来说,在公共空间保持整洁干净是基本要求,农民工穿着一身满是涂料的脏衣服上公交车,对他人来说确实会造成不适感。但是,老太太也应该考虑到,这位农民工并非故意穿一身脏衣服上车。从报道来看,这位农民工其实很自觉,知道自己的衣服脏,所以最终坐椅子时也只坐了半边身子。

对于为城市建设作出重要贡献的农民工兄弟,理应给予最起码的尊重,而不是恶语相向。更何况,农民工乘车是个人的基本权利,谁能干涉？但从另外一个方面来说，老太太虽言辞不当，但有这种想法的绝非一人，从屡屡发生的类似冲突事件可见一斑。这就提醒包括农民工在内的每一个人，都要学会适应公共空间的规则。

从报道中我们可以发现一个细节，农民工称，他们会尽量在人少的地方站着，“我们从事了这样的工作，衣服脏也是没有办法的事，别人故意躲闪也很正常，我们都习惯了。”“习惯了”，恰恰问题就出在这里。不论是城市人的嫌弃，还是农民工朋友的自惭形秽，都不能成为“习惯”。在西方一些发达国家，从事体力劳动的一些劳动者并没有打上“身上很脏”这样的标签，这也和个人意识有关。很多人都深知，在公共场合保持整洁是尊重他人的表现，同样他们也会获得别人的尊重。

要改变“农民工身上脏”这种大众印象，或许还需要农民工自己做一些努力。譬如粉刷墙壁时穿上工作服，收工后应将工作服换下。这既是自尊自爱的表现，也是尊重他人的开始。而面对从事着各种脏累活的农民工，城市人需要有更多的包容，接纳他们慢慢融入这个城市，而不是让其“走路回家”。既然人人都希望公共空间有公德，那么你要做的首先是自己遵守公德，而不是以破坏公德的方式来索求公德。

因此，公共空间中每个人都需要互相尊重。农民工要乘车是个人的基本权利，城市人无权干涉。但学会适应公共空间的规则，也是农民工融入城市的必要一课。

32 什么是人生最大幸福?

近年来,关于什么是幸福的话题突然热了起来。2012 年,中央电视台作了一次“您幸福吗?”的社会调查,答案各异。拥有幸福人生,几乎是每个人的追求。可是究竟什么样的人生最幸福?怎样才能获得幸福人生?每个人的理解不尽相同,回答可能也有千差万别。

然而,一位普普通通的共产党员用自己的行动做出了明确的回答。郭明义,既没有丰厚的财富,也没有什么权力。但他拥有普普通通却难以企及的幸福:53 本献血证、140 张汇款单、200 封感谢信……,这就是他拥有的幸福人生。面对别人的不理解,郭明义说:“有人觉得存款多、房子大是财富。可我觉得物质财富,只供个人享受,不算真正的幸福;如果用来帮助困难群众,大家共享,就会带给更多人幸福。”

被誉为“大山之子”、“牧民贴心人”的优秀共产党员师延林,凭着对党的事业的坚定信念和对各民族群众的深厚情感,在偏远的大山里工作了 20 年,用自己的行动唱出了一曲民族团结发展的时代之歌。师延林说:“和家人在一起时是幸福,但为老百姓办了好事,有了工作成绩也是一种幸福,为百姓办的好事越多,被他们信赖,幸福感就越强。”

不过,也有一些人的价值观被扭曲,他们对“幸福”的理解和态度走进了误区。在物欲横流中,有人视财富为生命,把买豪车、住别墅,腰缠万贯,炫耀富贵当做人生的最大幸福。其中一些人,不论是唱歌拍片,还是画画写字,或是开讲座、作报告皆以金钱作筹码,只要价开低了,钱给少了,就对不起,“拜拜”了。有人问其何以如此,他们脸不红、心不跳“直言相告”,“为了自己生活得更幸福”。还有一些形象代言人,不管自己所代言的产品是真是假,是优是劣,有毒没毒,只要大把大把的代言费装进囊中,便使出吃奶的劲儿,大叫“值得拥有”、“值得信赖”。其所以如此,不言而喻,还是追求所谓的“个人幸福”。至于吃了假药要死人,用了劣质化妆品会毁容,食用了苏丹红、三氯氰胺、瘦肉精会致病,危害民众乃至子孙后代身体健康,则全然不顾。还有更甚者,有为官者,本应清正廉洁,爱民为民,把百姓的冷暖放在心上,但他们表面振振有词,大讲特讲当好人民的公仆,俯首甘为孺子牛,背地里却利用手中所掌控的权力,挖空心思地捞钱,用这些不义之财养二奶、购别墅、坐豪车,名表珠宝随便戴,子女漂洋过海,挥霍无度。这种人,对各种送上门来(有些是伸手要)的钱物,往往是多多益善,来者不拒,还暗自高兴:“幸福天天来敲我家门。”

其实,一个人真正得到的幸福,不仅属于个人,而且要有外部条件。国家的责任,人民的需要就是人们创造幸福的条件。马克思说过:“历史把那些为共同目标工作因而自己变得高尚的人称为最伟大的人物;经验赞美那些为大多数人带来幸福的人是最幸福的人。”唐代大诗人杜甫有诗“安得广厦千万间,大庇天下寒士俱欢颜”,事实也是如此。战争年代,无数人把自己的青春和生命置之度外,拯救国家和民族的危亡。在国家建设中,许多科研人员为攻破科技难关,寻求精确的数据,废寝忘食,满头青丝变白发,但无怨无悔。农业专家为保粮食增产丰收,深入田间地头,脚踩泥浆,不计名利,不讲享受。感受普通人的幸福瞬间,我们不仅获得了另一种幸福体验,更在省思中重新探索幸福的涵义。一位哲人说:所有的不平凡最终都要回归平凡,所有不平凡的价值都要用平凡生活来衡量。小人物的幸福瞬间,诠释了幸福的本义。“幸福环卫工”告诉我们,幸福有时就是一个亲热的拥抱。一线工人说,相比那些明星大腕,“做好自己这份工作”,我们的幸福也不比明星大腕逊色。

正是在这样的现实中，我们越来越发现一个被忽视的心灵现实：原来在物质潮流席卷中，一直有一种温暖而柔软的幸福追求悄然生长，它本于人性、直击人生，为世人指引着最为真实的幸福的路径。也正是在这样的对比中，我们更真切地感受到自己与幸福的心灵距离。

33 农民工如何做到爱岗敬业?

爱岗敬业是一种态度,也是一种境界。何谓敬业?敬业就是严格遵守职业道德,兢兢业业做好本职工作。雷锋精神的一个闪光点就是爱岗。雷锋是一名普通的战士,他无论做什么工作,都有着“像夏天一样火热”的激情。他像一颗永不生锈的螺丝钉,党把他“拧”在哪里,他就在哪里坚守岗位、发挥作用。

在北京打工或来北京旅游的人们,可能大都去过商业街王府井。这里有一家有名的理发店——四联美发店。这里无论是顾客、理发师,还是店员,乃至排成一排坐在等候区里的消费者,都气定神闲,仿佛与门外热闹喧哗或行色匆匆的人群完全无关。

四联美发店的顾客大部分都是回头客、老主顾,也有一家3代都在这里做头发的。如果问老顾客为什么选择四联,踏实、放心,是他们用得最多的词。

进门递上一块擦脸的手巾,跟顾客说话“您”字开头,“请”字开口,男宾一趟活儿下来要用8条毛巾,无论理发还是刮脸都有严格的流程,所有用具一律用酒精消毒,所有收费一律明码标价……正是这些“老规矩”让来到这里的人们踏实、放心。也正是这样的服务细节,铸就了消费者对这家美发业的“老字号”几十年如一日的信任,让四联美发在美容美发行业迅速发展,在市场竞争激烈的今天,仍然在北京市场上占据独特的一席之地。

在市场上,有许多像四联美发这样有口皆碑的服务企业,能够不断地赢得“回头客”，也有让人决不乐意“回头”的服务企业，比如吃了一次就决不想去第二次的餐馆，去逛了一次就不愿意再去的商店。其实说白了，如果第一次就让人不满意，那么就不太可能有第二次。顾客的满意感来源于种种细节，比如服务本身的质量、内部设施、外部环境、员工对顾客的服务态度等等。顾客对历次消费经历越满意，对企业的信任度才会越高。

有意思的是，在王府井四联美发店，甚至有顾客是特意从天津坐火车赶来的。想来，天津的理发店数目也不少，其中并不见得找不出理发技术可与四联媲美的，可见消费者寻求的并不完全是理发本身的效果，而是踏实放心的心理感受。

这样的消费者已经对四联产生了一种“离不开”的情结，这种离不开，意味着极高的忠诚度。顾客的忠诚正是来源于持续不断积累的信任。说起“离不开”，不由得让我们想起周末那些打扫卫生的小时农民工。她们干活麻利，更难得的是心很细，会处处替人着想：吃完早饭放在池子里的碗，本来并不是她的工作范围，却会顺便帮忙刷了；家里的绿色植物，不用提醒，会想着每周都给浇上水。如今，家里越来越依赖这些农民工，一旦她们有事儿不能来，还真觉得不行。

一个人是否有所作为，不在于他从事何种职业，而在于他是否尽心尽力把所从事的工作做好。“三百六十行，行行出状元。”这是一种人生信念，一种永无止境的追求。一个人，只有当他以应有的热情和全部力量致力于自己所从事的职业时，才可以说无愧于社会，无愧于良心。一滴水，只有融入江河，才能展现它的力量；一个人，只有脚踏实地的勤奋工作，才能实现其人生的价值。

我们广大农民工朋友，都是勤劳诚实的普通劳动者。如果不能长成参天大树做栋梁之材，不妨做一棵小草献上一簇新绿；不能像海洋用宽阔的胸怀拥抱百川，也可以像一条小溪为土地捧上甘露。踏踏实实做好本职工作,认认真真走好自己的每一步路,把普通的岗位变成灿烂的舞台,将平凡的事情做得有模有样,这样的一生不是很充实、很有意义吗?

34　农民工如何消除成长的烦恼?

在我们身边常常看到这样一些农民工:学习勤奋,工作踏实,参加班组活动也很积极,可就是不被别人看得上,他们的名字很少被领导提及。他们的工作和生活,就这么平平淡淡的年复一年、日复一日地重复着。时间久了,难免心里产生烦恼:自己不比别人笨,也不比别人懒,可为何没有别人成长快呢?其中一些人会用“命运”来自解。觉得自己天生就是这块料;还有人将此归咎于没赶上好机遇,没碰上好领导,因此情绪消极,工作没劲头。

那么,如何消除这些心理烦恼呢?

第一,要认清自己有什么。现在的农民工大都是80后、90后青年人,他们为班组注入了新鲜血液。但有时他们也存有不满和牢骚:工作环境不好、工作待遇不高、工作没有趣味,自己没有发展机会和前途等。从正面看,发牢骚是希望成长、进步的表现,但抱怨的背后却暴露出年轻人身上存在的问题。因为一个能看清自己的人,在发牢骚之前要先问问自己“我有什么?”,自己是否真有本事能力。能力本事在书本里是学不到的。

认清自己,就是要从头到脚、从里到外判断、了解自己,自身有哪些特长、优势以及弱点、短板,还有哪些待开发的潜能。了解自己仅凭自己的主观判断,不一定了解得全面和准确,还需要身边的班组长、工友、亲戚朋友帮自己认识,从而做到知己知彼。

第二,要认清应该做什么。眼中无活,心中无数,在我们的身边这样无所事事的农民工还不少。这些人不知道自己要做什么,该做什么。“该做什么”有两层含意,一是从小事做起,认真做好每一件事,尤其是关注做事的细节。要从自身特长中发挥优势,比如,写写画画、精于计算、善于组织等,然后找机会有目的地将其进行展示,用于工作,让人眼前一亮。同时,要找出一些影响自己成长的问题,制定计划加以克服。比如:不爱学习、怕脏怕累等。这样有助于自己成长目标的实现,以便在成长路上少走弯路。但切记要把渴望成长融入班组团队建设之中,否则就得不到成长。

第三,要认清自己是什么。比如青年农民工,不仅要清楚自身的优势,还要认清自己的劣势。班组是个认能力、靠技术吃饭的地方,高谈阔论可以,但不能妄自尊大。俗话说“井淘三遍吃好水,人拜三师学艺高”。在班组团队里,既可拜师学技,还可与团队中任何一个人相互切磋、探讨,这样学习就快,成长自然就快。同时,还要认清自身所处位置,技术强的人不一定能带好一个班组,组织协调能力好的人搞技术可能发挥不了长处。因此,岗位定位不要盲目地跟着别人跑,关键是要从内心认识自我,找到适合自己的位置。成长过程中,不要因为偶然的失败而灰心丧气,成长之路本来就是充满变数的,需要提高的是自己的应变能力。让自己的成长与团队的发展目标一致,这样就算道路崎岖,也不足为惧。

第四,要认清自己干了什么。自己走过一段路后要回头看一眼,做个自检自查。已见成效的要努力继续坚持,未见成效要找出问题在哪里,自己还有什么地方做得不够。然后,根据自我成长现状,参照工友的成长经验不断校正自己的前行方向,调整自己的心理。这样做有利于增强自己成长中的实力和竞争力,比别人跑得更快。同时,在班组光靠自己的努力还不够,往往在关键时刻,需要借助外力推一把。这个外力,就是上至领导,下至工友的支持和帮助。现在许多企业都为员工成长搭建了良好的平台，你把自己融入班组这个团队，你就具备了“成长因素”，使自己驰入成长的“快车道”。

35　如何抓好青年农民工的队伍建设？

党的十八大报告指出，全党都要关注青年，关爱青年，鼓励青年成长。青年农民工是企业的骨干力量，如何引导和带领青年农民工为发展贡献力量是企业面临的一项重要任务。

第一，从抓学习入手，提高青年农民工的综合素质。一是加强对青年农民工的使命感教育。现在班组青年农民工大都是80后，并多是独生子女，他们有激情、有活力，思想活跃，接受新生事物能力强。但他们与父辈相比受到了更多的社会不良风气的直接影响，在有些人身上存在着诸多不良习性。因此，对他们要从强化理想信念教育、加强政治引领方面入手，依托党（团）日活动、形势任务教育等载体，教育青年农民工增强参与企业改革发展的使命感和紧迫感，激励他们把精力、干劲集中到推动企业改革发展上来。二是强化对青年农民工的专业知识培训。在提升青年农民工积极性、主动性的基础上，要围绕企业安全生产、标准化管理、技术革新等工作，依托班组业务技术学习、岗位练兵、“首席员工”评选等活动，因地制宜地开展业务技能培训，落实岗位应知应会要求，不断提升青年农民工业务素质和整体操作水平，努力打造一支高素质、高技能的创新型青年农民工队伍。三是要引领青年农民工加强自身学习。班组要从丰富学习内容和形式上着力，采取个人学和集中辅导相结合的方式，组织开展知识竞赛、技术比武、岗位练兵等学习活动，增强青年农民工学习的积极性和主动性。

第二，从抓工作出发，为青年农民工成长成才搭建舞台。加强对青年农民工的思想引领,使其融入企业发展大局。助推青年建功成才是企业青年管理工作中的一项系统工程,要做好此项工作,就要充分发挥"团结青年、凝聚青年、引领青年"的桥梁纽带作用。在抓工作中,要把青年农民工工作融入企业生产经营中,使其与企业工作一体化。同时,要以服务青年农民工成长成才作为工作的立足点,开展一系列贴近生产、服务青年农民工的活动。在方式方法上,要在坚持抓重点、抓特色、抓细致上下工夫,精选一些紧贴生产经营中心、青年农民工切实所需的事,坚持做下去。通过做实、做好,逐步打造出一批企业党政认可、青年农民工满意的品牌工作,让他们在企业发展中学手艺、长本领。

第三,以活动为支撑点,让青年农民工锤炼意志,彰显作为。在企业生产、经营、管理和服务工作中,要大力开展青年文明号创建活动,以青年农民工为主体,以倡导职业道德、职业文明为核心,以岗位创优为重点,带领青年农民工建功立业。使创建活动的过程成为他们发挥聪明才智、创造一流工作成绩、服务企业生产经营的过程。

第四,服务安全生产,开展青年农民工安全监督岗活动。安全生产是企业的生命。要充分发挥青年农民工安全监督岗在安全生产中的生力军作用,实施两员(团员、岗员)联保、小分队查岗、岗员反馈等制度,激发青年农民工搞好安全生产的积极性和主动性。

第五,弘扬社会新风,推进青年农民工志愿者服务活动。青年志愿者是构建和谐社会中的一支生力军。企业要以帮扶特困、关爱伤残职工、服务社会大众为出发点,深入开展青年农民工志愿者服务活动,活动既要经常化、多样化,又要制度化、规范化,从而使青年农民工志愿者活动持续健康发展。

36 如何提升班组的创新力?

有人说,班组农民工文化程度低、技术水平差,很难搞创新。这话不对。事实充分证明了这一点,当然,提升创新能力,并非一日之功,需要刻苦地学习,长期的实践探索。

第一,善于发现,找到创新突破口。那么,这个突破口应该选在哪里?许多人认为,班组工作、生产中的难题就是创新的突破口。而发现问题、解决问题的过程,就包含着创新。如一汽大众汽车有限公司的钣金工王洪军,先是发现进口的钣金整修工具价格高,订货周期长,品种不全,有些缺陷无法修复,针对这些问题他就反复琢磨,自己想办法解决,自己做工具。顺着这个思路干下去,他先后制作了钣金整修工具40余种2000余件,提炼出了123种钣金修复方法,创造了"王洪军轿车钣金快速修复法",荣获了"国家科学技术进步二等奖"。他的成功说明,班组创新突破口就在岗位,就在自己每天面对的生产、工艺流程中,就看你是否去找、去发现了。

第二,敢于质疑,迈出创新第一步。著名物理学家李政道有句名言:"能否正确地提出问题就是迈出了创新的第一步"。大科学家爱因斯坦在回答他为什么可以做出科学创造时说:"我没有什么特别的才能,不过喜欢寻根刨底地追究问题罢了。"一个人的创新意识和创新能力,其实就体现在不断地发现问题、解决问题之中。在许多班组里,许多农民工不是没有发现问题的能力,而是抱着见怪不怪的态度,不去质疑,懒得质疑,不敢质疑。他们认为,人家有技术,有学问的人都没说啥，咱一个乡下来的农民充啥“出头的椽子”？闹不好还会得罪人甚至遭人嫉恨，何必？其实，质疑在某种层面就是点燃创新的火花，尤其是在班组工作流程、案例分析、质量检测会上，敢于质疑，体现了健康心态和阳光品质，用质疑导入集体智慧，形成思维火花，以优化、改进的方式解决问题，这就是创新。

第三，勤于思考，捕捉创新灵感。在平时工作中，我们都有过这样的经历，看到别人摘到“果子”心里突然不平衡或者不服气，因为那个“果子”的初期形态，曾是自己熟悉的，只要自己动动脑子，用心去培育，得到就不会是难事。自己跟成功者的区别就在于此。人家勤思考，自己没思考。所以，思考是创新的基石，是创新“灵感”的源头。自己遵守工艺流程、操作规程要求的同时，要敢于突破条条框框，打破常规，勤于思考、善于总结，在这个过程中激发自己创新灵感。

第四，善于学习，打造创新“金刚钻”。学习是创新的基础，是创新的底气和本钱。学习，就是为自己打造金刚钻，有了金刚钻，才敢揽瓷器活。看看职工中的创新楷模许振超、李斌、王洪军等，哪个不是国内顶级的技术高手？他们的成功之路最主要的一条就是通过勤于钻研，善于学习掌握绝招绝活，而绝招绝活让他们在创新路上胜出。所以说，学习的过程，既是积累知识的过程，又是培养新知识、锻炼新思维、提高新能力的过程。学习包括理论知识和操作技术，在工作难脱身无法进行脱产培训和进修的情况下，这就需要自己先强化学习意识，然后想方设法挤出时间去参加各种技能培训，在干中学，在学中干，最后做到在创新中学以致用。

37 农民工怎样才能岗位成才?

一个只有初中学历的农民工,居然发明研制出"赵氏塔基",改写了50多年来全世界固定式塔机基础只能整体现浇混凝土、不可移动、不可重复使用的历史,为国家和社会创造了巨大的经济效益和社会效益,登上了国家科学技术最高领奖台,他就是"农民工发明家"赵正义。赵正义是立足本职岗位、长期学习钻研、勤于创新发明,从而成为第一位荣获国家科技进步奖的农民工。

赵正义的成才经历,是对"不唯学历、不唯职称、不唯资历、不唯身份"、"人人都可以成才"的人才观念的生动诠释。同时,赵正义的经历也告诉我们,立足本职岗位创新发明,是广大企业一线员工成才的"捷径"。

作为班组生产一线的员工,可能没有较高的学历和较好的文化基础,但是,对设备操作、生产工艺及流程熟知于心,对其中的难点和问题有着最直接、最及时的感受和发现,而破解这些难点和问题的过程,恰恰蕴含着很多创新机会。而且,班组工人立足本职岗位创新发明,更容易被企业接受和认可,更容易得到企业的支持和鼓励;同时,直接针对生产实际的创新发明更容易实现成果转化,使创新发明者获得成就感,从而提振其创新发明的信心。正因为如此,赵正义在做泥瓦匠时就能够发现原有工艺弊端,创造出室内抹灰护角制作的新工具和新工艺;在做企业负责人时确立了对塔机基础进行革新的奋斗目标,从而成就了当代的"农民工发明家"。确如赵正义所言,"从眼前入手、从本职岗位入手是创新的捷径",当然也是班组员工的成才"捷径"。

那么，作为一名农民工如何才能实现岗位成才？

首先，要有创新发明、岗位成才的强烈意识。赵正义认为，“一个人不论在什么岗位，都应该意识到自己是负有社会责任和历史使命的”。所以，他干上建筑这一行，就开始思考“祖师爷鲁班给我们留下了刨子、锯子，我干一辈子建筑能给后人留下什么？”位卑未敢忘忧国。农民工朋友应该认识到，创造发明并不只是科学家、工程师的专利，而且也是每一位普通劳动者的责任和使命。这样，就会产生岗位成才的动力。

其次，要具备创新发明必需的知识积累、技术能力。正因为赵正义二十多年坚持“每天下班后自学两小时以上，自学了从中专到大学本科的建筑施工专业教科书以及结构力学、材料力学、混凝土结构工程学、土力学等方面的知识，他才能够敢于面对连专家、学者都望而却步的世界性难题。农民工只有通过自己刻苦努力学习、钻研，才能为岗位成长打下坚实的知识基础。

最后，要为农民工岗位成才创造条件。对农民工要积极开展各种学习和技能培训，提升他们的文化素质和技术素质；广泛开展各种形式的职业技能竞赛和岗位练兵活动，激发农民工学习和创新的热情；改革人才评价体系，完善人才评选表彰制度，为农民工开辟更宽广的职业上升的通道，提高岗位成才者的经济待遇和社会地位，形成鼓励岗位成才的社会氛围。

近些年，在生产一线工人中涌现出的优秀人才越来越多。“抓斗大王”包起帆多次获得国家发明奖、国家科技进步奖及国际发明展览会金奖；还有王洪军、李斌、杨建华、代旭升、赵林源等，都是通过立足岗位创新发明，站到了国家科学技术最高领奖台上。这些“金牌工人”为农民工岗位成才树立了楷模。我们相信，随着经济的发展和社会的进步，会有越来越多的农民工提升岗位成才的信心，在岗位实现成才，为实现党的十八大提出的宏伟大业而奉献自己的聪明才智。

38 如何组织农民工参与劳动竞赛活动?

党的十八大报告提出,要深化群众性精神文明创建活动。劳动竞赛活动,是企业精神文明建设的重要内容。在新形势下,企业组织劳动竞赛活动,要贴近中心、发挥优势、体现特色,充分调动广大农民工的积极性和创造性,需要在深化劳动竞赛内涵上寻求新突破。

一、围绕主题,提高劳动竞赛的针对性

要紧紧围绕企业生产经营目标,主动适应科技含量高、建设难度大以及安全环保的新要求,教育引导广大农民工认清新形势新挑战,深入开展针对性强、富有特色、效果显著的主题竞赛活动,做到哪里有施工生产、哪里有重点工程,哪里就有劳动竞赛。

一是比质量,创优质工程。要建立健全质量保证体系,制定质量保证措施和创优规划,严格执行建设标准。二是比安全,创安全管理达标。要健全和完善安全管理制度体系,预防措施到位,无重大事故。三是比进度,创施工生产纪录。要根据合同工期要求,严格控制施工进度,确保任务目标的完成。四是创新技术、创新工艺、创新方法。要在重点、难点工程施工中,坚持自主技术创新,开展科技攻关,积极采用新技术、新工艺、新材料、新设备,大力开展群众性的合理化建议、技术革新、发明创造活动,提高施工生产科技含量,取得良好的经济效益和社

会效益。五是比文明施工，建文明工地。要坚持诚实守信，恪守合同承诺，遵守国家环保设计标准，努力创造和谐施工环境。

二、转变方式，体现劳动竞赛的创造性

一是劳动竞赛要从数量速度型向质量效益型转变。劳动竞赛要围绕减少投入、降低消耗、减少污染、提高产品科技含量与附加值和企业核心竞争力等方面展开，促进企业经济增长方式的转变。

二是劳动竞赛要从劳动体力型向智力创新型转变。在高科技、高难度、高风险重大工程项目建设中，对农民工的智力技能素质要求越来越高。劳动竞赛要跟上时代的发展，既要弘扬吃苦耐劳、无私奉献的精神，更要倡导善于学习、勇于创造的时代精神，充分体现劳动竞赛的时代特点和巨大的贡献力。

三是劳动竞赛要从阶段突击型向持续长效型转变。在劳动竞赛中既要对危难险重的任务采取突击式的方法攻坚克难，更要把劳动竞赛融入企业的生产经营和目标管理的全过程，做到经常化、制度化、长效化，成为企业日常管理工作不可或缺的有机组成部分。

四是劳动竞赛要从以精神奖励为主向精神物质奖励并重转变。劳动竞赛创造的财富应当让农民工分享，这不仅是指提高农民工的工资收入，还包括让在竞赛中表现突出的农民工获得职务晋升、学习深造和物质奖励，充分体现了市场经济的利益公平原则，也能使劳动竞赛始终保持一种内在利益驱动力和旺盛生命力。

五是劳动竞赛从以工会为主向党政工团齐抓共管型转变。形成既有利于调动各方积极性、又有利于形成强有力领导体系和社会舆论的氛围，形成党政、工会、共青团、农民工和有关部门共抓、共促、共创、共赢的劳动竞赛新格局，确保劳动竞赛活动广泛深入持久有效展开。

三、着眼实际，突出劳动竞赛的时效性

一是大力实施创新赛，促使企业施工能力快速提升。比如，在高铁施工行业，要坚持以技术、管理、制度、创新为主导，以内涵式的竞赛为主要方式，制定出高新技术领域开展劳动竞赛实施办法，鼓励自主创新，深入开展合理化建议、技术协作、技术革新、发明创造等创新实践活动，推进科技创新为先进生产力铺路搭桥。

二是大力实施攻坚赛，确保重点工程取得新突破。要尽量组织开展适合基层班组和职工特点，富有竞争性、鼓励性、小而实、短而新、节奏快、实效强的竞赛，尤其要尊重和支持农民工自己创造出来的竞赛形式。围绕阶段性目标，适时组织突击冲刺，通过倒排工期、任务量化、责任到人、每天考核等行之有效的措施，调动各级的积极性，加快生产经营的重点、难点和关键问题的解决。

三是大力实施创信赛，实现安全质量信得过品牌。要针对影响信用评价的工程进度、质量、安全等难点，开展"进度型"、"质量型"、"攻关型"、"效益型"、"安全型"等竞赛。同时，引导广大农民工把在建工程信誉质量摆在首位，为企业树丰牌、创牌子，以良好的信誉赢得市场。

39 班组操作农民工如何考核上岗?

随着企业参与市场竞争的深入,对农民工素质尤其是操作农民工队伍的技术能力水平要求愈来愈高。通过考核上岗,不断提升班组操作农民工技能水平,增强农民工的危机感、紧迫感和责任感,已成为企业的当务之急。

一、班组操作农民工考核上岗的方法途径

考核上岗既是优化班组农民工整体素质的全员性活动,更是加快建设专业化、国际化现代生产企业的重要举措。企业只有统筹兼顾、因地制宜、因人而异,制定出一套行之有效的考核方法,才能激励班组农民工把自身的作用发挥到最大效应。

1.健全考核机制。考核实施前,需要加强对考核的统一领导和综合协调,组织一批懂业务、有经验、客观公正的专业人才,建立相应的考核机构,明确分工,专人负责,并从企业客观实际出发,制定包括计划、实施、评价以及考核结果的处置方案,为考核操作农民工提供科学的方法,增强考核的科学性、准确性和可操作性。要注重更新观念,消除操作农民工对考核上岗的被动情绪,让考核的人不仅知道为什么考、怎么考,还要让被考核的人知道怎么做,从思想上、心理上能理解接受考核。

2.设置量化指标。在考核上岗具体实施中,必须把考核方法、考核过程公开透明,充分体现公平公正的原则。考核内容包括思想政治表现、生产工作成绩和技术业务水平。技术业务考核要按照《工人技术等级标准》或相关岗位规范进行技术业务理论和实际操作技能考核。

3.考核结果要兑现。考核的目的不仅仅在于了解操作农民工技术水平现状,更重要的是通过考核上岗,探索农民工职业生涯发展新途径。考核结果要与薪酬挂钩、与人才开发挂钩、与岗位调整挂钩,从而健全和完善考核机制,促进班组农民工工作状态的改善,实现"能者上、庸者下"。

二、充分调动班组操作农民工参与考核的积极性

作为一项企业管理形式,考核上岗不但客观反映出人与岗的配置状况,而且为操作农民工的能力评价提供科学依据,从而进一步强化人力资源管理,优化劳动力结构,促进生产效率和经济效益的全面提高。

1.考核上岗能够提升农民工综合操作能力。实施操作农民工考核上岗,使得农民工不但练就过硬的本领和精湛的技术,而且认识到自己的优缺点,及时对自身的发展方向进行修正,注重行为规范的自觉养成,从而获得更多发展机会和更大发展业绩。

2.考核上岗能够强化项目优质服务水平。考核上岗的导向和约束功能,使考核标准无形中成为一种行为标尺,影响着农民工的价值取向、决定着农民工的工作水准。在企业"走出去"拓展国内和国际市场的进程中,这种行为标尺深植于企业操作农民工的服务价值观中,使他们能自觉地提升核心专业技术水平,发挥聪明才智。

3.考核上岗能够加快企业发展步伐。企业要想在激烈的市场竞争

中实现效益最大化，必须调动一切可以调动的积极因素，将成本控制到最低点。从某种意义上讲，实施操作农民工考核上岗，提高了农民工的学习积极性和专业技术素质，在一定程度上缓解了项目人工费用的成本压力。

40 如何激发农民工的创新活力?

43年的职业生涯,包起帆从一名码头装卸工人成长为上海国际港务集团的当家人,从一名只有初中二年级文化的“老三届”成长为教授级高工,完成技术创新项目130多项,获得国家和国际专利44项,其中有3项获得国家发明奖,3项获得国家科技进步奖,34项获得国际发明展览会金奖。由他领衔制定的集装箱国际标准已由国际标准化组织(ISO)正式颁布,这是自1978年我国参与国际标准化组织活动以来,在物流、物联网领域第一个由我国专家发起、起草和主导的国际标准,也是我国自主创新成果最终上升为国际标准的成功实践。

包起帆的成功足迹清晰地记录下一名普通工人在几十年间对技术创新痴心不改、执着不移、百折不挠的奋斗历程。这种来自广大一线工人身上的创新精神和能量汇聚起来,将成为一股强大的推动国家进步、民族富强的力量。在全面建成小康社会、加快转变经济发展方式的进程中,倡导、弘扬这种创新精神,具有重要而深远的现实意义。

创新是一个民族进步的灵魂,是一个国家兴旺发达的不竭动力。包起帆的成长轨迹证明,发明和创造不只是科学家和科技工作者的专利,工人同样可以肩负起科技进步的大任,同样可以在竞争激烈的舞台上一显身手,让全世界看到中国工人超凡的智慧、才干与能量,为国家社会的文明进步作出卓越贡献。

近年来,一线工人中涌现出的发明家不在少数。王洪军、韩明明、杨建华、代旭升、赵林源、许杏桃等，都曾站上国家科技最高领奖台。他们是千千万万普通劳动者中的杰出代表。今天，我们一如既往地要褒奖弘扬他们身上吃苦耐劳的优秀品格，同时，更要学习他们身上勇于创新、善于创新、超越自我、挑战极限的伟大精神。

勤奋劳动、诚实劳动、创新劳动，自觉投身社会主义现代化建设的伟大实践，是时代对广大农民工提出的要求。企业要致力于提高广大农民工的文化素养、知识水平和创新能力。要富有成效地开展技术技能培训，帮助农民工掌握新知识、新技能、新本领。要继续深化社会主义劳动竞赛，引导农民工立足本职、学赶先进、争创一流。要积极开展小发明、小改造、小革新、小设计、小建议活动，进一步调动农民工的创造活力和创新潜能。

大量事实说明，创新思维是创新的源头、开头和龙头。源头是因为有源头才有活水；开头是因为万事开头难，只要解放思想，开发头脑，才能启动；龙头，是因为龙头一举，龙身才能全部动起来。以前认为，理论是行动的眼睛，没有革命的理论，就没有革命的行动。现在提出，思路决定出路，思想一开天地宽，思想有多远就能走多远。只有抓好创新思维、创新理论，才能牵一发而动全身，才能带动和促进体制创新、机制创新、管理创新、技术创新。

许多企业深深感到，维护农民工的民主政治权益、经济权益和文化权益，以人为本的本中之本是要让农民工的素质和能力得到提高，让农民工的思想和精神得到解放和开放，让农民工自己能够自我维护、自我提升、自我发展。要让农民工心里亮堂，感到有希望、有奔头、有前途。

农民工需要创新，创新是为了农民工。倡导创新思维是为了给农民工铸造灵魂，提高农民工素质，是为了给农民工夯实根本，排除农民工生活困难是为农民工进步提供条件，打下基础。

从普通工人到世界知名发明家，在包起帆身上集中体现了中国工人勤奋工作、刻苦学习、勇于创新、甘于奉献的精神和品格。包起帆的成功是可以被复制的,包起帆的成功也是可以被超越的。在新的历史时期,面对新的机遇和挑战,广大农民工必定能够通过创造性劳动,在国家发展进步和国际竞争过程中扮演更加重要的角色,承担更加艰巨的任务,作出更加杰出的贡献!

41 企业农民工如何获得幸福?

何为“幸福感”? 不同的人有不同的感受和说法。简单地说,就是人们生活得舒心、安心、放心,对未来有信心。

有人把锦衣玉食、宝马香车、高官显位理解为幸福,有人把粗茶淡饭、家庭和睦、平平安安理解为幸福;有人把放弃当成幸福,有人把占有当成幸福;有人把履行职责视为幸福,有人把无官一身轻视为幸福;有人把被别人侍候当做幸福,有人把为别人而奔忙当做幸福。其实我们每一个人都有自己的幸福,教师的幸福是桃李满天下,医生的幸福是天下无疾,农民的幸福是五谷丰登……

那么,企业农民工如何才能获得幸福?

首先,要使农民工树立正确的“幸福观”。农民工要自觉地把个人的前途与企业的命运联系在一起,把自身发展与企业发展有机结合起来,把对幸福的憧憬转化为追求幸福的动力,积极培育“进取、敬业、奉献、创新”精神。要制定符合自己岗位的学习计划、工作方案,积极参与企业、班组的生产经营,踊跃参加企业举办的岗位培训、劳动竞赛、技术比武等活动,不断提高业务技能和解决实际问题的能力,脚踏实地做好本职工作,出色完成各项任务,在工作实践中,追求幸福,体味幸福,分享幸福。

其次,要增强农民工的“幸福感”。要使农民工保持积极心态,感受人生美好。企业农民工要学会用积极的心态和智慧进行创造性工作,用乐观的心感受生活的快乐、社会的温暖,增强对企业的认同感。

要克服虚无心理、攀比心理，从纷繁复杂的个人问题、家庭问题中解脱出来，减轻精神上的压力，维护身心上的健康。要立足本职工作，履行岗位职责，坚定必胜信心，激发工作热情，提升自身素质，推进企业管理，推动精益生产，着力技术创新，改进工艺装置，进行小改小革，节能降耗增效，用劳动创造人生的幸福，享受收获的喜悦，实现人生的价值，感受人生的美好。

最后，要成就农民工的“幸福梦”。企业要加大资金投入，建立健全文化设施，开展丰富多彩的文体活动，不断满足农民工日益增长的精神文化需求，增强员工的幸福感，做到企业和农民工共同发展。积极开展劳动竞赛、岗位练兵、技术比武、练绝活学绝招、自主创新等活动，搭建员工展示才华的舞台，创造成长成才的机会，引导员工把个人价值追求同企业发展目标有机结合起来，把生活热情、工作激情转化成为企业建功立业的动力。努力帮助农民工掌握新知识、新技能、新本领，充分发挥工人阶级主力军作用，努力形成以农民工发展促企业发展、以企业发展促员工发展的新局面，实现共建和谐企业、共谋企业发展、共享发展成果的美好梦想。

42 如何维护农民工的合法权益？

目前，全国已有农民工2.5亿人，成为工人阶级主要力量。加强对农民工的培养教育，充分发挥农民工的重要作用，已成为企业一项紧迫而艰巨的任务。

一是加强对农民工职业技能培训，为农民工发展提供空间。农民工的政治思想、科学文化和技能水平，直接关系到企业的竞争力。因此，企业必须把提高农民工素质放在重要位置，把农民工的职业培训纳入企业的长远发展目标，让农民工的素质提升与企业的发展同步而行。要充分利用企业培训机构和社会教育培训场所等资源，对农民工进行上岗前培训、专业技能和安全培训，加强农民工队伍中高级技工队伍的培养。针对农民工个人能力的不同，经过培养、考核，吸纳其中优秀者进入管理队伍。对能力较弱、受教育水平较低的农民工，可以在专门技能和安全培训的基础上加强他们的就业能力，从整体上提高他们的素质。可以开设由农民工自主选择的集中式"培训班"、"流动培训小组"、"交换式培训"，有条件的国企还可以设立"高级进修班"等，促进农民工逐步向产业工人转化。

二是完善农民工企业保障制度，免除农民工后顾之忧。农民工的社会保障需求分为不同层次，针对不同层次需求的性质和特点，企业应实施不同的社会保障制度。短期内，企业要立足自身条件，逐步完善企业保障网建设。努力做到对农民工不减薪、不欠薪，按时足额发放工资，使他们生活上得以保障；加强协调沟通，以住房补贴、租房等多种形式缓解农民工的城镇住房压力，为他们提供安定的工作生活基础。长期内，要切实做好企业保障制度建设，为农民工建立个人账户，实行专户管理，逐步建立企业内有差别、有层次的农民工社会保险。对于企业中比较稳定且在城镇就业时间较长的农民工，工会积极与当地政府和企业沟通，争取将他们纳入城镇社会养老、医疗、工伤保险体系，实行与城镇职工相同的养老保险制度；对于企业中工作时间较短且流动性较大的农民工，企业则根据农民工选择的相应等级，给予缴纳相应的保险费用。

三是规范农民工管理体系，为农民工成长搭建平台。结合农民工数量多、流动性强的特点，企业要加强系统性管理。完善企业用人档案管理，设立专门的“农民工工作部”，对在企业工作的农民工统一开展招聘、配置、培训、管理、规划、考核等一系列工作。在农民工集中的企业应建立专门的工会组织，加强对农民工队伍的管理，维护农民工的合法权益。企业召开职代会应有一定比例的农民工代表参加，对农民工提出的劳动保护、安全健康、改善工资待遇和生活环境等建议，应妥善处理和解决。

43 如何培育农民工的健康心理?

随着社会生活的日益多元化和企业改革的不断深化,农民工的生活节奏加快,心理压力也随之增大,越来越多的农民工面临心理、精神方面的困扰,从而出现困惑、迷茫、不安、紧张等情绪。那么,怎样保护农民工的心理健康,最大限度调动农民工的积极性,实现企业又好又快发展呢?

一、加强教育培养

一是通过多种形式和途径,加强理想信念、企业文化、形势任务、安全生产、先进典型等方面的宣传教育,帮助农民工消除心理上的困惑,思想上的疑虑,认识上的误区,引导农民工积极主动地投身于改革发展的潮流中,为实现企业快速发展献计出力。

二是认真分析农民工出现心理问题的原因和表现形式,采取科学方法,加强农民工心理素质的培养和训练,疏导心理负担和压力,积极与农民工沟通,减轻压力,增强工作自信心,缓解农民工因工作不适应而形成的精神压力和心理焦虑。

三是通过集中培训、技能竞赛等多种有效途径,提高农民工的技术业务水平和文化素质,提升适应能力。在农民工中普及心理健康教育,提高待人处事能力和个人心理品质,促进自我成长和自我完善,树立正确的自我意识,形成良好的情绪和积极向上的人生态度,控制个人情绪欲望,杜绝不切实际的想法。

二、讲究方式方法

一是正确评价自己,正确认识自己。自己对自己的认识、评价是在发展过程中逐渐形成的。帮助农民工明确自己能够做什么,做自己可以胜任的事情,对自己有个合理的预期和评价;应该坚持什么,要有明确的是非界限,而不能人云亦云,被他人所左右。

二是多与人交流沟通,及时倾诉自己的感受。交流是农民工释放压力的有效途径,交流的过程也是自我思考的过程。通过与他人交谈,获取心理支持,增强自信心。

三是善用社会支持。任何一个人只要生活在社会上都需要他人的帮助。社会支持是农民工缓解压力不可或缺的一种途径。家人支持是社会支持的主要组成部分,此外,还需尽力扩大自己的交际范围,甚至争取得到曾经反对过自己的人的支持。

三、营造和谐氛围

一是企业领导要以身作则,身体力行,用自己的一言一行影响带动农民工群众,以自身良好的形象赢得农民工群众的信服和认同。

二是企业领导与农民工广交朋友,开展谈心交心活动,倾听农民工的意见,把握农民工的思想脉搏,通过感情交流了解农民工,帮助农民工解决困难,有针对性地进行疏导,形成企业内部良好的人际关系和宽松的工作环境,心往一处想,劲往一处使,互相关心,互相爱护,和睦相处。

三是采取循序渐进,逐步深入的方式。从实际出发,区别对待,对症下药。不断增强农民工的心理承受能力和对社会的适应能力，主动向农民工八小时工作以外的空间延伸。

四是健全农民工心理健康辅导工作机制，通过农民工诉求热线、农民工谈心室、农民工心理救助关爱行动等形式，通畅沟通疏导渠道，充分发挥其利益诉求、思想交流、情绪表达等多种功能。

44 农民工如何克服职业倦怠情绪？

近年来，农民工职业倦怠问题一直备受社会关注。职业倦怠具有阶段性和周期性，明显的特征是工作没精打采，办事拖拖拉拉。据调查，近80%的职场人感到精神紧张和有压力；2/3的人感到压抑和焦躁；超过70%的人对工作产生倦怠情绪，表示不喜欢现在的工作。

一般来说，人的生理和心理都会出现波峰和波谷，职业倦怠期和人的生理周期一样，有一定规律可循。为什么会进入职业倦怠期呢？一是工作压力或受到挫折打击。在职场经过多年打拼，在事业上小有成就，在一定程度上"位高权重"，工作压力日渐加大，再加上新人不断涌现，对自己的前途造成一定的威胁，思想上产生一定压力。二是攀比心态。35—40岁的职场人士，往往会期望得到比其他人更高的待遇。工作时间长了，工作伙伴、合作伙伴甚至竞争对手之间的交流、对比，见到经历和能力同自己相似的人都比自己职高薪厚，往往会觉得没面子、不平衡，失去了平常心，从而抱怨越来越多，心态逐渐由波动发展到失衡、抑郁，进而失去工作热情。三是个人进步出现瓶颈。企业的发展为农民工创造了机会，造就了一大批年轻的精英和骨干。但随着市场竞争的加剧，对职员的能力提出了更高要求，而有些以前业绩优秀的农民工，还沉浸在过去的业绩中，这样很难适应发展的需要，从而产生落差与困惑。四是工作单调乏味。有些农民工在工厂工作时间长了，工作起来觉得应对自如，每天用同一种方法，干同一种工作，日久天长就觉得枯燥无味，对工作失去了热情，从而导致厌倦工作，心情烦躁，精神不振。

那么，如何帮助农民工克服职业倦怠，以健康的心态，充沛的精力投入到工作和生活中去呢？

第一，农民工要给自己的心情放假。长期从事压力大的工作，需要具备激情、经验、毅力和好心态。如果发现自己准备不足，就应该重视培养和锻炼。一旦发现自己因为压力开始厌职，就应该给自己的心情放个假。不妨找几个朋友到可以发泄情绪的地方，如小公园、游乐场等场所进行畅谈，还可以在双休日组织三五知己去郊游，这样会使情绪有所放松，压力有所缓解。

第二，换一个工作环境。轻度的挫折来自对目前职业的不满，如果农民工朋友真的感到从事的职业不适合，仅仅是看在钱的份儿上才疲于对付，那就找个机会向老板言明自己的心境和期望，适时给自己换个更适合的岗位。如果对方勉为其难，就干脆另谋高就做自己喜欢做的事，这样就不太会感到倦怠。

第三，用创新增加新鲜感。要让自己对所从事的职业不感到倦怠，除了通常所说的责任感，还要抗拒机械的“搬砖”心理，不断地创新，不断地进步。当对一项工作已经熟练掌握的时候，厌职情绪就会袭来。这时，不妨把厌职情绪看做内心潜在的危机感，着手做好防卫的准备，在工作中大胆尝试一些变革和突破，化不利为有利。

第四，在业余生活中找平衡。有些农民工只知道拼命干活挣钱，工作成了霸占他全部光阴的横蛮客。这些人除了工作，几乎没有任何社交活动，时间长了，难免会对自己的工作产生反感。这些人应该培养一点自己的兴趣和爱好，把爱好和工作平衡对待。否则，工作春风得意时，沾沾自喜；一旦工作遇到麻烦，就感到羞辱不堪。因此，农民工朋友要培养一点兴趣爱好，注意放松心情，调整好心态，这不仅能使你心灵与精神有所寄托，还能让你更好地工作。

45 如何增强农民工的主人翁意识?

党的十八大报告指出,要发挥人民主人翁精神,积极投身社会主义现代化建设。维护农民工合法权益,增强广大农民工的主人翁意识,是企业构建和谐劳动关系的重要任务。

维护农民工合法权益,不仅要维护农民工的劳动权益和经济权益,更重要的是要维护农民工的政治权益。维护农民工政治权益,一个显著标志就是让农民工参与企业民主管理。坚持和完善以职工代表大会为基本形式的民主管理制度,建立完善职工董事、职工监事制度,实行企务公开,组织农民工参与民主管理,建立健全利益协调机制、诉求表达机制、矛盾调处机制、权益保障机制、农民工工资正常增长和支付保障机制,确保企业改革发展成果惠及全体职工。

当前企业所处的社会环境、经营环境发生了很大变化,企业的用工制度和分配制度改革日益深化,农民工、劳务派遣人员等职工群体大量涌现。因此,如何通过维护农民工合法权益,增强广大农民工的主人翁意识,是企业面临的重要课题。

首先,要提高对企业民主管理重要地位的认识。从企业的发展历程看,凡是真正实行好企业民主管理的企业,职工的凝聚力就强,就能克服发展中遇到的各种困难和风险,否则,职工积极性就受影响,发展就缺乏后劲。因此,加强企业民主管理,不仅是维护农民工权益的重要内容,也是构建和谐劳动关系,促进企业稳步发展的根本所在。

其次,要坚持以职工代表大会为基本形式的民主管理制度。建立和完善职工董事、职工监事制度，厂务公开制度，提高职代会建制率，组织农民工参与企业民主管理，在中小企业集中的地方建立区域性、行业性职代会，吸收农民工代表参加，推动职工董事、职工监事制度规范化。

最后，加强企业民主管理立法建设。当前，企业民主管理已出现了新情况，要适应现代企业制度的需要，就要进一步完善包括职工代表大会在内的企业民主管理制度。例如，在职工代表大会制度建设方面，应根据我国社会主义民主政治建设的发展，结合现代企业制度的特点，从企业民主管理的实际出发，对职工代表大会的职权进行科学设置，深入贯彻落实《董事会试点中央企业职工董事履行职责管理办法》，逐步明确职工董事的人数、权限、任职资格、责任等，推动这一制度在企业中健康发展。

46　如何做好农民工心理危机预警预报？

近些年来，在一些企业发生了农民工坠楼、自杀、纵火、集体上访等恶性事件，不仅影响了企业正常的生产经营秩序，而且严重干扰了社会的和谐稳定。如何做好农民工心理危机的预警预报，避免不良事件的发生，是企业当前急需解决的一个重要问题。

1.建立完整、系统的农民工心理健康档案。企业应定期对农民工进行心理普查，建立完整、准确、动态化的员工心理健康档案。档案内容包括：背景资料（农民工本人、家庭情况及重大影响事件等）、农民工的表现（身体、工作和生活状况）、心理素质及心理辅导情况（能力、人格特征、心理健康及辅导过程记录）、心理健康成长等情况。

2.构建全方位、立体化心理健康教育模式。企业应建立适合农民工特点的心理健康教育模式，配备专业心理辅导人员，定期举办心理辅导讲座，提高农民工心理素质；通过农民工心理关爱救助活动、发放心理健康教育书籍、放映心理健康教育电影等途径，使农民工不断提升心理素质，增强应对危机能力。要充分发挥家庭的亲情感化功能，及时与家庭成员互相配合，提供有力的情感支持。

3.健全心理危机评估体系。做好心理危机预警工作，关键是开发信息度良好、适合企业农民工的标准化心理危机测验，从生理、情绪、认知、行为以及是否有危机意念等多方面监测农民工的心理功能；准确、全面地评价农民工的心理危机，发现有潜在问题的个人，及时为危机预警预报提供客观依据。在此基础上，对各种预警预报信息进行综合评估和判断，进而决定是否发出预警预报信号。

4.建立农民工心理危机预警预报队伍。企业要成立有领导参加的“心理危机预警与干预领导小组”，由企业政工部门或工会有关人员组成心理危机预警与干预执行机构，并在每个职工生活区、每个车间设立心理巡视员，让他们及时收集并报告各种危机预警信息，协助做好相应的情感疏导工作。要定期对预警预报专业人员进行心理危机预警与干预方面的专业培训，提高他们的危机预警与干预能力。

5.完善农民工心理危机干预机制。首先，构建厂、作业区、班组三级心理防护网络。其次，对农民工进行预防心理危机教育，使他们能及时发现心理危机征兆者，并积极向上级报告。再次，实施多途径的心理危机干预，如设立危机救助热线电话、网上心理咨询等。最后，完善企业农民工心理危机干预制度保障体系（报告制度、鉴定制度、保密制度等）。

6.增强农民工生命意识。长期以来，由于生命教育的缺失，导致了一个个让人惋惜的人生悲剧。因此，要引导企业农民工走出生命的误区，教育他们珍惜生命，树立积极向上的人生观。生命教育目的在于使农民工认识生命的意义，追求生命的价值，绽放生命的光彩，实现生命的辉煌，有效降低心理危机发生率，遏制严重危机事件的发生。

47 如何提高农民工思想政治工作技巧?

农民工思想政治工作是说理的工作,它不仅要求"理"本身的正确性,而且要求说理方法的科学性和技巧性。

一要区别对象,因人而异。农民工思想政治工作者的说理,应该区别对象,因人而异。区别对象,首先要熟悉对象。要深入基层,多调查,多研究,多与自己工作范围内的人接触、交谈,掌握第一手资料。一个说理者不熟悉自己的工作对象,就失去了做好工作的基本前提,纵有好的愿望,也难以成功。

区别对象,目的在于因人而异,对症下药,使说理取得最好的效果。农民工来自四面八方,性格千差万别,对性格开朗,思想基础好的人,宜开门见山,一针见血;对个性内向、心地不宽、自尊心强的人,多用启发式、递进式;对有过失的人宜个别提醒,讲究言词,不要给其造成太大的压力;对生活阅历浅、盲目性大、易受感化的人,宜借鉴别人的经验进行教育,烘托出要讲的内容,使其在与别人的对比中感到某种压力,促其自省和奋进;对思想敏锐、上进心强,有一定理论基础的人可以通过共同探讨,启发自我教育达到说理或批评的目的;对日常比较谨慎踏实、自责心理重的人,只要间接侧面的提醒一下,就足以使其认识到问题的严重性并痛改前非;对平时大大咧咧、满不在乎或犯了错误又不肯轻易承认的人,则可进行态度严肃、措词尖锐的触动式批评,猛击一掌,促其回心转意。

二要寓情于理,情理交融。农民工思想政治工作的说理技巧,从某种意义上讲,也是一种感情艺术。情通则理达,感情相悖,即使金玉良言,人家也未必听得进去。俗话说的好,一句话能把人说的笑起来,一句话也能把人说的跳起来。现实生活中,常常遇到这样的情况:同样是讲道理,有的人讲,农民工就爱听;有的人讲,农民工就不爱听,甚至很反感。同是一个人犯了错误,有的领导去批评,尽管言词很尖锐,态度很严厉,他都乐于接受;有的领导即使只是拐弯抹角地点上几句,他也会一触即跳,闹个不可开交。究其原因很重要的一点,就是后者和农民工没有建立起深厚的感情,农民工不信服他。

建立同志间的纯洁感情,重要的是始于平时、发自内心。在平时的学习、工作和生活中,领导的一言一行、一举一动群众都很注意,都很敏感。如果平时在职工面前摆架子,盛气凌人,不关心人家的痛痒,到找人谈话时再临时卖弄,就是"技术"再高超,也无济于事。关心帮助同志,寻求建立感情和信任,必须有一颗与人为善的赤诚之心,这样在说理的时候,真情实感就会自然而然地流露出来,就能做到情深意长、情真意切。

三要实事求是,就事论理。摆事实、讲道理,既要以理服人,又要靠事实说话。不搞空洞无物的说教,不落就事论事的俗套,真正做到就事论理,事理合一,把道理讲透。

就事论理,关键是要实事求是,具体情况具体分析。首先是对事实本身,要客观、准确地掌握,既不夸大,也不缩小,更不怀有偏见。然后再作具体分析,全面、辩证地看问题,是什么问题就解决什么问题,该讲什么道理就去讲什么道理。

四要设身处地,理利相济。邓小平同志曾指出:"不重视物质利益,对少数先进分子可以,对广大群众不行,一段时间可以,长期不行。革命精神是非常宝贵的,没有革命精神就没有革命行动。但是,革命是在物质利益基础上产生的,如果只讲牺牲精神,不讲物质利益,那就是唯心论。”所以,忽视物质利益的说理者,不是真正的马克思主义者。同样,只强调物质利益,忽视精神作用,也是不符合马克思主义基本原理的。

重视物质利益,就要关心职工生活。所谓实际问题,主要是指职工生活中的实际困难和本人难以处理的矛盾。如家庭收入低、住房难、看病难、子女上学入托难、子女就业难等,工作中遭到误解而关系紧张、离婚失恋感情受到创伤,等等。我们在做这些职工的思想工作时,就要注意同解决这些实际问题结合起来,不能仅仅是表示同情,还要尽心尽力帮他一把。

48 怎样当好班组长？

改革开放不仅催生了庞大的农民工队伍，而且造就了一大批高素质的农民工班组长，他们成为企业发展的中坚力量。人们常说，班组长是“兵头将尾”。虽说“官”不大，但作用却很重要。因此，如何当好班组长就成了一个重要课题。

在中国几千万个班组中，余梦伦班组是第一个以中科院院士命名的班组。从1966年建组至今，已历经44载风雨的余梦伦班组，不仅在运载火箭的弹道设计方面创造出令中国自豪、国人振奋的科技成果，也为中国的长征系列运载火箭和液体战略导弹的发展做出了独特的贡献。余梦伦认为，班长的最大意义是创建自己的价值文化。一个人做事要让自身价值最大化，而自身价值最大化，不仅仅是指把自身才能、自身努力发挥到极致，更重要的是让团队所有人都能在岗位上发挥最大价值。班组长作为班组的指挥者和领跑者，要做到平等、互爱、互动、自立、自强。

1.平等。没架子、随和、容易接触，待人平等、做事低调、谦和、不保守、助人为乐，这是班组员工对余梦伦的一致评价。余梦伦认为，“平等”是班组长在与员工相处、合作中应该做到的基本姿态，也是班组工作质量得以持续提高的基础。创新要靠集体的融合，智慧的融合。作为一班之长，不能做出一个与人平等的姿态，就无法与组员真正融合到一起。班组长如果摆出一副居高临下的架势，带着距离与组员一起工作，那么，班组十几个人就很难做到拧成一股绳，一起朝着一个目标使劲。平等不是同化个性，而是在一个团队内给予每个组员对等的地位，对等地享有成果的权利，以保证每个成员都能有尊严地体面地劳动，在同一个平台上展开公平竞争，每个人都有机会通过完成任务收获自己的劳动成果。

2.互爱。说起班组治理之道，余梦伦用“互爱”作了高度概括。在他看来，人与人之间的相互关爱，是一个团队心情舒畅地完成任务，创造最大价值的基础。一个团队的最大价值，不一定是每个人干了多少活，赚了多少钱，而是这个团队的所有人对团队环境、氛围、岗位的满意度。要让组员在工作中最大限度地发挥自身才能、创造最大价值，就要最大限度地帮助组员营造一个温馨、和谐的工作环境，这个环境不是班长给的，而是每个人用付出的真诚爱心酿造的。余梦伦认为，人并不缺乏爱心，只不过人的爱心容易被不良文化环境扭曲，要让组员人人相爱，就要不断地维护真诚、善良，形成爱意融融的班组文化。而这个文化，又不断培育、浇灌着互爱之花，相互依存又相互作用。互爱，有了成果大家就不会去争，有了错误就会主动承担。班组长在完成工作之前，先要学会做一名真诚的有爱心的人，先做人后做事。

3.互动。余梦伦说，从事的每一项工作，都是一个团队所有人的付出。在攻克难关时，不是一个人去做，而是一个班组团队的投入，成功了荣誉大家分享，失败了大家一起承受。在这个过程中，大家一边运用自己的知识技能，一边不断学习，汲取新知识、新技能。为了保证任务的高效完成，班组的每个人都要养成与人沟通、互动的良好习惯。互动，是一个团队制胜的法宝。首先，班组长要努力为班组员工搭建起相互沟通的平台，比如把自己的一技之长拿出来在班组内共享；其次，促进大家相互之间的合作，比如一个项目攻关，就把大家招呼在一起研讨，目的就是让大家都认识到，自己的工作是别人工作的一个部分、一个流程，自己的成功是建立在别人工作基础上的，只有把自己融入团队，共同营造一个合作的良好氛围，培养相互协作的团队精神，才会有自己获得成功的那一刻，才能享有成就感。

4.自立。一个班组十几位员工，彼此既要合作，又要学会独立自主，不能依赖别人。要有独立承担任务，独立思考，独立开发创新的能力。特别是在一个以搞科研项目为主的团队里，每个人的生存条件、奋斗起点都是一样的，培养组员自立的品性尤为重要。要让大家有自己的科研底线，既不能依赖他人获取劳动成果，也不能以非公平的手段剽窃他人的劳动成果。在与他人共同工作、合作的过程中，一定要守信讲义。只有这样，才能在班组里营造出一个有利于大家长远生存的空间，让每个人在这个空间里学会自主创新、自得其乐。

5.自强。人究竟为什么活着？难道就是为了整天上班、下班，不停地接受任务、完成任务吗？余梦伦不想让班组员工有这样的困惑和迷茫。在工作中，他通过帮大家有阶段、有计划地攀登技术台阶，向高难领域挑战，让大家明白一个道理：人活着无非就是不断地超越自我。树立自强的意识，这里有两层含义：一是追求更高的精神境界，二是追求更高的物质境界。而更高的精神境界是一种更睿智、更明事理的理想境界。所以，不管外界的不良因素如何侵袭，社会杂言如何影响，在余梦伦班组，都不会出现追求名利、贪图享受的现象。这些年，班组里的人有进有出，可是献身航天的理念却一代接一代在人们手中传承，坚定不移，矢志不渝。所以余梦伦说，作为班长，就要想的更远，十年、二十年，甚至更久。

从业44年，当班组长三十余年，余梦伦就是用这套“价值文化”，把员工的思想统一到一个团队中，引导班组员工始终用良好的精神状态，积极向上的团队士气，为祖国的航天事业创造着一个个奇迹，使团队的目标导向功能、凝聚功能、激励功能、控制功能得到了淋漓尽致的发挥。

49 白国周班组管理法的主要内容是什么?

白国周是河南中平能化集团七矿开掘四队班长,一名普通的矿工。他在23年的生产实践中探索、总结出了一套行之有效的科学管用的管理办法。其主要内容可以概括为“六个三”,即:“三勤”、“三细”、“三到位”、“三不少”、“三必读”、“三提高”。

一、“三勤”:勤动脑、勤汇报、勤沟通

勤动脑:对井下现场情况,勤于分析思考,总结其中的规律,寻找解决问题的办法,以便在出现问题时,能够迅速处理,避免事态的进一步发展;

勤汇报:在生产过程中发现的隐患和问题,及时向领导汇报,以便领导及时了解情况,迅速采取应对处置措施;

勤沟通:经常与领导沟通,了解队里的措施要求;与上一班和下一班的班长沟通,了解施工进度和施工过程中出现的问题;与工友沟通,了解工友工作和生活状况,及时化解可能对生产安全构成危险的因素。

二、“三细”:心细、安排工作细、抓工程质量细

心细:从召开班前会开始,针对当班出勤状况,分析各岗位人员配

置，做到心中有数，尤其是一些特殊岗位，班前会上仔细观察这些岗位人员的精神状态；

安排工作细：认真考虑什么性格的人适合干什么性质的工作，量才使用，发挥长处，提高效率，减少个人因素可能带来的隐患；

抓工程质量细：严格按照施工要求、操作规程和安全生产技术措施施工，严把工程质量关。

三、“三到位”：布置工作到位、检查工作到位、处理隐患到位

布置工作到位：班前布置工作详细、清楚，工作任务、安全措施等向工友交代明白，哪个地方有上一班遗留的问题，提醒工友注意，及时解决；

检查工作到位：对自己所管的范围，不厌其烦地巡回检查，每个环节、每个设施设备都及时检查，不放过任何一个隐患点；

处理隐患到位：无论在哪个地缝发现隐患和问题，能处理的及时处理掉，当时处理不了的，在明显处用粉笔写下隐患情况，指令有关人员处理。

四、“三不少”：班前检查不能少、班中排查不能少、班后复查不能少

班前检查不能少：接班前对工作环境及各个环节、设备依次认真检查，排查现场隐患，确认上一班遗留问题，指定专人整改；

班中排查不能少：坚持每班对各个工作点进行巡回排查，重点排查在岗职工精神状况、班前隐患整改情况和生产过程中的动态隐患；

班后复查不能少:当班结束后,对安排的工作进行详细复查,复查重点工程质量和隐患整改情况,发现问题及时处理,处理不了的现场交接清楚,并及时汇报。

五、“三必谈”:发现情绪不正常的人必谈、对受到批评的人必谈、每月必须召开一次谈心会

发现情绪不正常的人必谈:注重观察工友工作中的思想情绪,发现有情绪不正常、心情急躁、精力不集中或神情恍惚等情况的工友,及时谈心交流,弄清原因,因势利导,消除急躁和消极情绪,使其保持良好心态投入工作,提高安全生产注意力;

对受到批评的人必谈:对受到批评或处罚的人,单独与其谈心,讲明原因,消除抵触情绪;

每月必须召开一次谈心会:每月至少召开一次谈心会,组织工友聚在一起,谈安全工作经验,反思存在的问题和不足,互学互帮、共同提高。

六、“三提高”:提高安全意识、提高岗位技能、提高团队凝聚力和战斗力

提高安全意识:引导职工牢固树立“安全第一”理念,通过各种方式教导工友时刻绷紧安全这根弦,时刻把安全放在心上,坚决做到不安全绝不生产;

提高岗位技能:经常和工友一起学习、研究掘井各工种的工作原理和操作技术,提高安全操作技能。经常和工友针对生产和现场管理中

出现的问题一起讨论，共同寻找解决问题的办法，着力提高班组每一名工友的综合素质；

提高团队凝聚力和战斗力：想方设法调动每一个工友的积极性，不让一名班组成员掉队，争取大家都学会本事。针对职工中存在的一些不文明现象，要求大家做文明人，做文明事。工友偶犯错误，不乱发脾气，而是因人施教，耐心指出问题根源，大伙儿一起帮助改正。

50 如何让老百姓生活得更有尊严？

温家宝同志在2012年党中央、国务院举行的春节团拜会上说，我们所做的一切，都是为了让人民生活得更加幸福、更有尊严。温家宝同志在与网友交流时，又一次提出“要让老百姓活得更有尊严”！一时间这句话引起广大职工的热议。

温家宝同志对“尊严”的含义作了明确的界定，共有三条。第一，每个公民在宪法和法律规定的范围内，都享有宪法和法律赋予的权利，国家要保护每个人的自由和人权。无论是什么人，在法律面前，都享有平等。第二，国家发展的最终目的是为了满足人民群众日益增长的物质文化需求，除此之外，没有其他。第三，整个社会的全面发展必须以每个人的发展为前提，要为人的自由和全面发展创造有利条件，让他们的聪明才智竞相迸发。这三条，全面地概括了人的尊严的内涵，既切合中国当前的实际，也体现了中国特色社会主义的本质要求。马克思说：“通过社会生产，不仅可能保证一切社会成员有富足的一天比一天充裕的物质生活，而且还可能保证他们的体力和智力获得充分的自由发展和运用。”温家宝同志讲的“尊严”同马克思讲的完全一致，充分体现了中国的特点。

“要让老百姓活得更有尊严”，是贯彻落实十八大精神，全面落实科学发展观的核心的具体表现。以人为本，包含了深刻而丰富的内涵，人民的幸福和尊严，是其中的要义。解决民生问题，使老百姓老有所养，病有所医，住有所居，涉及许多方面，要做许多具体的事情，但不能就事论事，要从人民的幸福和尊严这样的高度，从以人为本的高度，来提出问题和解决问题。

"要让老百姓活得更有尊严"，这不是一句空洞口号，而是我们党的十八大报告的目标要求。老百姓也必然会把它作为衡量我们党政绩和诚信的一条重要标准。让老百姓活得更有尊严，要靠党和政府领导人民群众推进改革开放，落实有益于人民的各项政策和举措。同时，人的尊严还要靠自己的努力和奋斗，不能坐等尊严的到来。20世纪80年代，当农民工开始出现的时候，他们走进城市，干最苦最累最脏的活，被称为"盲流"、"打工仔"，那时，有多少人看得起他们？但是，他们忍辱负重，艰苦奋斗，城里人逐渐改变了看法，认识到城市的正常运转离不开农民工，他们的价值逐渐得到社会公认，成为工人阶级中的一个重要群体。在党的十八大上有26名农民工代表，农民工靠自己的努力和奋斗，赢得了尊严。"要让老百姓活得更有尊严"，这是党的十八大发出的最强音，人们对此充满期待！

51 如何看待延迟退休年龄?

2011年,人社部负责人首次明确提出推迟退休年龄的建议,拟到2045年不论男女,退休年龄均为65岁。此言一出,即引发广泛议论。赞成者有之,反对者亦有之,真是一石激起千层浪!

我国现行退休年龄规定源于1951年颁布的《劳动保险条例》,规定男职工退休年龄为60周岁,女职工为50周岁。1955年,国务院又把女干部退休年龄提高到55周岁。1978年,全国人大常委会通过的《国务院关于安置老弱病残干部的暂行办法》中,重新规定男工人退休年龄60周岁,女工人年龄50周岁,女干部年龄55周岁。据调查,我国老龄化程度正在加剧,截至2010年,我国60岁以上老年人达1.78亿人,占全球老年人口的23.6%。从2011年到2015年,预计全国60岁以上老年人口比重将由13.2%增加到16%,到2020年,全国老年人口将达到2.55亿人,占总人口的17.8%。到2035年,中国将成为全球人口老龄化程度最高的国家。

在我国人口年龄结构老龄化态势加剧的同时,有效劳动力数量急剧减少。预报显示,我国劳动年龄人口总量将从2010年的9.7亿人减少到2050年的8.7亿人。其中2015年将从9.98亿的峰值开始逐年下滑,年均减少366万人。届时,我国劳动力供给严重不足状况即显现。

与此同时,子女赡养负担过重问题显现。2011年,国务院新闻办发布的《中国的人力资源状况白皮书》中称,到2035年中国将出现

2 名纳税人供养 1 名养老金领取者局面。如果延续现行的法定退休年龄,会使子女无力承担起赡养 4 个甚至更多老人的重任。目前我国养老保险制度存在着养老金供不应求的严重压力。除了正常提前退休之外,还有许多非正常性提前退休,这种状况进一步加剧了养老金的供给压力。国家有关负责人指出,现行的退休保障体制已经成为中国财政的最大隐患,也成为货币政策的长期威胁并影响货币政策的短期效果。退休政策与退休保障体制难以适应,要么改革退休制度,要么改革退休保障体制,要么两者同步改革。看来,延迟退休已是大势所趋,在所难免。理由是长期的人口老化导致劳动力供应不足,人口老龄化又导致退休人口增多,养老金支付压力增大,造成政府不堪重负。如何更好地实现延迟退休年龄是我国急需研究解决的一大课题。

1.要从我国国情出发,采取柔性的方法推进。延迟退休年龄是我国未来养老保障的重大改革,它影响养老金领取时间和领取人数的确认,必然影响养老的保障,引发退休权益的争议。因此,延迟退休要慎重。要从我国的国情出发,最好采取柔性、渐进的做法,给大家一个选择的空间。例如,可以在 60—65 岁之间选择退休,晚退休多得益,早退休少得益。此外,延迟退休是有年龄边界的,不可能无限延长,况且,高龄劳动力一般生产效率较低,所以适当提高生育水平,储备未来人力资源完全必要。

2.实施“小步慢走”的政策。由于中国人口多,就业压力大,收入差距大,年轻人事业及成长空间受限,延迟退休要实行“小步慢走”的政策,照顾社会多层次及多个不同年龄群体的相对平衡的利益格局。一要分步实施,不能一步到位;二要考虑公众的心理承受能力;三要从大家认可度较高,社会阻力较小的行业和职业开始试点。要进行全面深入的调查研究,明确改革的路线图。

3.要制定区别对待政策。延迟退休年龄要取消行政级别或相应待遇，重新以技能及岗位聘用，实现退职退位但不退工。对不同群体采取差别政策，对于高知高智高技能“三高”人群可先行采取延迟退休政策，以便发挥余热。对于掌握党政权力的公务员等人群不宜延迟退休，但可以设定岗位聘用，以确保社会公平正义。对于普通的劳动者可采取自愿选择的原则。

4.要与完善养老保障制度相结合。养老保障体系是基础，只有完善养老保障体系才具备实施延迟退休的条件。而延迟退休是完善养老保障制度的重要举措，能推动养老保障制度的科学化，促进老年人老有所养、老有所医、老有所乐，发挥老年人的积极能动效用。

52　如何实现更高质量的就业？

就业与百姓的生活息息相关。党的十八大报告提出“推动实现更高质量的就业”，受到社会广泛关注，尤其是广大农民工抱以热切期盼。推动实现更高质量的就业这一新理念的提出，反映了转变经济发展方式对就业的新要求，顺应了人民过上更好生活的新期待，对于推动我国经济发展，保障和改善民生、全面建成小康社会具有十分重要的意义。

那么，究竟什么是“更高质量的就业”？“更高质量的就业”，主要是指有充分的就业机会、公平的就业环境、良好的就业能力、合理的就业结构、和谐的劳动关系等。这就要求我们在就业工作中，不仅要注重就业规模的持续扩大，还要注重就业质量的不断提升，增强就业的稳定性。实现更高质量的就业，是在“劳动者自主就业、市场调节就业、政府促进就业和鼓励创业”这样一个就业总方针指导下、针对整个就业工作的总要求。“更高质量的就业”，既是一个目标，也是一个过程。实现这一目标，要靠经济社会的发展，靠全国人民的辛苦劳动来创造。所以说，“更高质量的就业”，不只是找一份“好工作”，而是引导劳动者转变就业观念，鼓励多渠道多形式就业。常言说得好，“三百六十行，行行出状元”，工作本身并无高低贵贱之分。政府要努力营造公平的就业环境，引导人们树立合理的择业观，促进人才资源优化配置，让劳动者人尽其才。

过去我们一直强调就业数量的增长，每年会确定城镇新增就业、登记失业率等一系列发展目标。如今,在就业总量压力仍然很大的前提下,谋求“更高质量的就业”,如何处理好二者之间的关系非常重要。这两者是有机的统一,不可偏废,既要扩大规模,又要提升质量,让“量”与“质”协同发展。在我们这样一个人口大国,无论过去,现在和将来,解决好就业问题都不是件容易的事。当前和今后一个时期,我国劳动力供求总量矛盾和结构性矛盾并存,长期矛盾和短期问题互相叠加,城镇就业压力与农村富余劳动力转移压力以及高校毕业生就业压力交织的基本状况难以改变,促进劳动者充分就业仍然面临着巨大的现实压力。推动实现“更高质量的就业”的前提,还是要在发展的基础上扩大就业规模。如果失业率很高,大量劳动者得不到就业机会,就谈不上提升就业质量。设想一下,如果一个国家或地区存有大量失业人员,相当一部分人找不到工作,那么即使少数人就业状况再好,对整个社会而言,就业质量也不能说是好的。因此,我们要推进就业“量”与“质”的共同发展、互促共进、良性互动。

那么,怎样才能实现“更高质量的就业”呢?

首先,要千方百计创造充分的就业机会。坚持把促进充分就业作为经济社会发展的优先目标,深入实施就业战略,在转变经济发展方式和推动经济结构调整中扩大就业,在统筹城乡发展,积极稳妥推进工业化、城镇化、农业现代化进程中创造更多就业机会。

其次,要努力营造公平的就业环境。深入贯彻实施《就业促进法》,统筹做好以高校毕业生为重点的青年就业、农村劳动力转移就业、困难人员就业工作,有效防止和消除就业歧视,促进公平就业。大力实施更加积极的就业政策,动员全社会力量共同参与做好就业工作,切实营造更加有利于就业的宽松环境。

第三,要着力提高劳动者的就业能力。大力加强职业培训,加强高技能人才队伍建设,形成面向所有劳动者终身学习的职业培训体系,促进劳动者整体素质的提高，帮助劳动者实现更稳定的就业。同时，要加快健全完善覆盖城乡的公共就业服务体系，推动建立统一规范灵活的人力资源市场。

第四，不断优化产业结构。提升就业质量，与加快转变经济发展方式紧密结合起来，在转方式、调结构的过程中，不断改善就业结构。要着力提高第三产业就业比重，稳定第二产业就业份额，挖掘第一产业特别是现代农业就业潜力，以结构的优化推动就业质量的提高。

第五，积极构建和谐劳动关系。大力推行工资集体协商，建立工资正常增长机制，使工薪劳动者收入增长和劳动生产率提高同步。进一步扩大社会保障覆盖范围，稳步提高社会保障待遇水平，全面建设覆盖城乡居民的社会保障体系，让就业不但成为劳动者谋生的手段，也成为劳动者不断发展的有效途径。

53 养老保险如何才能实现城乡衔接转换?

养老保险如何实现城乡衔接转换?2012 年 11 月人社部下发《城乡养老保险制度衔接暂行办法》,提出我国职工养老保险、新农保以及城镇居民养老保险将实现衔接转换。

一、衔接转换适用范围

《办法》规定:对于我国现行的三类养老保险,即城镇职工基本养老保险(“职保”)、农村社会养老保险(“新农保”)及城镇居民社会养老保险(“城居保”),参加过两种或两种以上的人员,可衔接转换养老保险。而只参加了一种保险制度,在跨地区转移时,依然按照各制度的规定转移接续。需要注意的是,《办法》适用于尚处于缴费期、未领取养老保险待遇的人员;已经退休或者按规定领取养老保险待遇的,不需要重新计算待遇,因此不适用本《办法》。《办法》所指的衔接转换主要针对三种情况:职保转换为新农保或城居保;新农保或城居保转为职保;新农保和城居保互转。

二、衔接转换条件

《办法》规定:参加职保缴费年限满 15 年(含依据有关规定延长缴

费年限）的，可以申请从新农保或城居保转入职保；职保缴费年限不足15年的，可以申请从职保转入新农保或城居保。这主要考虑：职保、新农保、城居保制度都规定缴费年限满15年为按月享受基本养老金的条件，而职保的待遇水平相对较高。因此，规定只要满足参加职保的缴费年限，无论在新农保或城居保缴费多长时间，都可以转入职保或无论在城居保缴费多长时间，都可以转入职保合并计算待遇，有利于最大限度地保障参保人员的权益，同时引导参保人员长期参保、持续缴费；面对由于各种原因在职保缴费不足15年的，按照社会保险法的规定从职保转入新农保或城居保，由后者发挥“兜底”功能，也避免因职保缴费年限不足而造成参保人员的权益损失。

三、衔接转移额度

《办法》规定：衔接转换要将个人账户全部储存额随同转移。但由于三类保险制度上的差别，职保向新农保或城居保转移，不转移职保统筹基金，目前我国三类养老保险制度中，只有职保制度的专门安排，基本功能是保障职保退休人员的基本生活；新农保、城居保制度中没有这一安排，而另外安排了政府全额支付的基础养老金，会导致各项制度资金安排上的不平衡。统筹基金与个人账户性质不同，不属于个人所有。在职保制度内跨地区转移规定要划转12%的统筹基金，是为了适当平衡不同地区之间职保基金的负担，并不直接体现为参保人员的个人权益；参保人员从职保转入新农保或城居保，不转移统筹基金，也不影响其个人权益。

四、衔接转换缴费年限

《办法》规定：参保人员从职保转入新农保或城居保，其参加职保的缴费年限,可合并累加计算为新农保或城居保的缴费年限。参保人员从新农保或城居保转入职保,其参加新农保、城居保的缴费年限不折算为职保缴费年限。这样规定的基本背景是职保与新农保或城居保制度间的缴费水平差异很大,一般达到十倍、甚至几十倍。鉴于新农保、城居保转入职保后,其原缴费年限即使折算也对养老金的发放影响很小,而且个人账户金额转移相对于缴费年限折算对参保人员更有利,因此规定不予折算。但对于职保转入新农保或城居保的参保人员,为了避免出现参保职保、新农保、城居保均不满 15 年而享受不到待遇的情况,规定其各项制度的缴费年限可以合并并累加计算,这样更有利于维护参保人员的权益。

五、衔接转换参保费退还

《办法》规定:参保人员重复参加职保与新农保或城居保的,若在同一年度内出现重复参保缴费的,清退新农保或城居保重复缴费,并将个人缴费相应金额退给个人。当前,由于缺乏衔接转换,重复参保现象较多。主要因素是:不同制度的实施程度不同,就业人员参加职保属于法定权益和义务,而参保新农保、城居保目前遵循的是自愿原则;参保缴费的具体规定也不同,如职保为按月缴费,新农保、城居保为按年缴费。对此,《办法》规定对于重复参保的,优先保留待遇水平较高的职保关系,并将重复参保时的新农保或城居保个人缴费退还给个人,尽可能减少相关人员由此带来的额外缴费负担。

六、衔接转换办法

1.新农保或城居保转入职保。参加职保和新农保或城居保人员,达到职保法定退休年龄(含待遇领取年龄)后,职保缴费年限满 15 年(含依据有关规定延长缴费)的,可以申请从新农保或城居保转入职保,按照职保办法计发相应待遇。

2.职保转入新农保或城居保。职保缴费不足 15 年的,可以申请从职保转入新农保或城居保,待达到新农保或城居保规定的领取条件时,按照新农保或城居保办法计发相应待遇。

3.新农保或城居保跨区衔接。参加新农保或城居保人员,在缴费时间因户籍迁移需要跨地区办理新农保和城居保衔接手续的,可在迁入地申请适时办理。

七、办理衔接转换流程

1.申请。由参保人员本人向待遇领取地社会保险经办机构提出养老保险制度衔接的书面申请。

2.审核。待遇领取地社会保险经办机构受理并审核参保人员书面申请后,对符合本办法规定条件的,在 15 个工作日内,向参保人员原职保、新农保或城居保关系所在地社会保险经办机构发出联系函,并提供相关信息;而对不符合制度衔接条件的,向申请人作出说明。

3.审核参保人员原职保、新农保或城居保关系所在地社会保险经办机构,在接到联系函的 15 个工作日内,完成制度衔接的各项手续。

4.办理待遇领取地社会保险经办机构,在收到参保人员原职保、新农保或城居保关系所在地社会保险经办机构转移的资金后,应在 15 个工作日内办结有关手续,并将情况及时通知参保人员。

54 2020年人均收入能实现翻番吗?

党的十八大报告提出到2020年全面建成小康社会,“实现国内生产总值和城乡居民人均收入比2010年翻一番”。“两个翻番”目标的提出,体现了党和国家对民生的关心,构成了全面建成小康社会的美好图景。全国人民备受鼓舞,热切期盼。但有不少人在问:“这一宏伟目标能实现吗?”

“两个翻番”目标,包括经济总量指标和人民生活指标。把两个目标放在一起,充分显示了党中央改善和提高人民群众生活水平的决心和信心,同时也告诉我们,居民收入倍增要以做大做好蛋糕为前提和基础。只有经济发展了,才能够改善和提高人民群众的生活水平。由于我国的总人口到2020年间仍会处于增长状态,这意味着在翻番的GDP总量中将拿出更多的份额用于居民收入的增长,预示着居民收入比重将因此得到提高。城乡居民人均收入倍增,不等于到2020年每个人都实现收入翻一倍。同时,我们也应该认识到,这个倍增是让低收入者收入增长得更多一些,中等收入者平均增长,而高收入者则应该增长慢一些。这样,在整体倍增的同时,又合理调整了收入分配关系,这样的倍增才会使老百姓满意。

实现居民收入倍增,是在做大做好蛋糕的基础上分好蛋糕的过程,需要全方位推进,多方面配合。

首先,要把经济建设搞上去,要加快转变经济发展方式,推进结构调整,大力发展第三产业,加快城镇化进程,实现创新驱动等,这是实现居民收入倍增的基础。

其次，要实现高质量的就业。要下大力气提升广大劳动者的知识水平，技能水平，使劳动生产率进一步得到提高，这既是"两个同步"的固有内容，也将为城乡居民收入倍增提供人力资源的支撑。同时，加快城镇化进程，让农民更顺利转变为市民，也有利于促进居民收入倍增。

第三，要抓好收入分配。进一步调整和完善相关的政策，让城乡居民收入倍增有制度保障，在一次分配领域，应逐步提高最低工资标准，更好地保护低收入者权益。"十二五"规划已经提出年均增长13%，这意味着到"十二五"末最低工资标准5年接近翻了一番。要建立职工工资正常增长机制，推行工资集体协商，让职工和企业实现利益共享，使工薪劳动者收入增长打通稳步向上的通道。要想办法多渠道增加居民的财产性收入等。在二次分配领域，加大财政对社会保障和其他民生建设的投入，继续健全社会保障体系。合理提高社保水平，完善政策体系并抓好落实。

第四，逐步增加农民收入。千方百计增加农民收入是实现翻番的重中之重。我国粮食已实现九年连增，农产品价格正逐步趋于稳定，要通过扩大农产品销售收入来实现农民增收，存在很大困难，这就需要通过科技进步和规模化发展实现农业增产增效增收，通过农民技能提高和拓宽增收渠道来促进农民增收。同时，还应健全农业补贴等支持保护制度，大力推进新型城镇化。要大力促进农民转移就业，提高城镇化水平。目前我国城镇化率刚到50%，如果到2020年能提高到60%，将会间接促进农民至少增收10个百分点。

55　如何缩小居民收入差距?

党的十八大报告提出到2020年实现城乡居民人均收入翻番的新目标,引起职工的广泛关注和热议。职工们说,收入翻番的目标我们打心眼里高兴,期盼着这一天早点到来。但又担心分配不公,收入差距拉大。

在过去很长时间里,城镇居民收入增速要远远高于农村农民收入,尽管近年农民收入增长较快,收入差距也在缩小,但在不同行业之间的收入差距都在增加,特别是垄断行业,收入过高的现象比较突出。

据媒体报道,邹女士2006年和丈夫一起来北京务工,从那时起就一直在一个小区里做小时工。最初她每月的工资是680元,六年多下来,如今她的工资是每月1450元。由于这个收入是固定的,即便她每天做几户卫生,也不会多拿钱,因此工作积极性不高。又由于她有晕车的毛病,即使对这份收入不满意,她也没有勇气再去换一份工作。

六年时间,邹女士月薪从680元上涨到1450元。纵向比较,收入已经实现了倍增,似乎看起来还算不错。但是横向一比较,无论是跟当前实际的物价水平相比,还是跟其他同样依靠体力劳动赚钱的进城农民工相比,这个收入的确难以让人满意。收入不高,又要存钱养家,以致于邹女士常年住在地下室,每天午饭只能用炼好的猪油拌面条。长期以来,我们一说到农民工收入低,就常常会谴责企业和老板。当然这其中不排除有部分不良企业和黑心老板克扣、拖欠农民工工资。但是,应当说大部分企业还是比较重视农民工福利的,尤其是在劳动力短缺的当下,就像邹女士所在的家政服务公司,明明知道愿做小时工的人不多，为啥还不大幅提高工资来留人？可能是有苦难言，心有余而力不足。因此，要实现到2020年城乡居民收入翻一番，缩小收入差距则是一个重要环节。

那么，如何缩小居民收入差距呢？

第一，要提高低收入者收入。一是普遍提高农村居民的收入。二是提高城乡贫困居民的保障标准。目前我国的扶贫标准已提至2300元，今后还可以逐步上调至世界银行1.25美元/日的标准。城乡低保标准、失业保障标准也应适时提高。三是提高企业退休人员的退休金。我国退休养老金已进行了“八连调”，基本翻了一番。但要承认，横向比这部分群体的收入仍比较低。今后应考虑继续优先提高企业退休人员的退休金。四是提高中小企业、劳动密集型企业中一线劳动者的收入。在工资劳动者中，这部分人群收入一直偏低，尤其是农民工占了相当大的比例。在加强培训，推进工资集体协商以促进工资增长的同时，要改善此类企业的生产经营环境，帮助解决融资难，加大对他们的减免税费力度，让这些企业能够生存发展，有能力给员工涨工资。

第二，要调解高收入者收入。一是调节部分垄断行业的偏高收入，对此应标本兼治，打破垄断，在资源配置上向公开公平规范发展，避免以低价甚至无偿地占有资源、获得暴利。同时要用经济手段调节其高税收，调控其薪酬总额水平的过快增长。二是调节部分高管的偏高收入。近年来，国家对央企负责人的薪酬管理制定了一系列规范，目前薪酬水平偏高的主要是一些地方国企和某些央企的二三级公司，这应当是今后调控的重点，内部制衡机制要进一步建立健全，更加公开透明。三是调节某些社会群体的偏高收入，特别是要加强对银行业的监管，规范他们的灰色收入，打击非法收入。在此基础上，再通过个人所得税调节其过高收入。在条件具备时，还要通过开征房产税、遗产税等方式来调节其高收入者收入。

56 如何实现更高水平的医疗服务?

有位哲人说,哪怕我的小拇指上扎上一根刺,对宇宙的思考都会被疼痛打断。话虽夸张,道理不虚。身体是人的本钱,是思考、做事、生活的生理基础。伟大诗人杜甫有诗为证:“名岂文章著,官应老病休。”身体病恹恹的,工作生活质量就高不了。从这个意义说,健康是所有人的根本利益,也是科学发展的落脚点之一。那么,维护人民健康的着力点在哪里? 党的十八大报告明确提出“病有所医”,习近平总书记在中外记者见面会上表示,努力实现人民期盼更高水平的医疗卫生服务。

首先,大病医疗有保障。2012 年 8 月,我国正式出台了城乡居民大病保险政策。办法从城镇居民医保、新农合基金中划出一定比例或额度的资金(主要利用结余资金),在城镇居民医保、新农合报销的基础上,对重特大疾病患者发生的高额医药费用给予进一步保障,对患者自付部分再报销不低于 50%的额度。目前,主管部门正在加强协调、沟通,明确权责范畴,建立信息平台,努力为大病患者实行“一站式”报销结算。实际上,在出台城乡居民大病保险政策之前,新农合已经根据基金结余情况和支付能力,先选择儿童白血病、儿童先心病、终末期肾病、肺癌等 20 种重大疾病开展了保障试点。儿童先心病、白血病的实际补偿比例达到 77%和 74%,终末期肾病等 6 类疾病的实际补偿比例达到 67%,肺癌等 12 个新增试点疾病的实际补偿比例达到 59%。2013 年和大病保险衔接,先由新农合按照政策范围内不低于 70%的比例进行报销,对补偿后个人自费超过城乡居民大病保险补偿标准的部分,再由大病保险按照不低于50%的比例给予补偿。

其次，降低药品价格。目前公立医院在取消药品加成时。如何维护和调动医务人员的积极性，就成为降低药品价格的关键。一是政府要履行职能。《关于公立医院改革试点的指导意见》明确了医院补偿政策，由服务收费、药品加成和政府补助三个渠道改为服务收费、政府补助两个渠道。二是调整医疗服务价格。目前，医务人员的劳务价格过低，不利于调动积极性。北京市在友谊医院和朝阳医院进行试点，将目前5元、7元、9元、14元的挂号诊疗费改为医事服务费，按医师职级确定为42元、60元、80元、100元，医保报销每人次40元。结果表明：医保患者每次就诊药费下降三成，病人主动流向普通门诊，专家挂号减少，每次给患者就诊的时间提高到16分钟。医务人员价值得到体现，普通大夫坐诊价格与专家门诊价格差距拉开到58元，从依靠药品到依靠技术，医事服务费中60%用于医务人员的薪酬，医务人员积极性增加。三是提高医务人员薪酬待遇和保障水平。从国际上看，医务人员薪酬是社会平均工资的3—5倍，而在我国仅高出18%。应提高医务人员待遇，保证医务人员获得与其劳动价值相当的合理收入，建立医疗责任保险。

第三，做到“病有所医”。要想做到病有所医，离不开医疗资源的普惠发展，无论乡村还是城市，都应该有安全、有效、方便、价廉的基本医疗服务网和全民保健网。得了病，要有地方看，最好一般病症不出基层；大病小病，最好能报销相当比例的费用，不用全靠自己扛。同时，要建立有利于预防为主、防治结合的公共激励机制。政府、社会、个人都要适应医病模式转变，将健康理念融入行动之中，强调疾病预防、临床治疗、健康促进各系统的有机整合，发挥基本卫生保健和传统医药的作用，同时倡导健康文明的生活方式。

第四，大力开发公共卫生产品。公共卫生是典型的公共产品，政府应承担主要的投入责任。公共服务的多少取决于财政的支付能力。目前,我国设计了十大类四十多项基本公共服务项目和多项重大公共卫生服务项目,随着经济发展,财政收入增强,公共卫生服务的内容将逐步拓宽。古人常以“无病”、“去病”来祈祷健康。无病不可能,但少病、去病却可能实现,病有所医关键还在医。

57　农民工如何办理子女准生证?

长期困扰农民工办理准生证难的问题,终于得到了解决。2012 年 12 月 3 日,国家计生委下发通知,对生育服务证(俗称“准生证”)的办理办法作出了重大调整:流动育龄夫妻双方户籍所在地、现居住地乡(镇)、街道均有责任为农民工办理第一个子女生育服务证(登记),并实行首接责任制。

一、办理地点

在县、乡镇(街道)政务大厅设立计划生育便民服务窗口,实行集中办证。

没有政务大厅的,人口计生部门设立便民服务窗口,方便农民工群众办理。

设立“12356”阳光计生服务热线电话,及时接受农民工的咨询并及时处理群众反映的问题。

二、办理事项

流动育龄夫妻双方户籍所在地、现居地乡(镇)、街道均有责任为农民工办理第一个子女生育服务证(登记),并实行首接责任制。对于流动育龄夫妻因长期或多次、多地流动无法证明婚育状况、信息核实确实存在困难等特殊情况,受理地可依据当事人的承诺,为其办理生育服务证(登记)。

户籍所在地要落实源头管理责任,为流出人口办理婚育证明或出具婚育情况证明材料,户籍所在地和现居地要加强协调沟通,履行信息核查责任,不得相互推诿。

要切实解决同一城市内人户分离、集体户口等人群的办证难问题。

三、服务公开

各地要加大公开力度,将与农民工密切相关的计划生育证件的办理依据、条件、程序、时限、需要提交的全部证明材料的目录、申请表式样、是否收费、服务承诺等信息在网站、办事场所等进行公示,使农民工了解服务内容和流程。

四、办证流程

精减农民工办理计划生育相关证件时所需材料。

对于农民工办理第一个子女生育服务证(登记)、独生子女父母光荣证、流动人口婚育证明或者出具婚育证明等,符合办理条件且材料齐全的,即时办理。

对材料不齐全的,要一次性书面告知当事人需补齐的全部材料。

申请人无法亲自办理计划生育相关证件的,可以委托他人代办。

对有特殊困难的群众,要主动上门办理。

国家人口计生委专门下发通知,简化生育登记与婚姻证明办证流程,要求加强服务窗口建设,强化责任落实和监督,这是新时期人口计划生育工作理念的转型,体现了我国人口计生服务向人性化方向转变。

58　如何实现改革发展成果全民共享？

党的十八大报告提出，要使改革发展成果更多更公平惠及全体人民，保证人民过上更好生活。这是顺应时代要求和人民愿望的重大部署，对于统一全党思想认识、增强人民信心，推动科学发展具有重要意义。

让改革发展成果惠及全体人民，是我们党执政的根本目的和宗旨。我国目前尽管已经进入中等收入国家行列，但改革和转型的任务很重，如果解决不好，有可能陷入中等收入陷阱，延缓现代化进程。使发展成果惠及全体人民，是保证改革开放和社会主义现代化建设顺利推进的必然要求和必要条件，有利于最大限度地凝聚人心，调动一切积极因素，战胜各种挑战，实现社会主义现代化的宏伟目标。

那么，如何才能使改革发展成果惠及全体人民呢？

第一，要注重和体现改革发展成果分享的普遍性和公平性。一是注重改革发展成果分享的主体性。人民群众是改革发展的主体，广大人民群众的愿望和要求是改革发展的动力，更好地满足广大人民群众日益增长的物质文化需要是改革发展的根本目的。因此，分享改革发展成果，必须把人民放在首要位置。二是注重改革发展成果分享的普遍性。改革发展成果惠及全体人民，体现了改革发展成果分享的普遍性。如果不注重普遍性，就会造成贫富差距的扩大，影响社会和谐稳定。邓小平同志早就告诫我们："如果我们的政策导致两极分化，我们就失败了。”因此,必须坚持改革发展成果属于全体人民,使广大人民群众能够普遍分享改革发展成果。三是注重改革发展成果分享的公平性。分配公平是社会主义的重要体现。公平地分配改革发展成果,既要求程序上、形式上的公平,又要求实体上、实质上的公平。针对我国收入分配中存在的突出问题,当前应注重使改革发展成果的分享向普遍劳动者倾斜,向生活困难群众倾斜。

第二,逐步建立公共资源收益全民共享机制,最大程度缩小行业之间、地区之间的收入差距。现在,公共资源收益全面共享机制尚未建立,一些国有资产性收入、矿产资源出让收益等公共资源性收益,都未被列入中央、地方财政预算。许多权益落入个别部门、个别行业、个别地方甚至个别企业的“红包”。例如在特许经营权出让领域,由于缺乏公开透明的出让体制,企业的竞标成本演变成公关成本;许多政府机关的楼堂馆所,由于缺乏考核机制,经营不赚反亏;许多权益未列入财政预算,却成为有关部门和企业的高“福利”之源。因此,在公共资源适宜出让并获得合理权益的领域,应实行公开公平拍卖,防止和杜绝人为操作。而不适宜出让的公共资源,由财政给予一定的补给。

第三,努力做到收投并举,收到实效率。社会对国有企业,特别是银行收入过高意见很大,不少老百姓说,央企利润那么高,而上缴红利又那么低,太不应该。目前国有资产中存在一部分不良资产,如党政机关下属的楼堂馆所,不仅不能产生利润,反倒亏本经营。对于这些不良资产,应当通过公开拍卖出让,将之转化为出让收益。

全面共享并不是人手一份。一方面,为缓解地区之间、城乡之间的收入差距,财政“蛋糕”的切分要向西部地区、农村地区倾斜;另一方面,要做好必要的投入,使现有资产继续保持增值。同时还要做好财政支出的监督管理工作,坚决遏制“突击花钱”、防止浪费。投资民生也有一个效率问题,不能简单地把收上来的钱投下去就等于完成任务。如果只考虑投资规模,不考虑行政成本,这种投入缺少效率,也会影响分享公共资源收益的公平性。